민족의 가슴마다
피 묻은 그리스도를 심어
이 땅에 푸르고 푸른
그리스도의 계절이 오게 하는 일에
평생을 헌신하시고
2009년 9월 29일 오전 11시 11분에
하나님의 영원한 품에 안기신
나의 장인 어른, 나의 영적 아버지
그리고 나의 영원한 멘토이신
故 김준곤 목사님께
이 책을 바칩니다.

들어가는 말

항간에 떠도는 조크가 있다. "외국인이 영어로 나에게 길을 물어보면 어떻게 하겠냐."는 질문에 "지나가는 초등학생을 불러 답하게 한다."는 것이 정답이라고 한다. 우리나라에 일어난 변화의 한 단면을 보여주는 이야기이다. 거침없이 쏟아지는 신형 핸드폰 선전만 봐도 새로움을 향한 인간의 갈망이 지배하는 세상임을 실감한다. 또한 서점에 가보면 '변화'를 주제로 다룬 책들이 수없이 많이 나와 있음을 볼 수 있다. 그만큼 새로움과 변화의 시대를 살고 있음을 뜻한다.

변화는 세 가지 측면으로 나누어 볼 수 있다. 변화의 속도, 정도, 범위가 바로 그것이다. 속도는 한마디로 쫓아가기 힘들다. 한 예로 현대 사회의 변화 속도는 과거 농경 사회의 3천 배에 달한다고 한다. 농경 사회에서 3천 년에 걸쳐 변한 것들이 오늘날에는 불과 1년 만에 변한다는 이야기다. 이런 급변하는 시대를 바라보며 농경 사회의 패러다임에 머물러 있는 이의 느낌은 과연 어떨지 생각해 본다.

이런 변화의 속도는 농경사회에 익숙한 사람들에게만 부담이 되는 것은 아니다. 자금의 국경 간 이동 속도, 커뮤니케이션의 속도, 생산과 유통의 속도, 그리고 일상적인 삶의 속도는 모두를 호흡곤란의 상태로 몰아넣어 헉헉거리게 만든다. 얼마 전 IBM이 전 세계 40개국 1,130명의 최고경영자[CEO]를 대상으로 실시한 '글로벌 CEO 스터디 2008' 조사 결과가 그것을 잘 보여준다. 간단히 말하면 모두가 변화와 혁신을 열망하고 있지만, 점점 빨라지는 변화의 속도 때문에 고전하고 있다는 것이다. 예상되는 변화와 이를 감당하는 능력의 차이가 벌어지고 있다고 한다.

변화의 속도뿐만 아니라 변화의 정도 또한 인류 역사상 그 유래를 찾아볼 수 없을 정도다. 마이크로 소프트사의 빌 게이츠는 『생각의 속도』라는 자신의 저서에서 다가올 10년의 변화가 지난 50년의 변화보다 더 클 것이라고 전망하고 있다. 디지털 혁명이 사회 전반에 몰고 올 변화의 정도를 말해주고 있는 것이다.

변화의 범위도 지역local에 국한된 것이 아니라 글로벌적global이다. 신종 플루의 경우만을 보아도 세상이 얼마나 글로벌화되어 있는가를 실감한다. 세계보건기구WHO의 경고와 함께 각 나라에서 최선을 다했지만 과거의 어느 질병보다 신속하게 세계 곳곳으로 번져갔다. 어느 때보다 사람들의 글로벌적 이동 덕분이다. 글로벌화의 영역은 점차 다양한 분야로 확대되고 있다는 것에 다른 이견이 없다.

이러한 급변하는 세상을 토머스 프리드먼은 『렉서스와 올리브나무』에서 잘 표현하고 있다. 그는 '변화change'라는 단어 대신 '혁명revolution'이라는 단어를 사용했다. 변화가 점차적으로 서서히 일어나는 것이 아니라 혁명처럼 급속도로 일어나고 있기 때문이다. 그는 또 변화에 글로벌적 요소를 더해 '글로벌루션globalution, global과 revolution 합성어'이라는 신조어를 만들어내며 이러한 현상을 설명하고 있다. 비록 정도의 차이가 있을지는 모르나 모든 지역, 계층, 분야에서 이런 유의 변화가 예외 없이 일어나고 있다.

변화하는 세상을 보며 다양한 반응을 생각해 볼 수 있다. 변화를 무시하거나 거부한 채 기존 입장을 고수할 수 있다. 또는 어떤 이는 눈앞의 위기나 어려움에 휘둘려 변화에 관심을 가질 여유조차 없다고 말할 수 있다. 그러나 모래에 머리를 박고 현상의 본질을 직시하지 않는다고 하여 달라질 것은 아무것도 없다. 한 마디로 변화에 대한 거부나 무시는 도태를 초래할 뿐이다. 앨빈 토플러는 단언한다. "변화는 단지 생존에 필요한 요소가 아니다. 변화하지 않으면 죽는다." 이는 보다 적극적이며 주도적으로 변화를 받아들여야 하며, 새로운 흐름을 주도해 나갈 것밖에는 선택의 여지가 없다는 얘기다.

지금 우리가 사는 시대는 사고방식이나 생활방식, 가치기준을 혁명적으로 바꿀 새로운 시대의 과도기에 있다. 그렇기에 토마스 쿤이 말하듯 패러다임이 바뀌는 과정에서 여러 가지 혼란을 겪을 수밖에 없는 것이다. 이러한 시대에 우리가 꼭 염두에 두어야 할 분명한 사실은 '모든 것이 엄청나게 빨리 변한다'는 것이다.

"역사는 미래와의 대화"라는 말이 있다. 이 말 속에는 '미래는 과거의 모조품'이라는 생각이 내포되어 있다. 그러나 앨빈 토플러는『부의 미래』에서 미래가 더 이상 과거의 모조품인 시대는 끝났다고 말한다. 이제 새로운 미래를 준비해야 한다는 것이다. "과거에도 통했으면 지금도 통할 것이다."라는 암묵적인 믿음은 더 이상 정확한 것이 아니라고 주장한다. 물론 그가 다 옳다고 말할 수는 없다. 그러나 지금까지 그의 많은 예상이 빗나가지 않았음을 볼 때 귀담아 들을 필요가 있음은 분명하다.

세상의 변화를 살펴볼 때 무질서적인 느낌이 든다. 그러나 카오스chaos에도 정형화된 공식화는 불가능해도 일정한 패턴이 있는 것처럼 세상의 트렌드 또한 마찬가지이다. 카오스chaos 속에서의 질서cosmos라고나 할까.

질서라고 할 수 있는 트렌드의 키워드를 일곱 가지 분야로 정리해 보았다. 우연이라고 하기에 너무나 흥미로웠던 사실은 7개의 영어 표현이 'SECRETS'라는 7개의 알파벳으로 묘사된다는 것이다. 두문자어acronym로 SECRETS은 다음의 7개의 개념을 축약한 것이다. Spiritual영적, Ethnic Advantages민족적 장점, Communication소통, Relationship관계, Ethics윤리, 도덕, Long-Term Life Planning장기적 안목의 인생 계획, Serving섬김 등이 그것이다. 마치 변화에 담긴 '7개의 비밀SECRETS'을 말해 주고 있는 것 같다. 물론 처음부터 SECRETS라는 단어를 정해 놓고 작업을 한 것이 아니다. 트렌드를 정리하여 키워드를 결정한 후 통합 과정의 결과로 얻은 것임을 분명히 밝혀 둔다.

SECRETS라는 단어로 축약된 7개의 키워드 모두에서 공통적으로 강조하는 개념은 성경에서 강조하는 크리스천의 삶과 공통부분을 이루고 있다. 다시 말하면 세상에서 뜨고 있는 7가지 트렌드 모두가 성경과의 '교집합'을 이루고 있다는 것이다. 이것은 세상이 성경적으로 변하고 있다는 말이 아니라 급변하는 세상에서 세상이 찾은 생존전략이 성경의 가르침과 일치된다는 것이다.

변화의 키워드와 성경의 가르침이 공통점을 가지고 있다는 그 자체가 크리스천들에게 시사하는 바가 크다. 성경적으로 살아가는 것이 궁극적으로 세상에서도 성공하는 길이 될 수 있음을 보여주기 때문이다. 교회용으로 성경을 국한시켰다면 이제 성경의 먼지를 털어야 할 때다. 새롭게 그리고 진지하게 성경을 다시 펼 것을 요구한다.

뿐만 아니라 크리스천이 아닌 이들에겐 성경에 관심을 가져야 할 타당한 이유를 제공해 준다. 어떻게 보면 '변화하는 세상'과 '변치 않는 성경'은 역설적인 조합처럼 보일 수도 있다. 그러나 지속적으로 변화하는 세상의 주인공들인 인간에게는 본질적인 변화가 없음을 기억해야 한다. 그들을 향한, 그리고 그들을 위한 성경이기에 역설이 아니라 당연한 것이라 말할 수 있다.

"사람들은 세상이 바뀌어야 된다고 말을 하면서도 자신을 바꾸려 하지 않는다."는 톨스토이의 지적에 귀를 기울어야 할 때다. 나도 그런 사람들 중의 하나가 아닐지 반문하면서.

영국 웨스트민스터의 대성당 지하 묘지에 있는 한 성공회 주교의 묘비문이 도전적으로 다가온다.

젊고 자유로워 상상력의 한계가 없었을 때
나는 세상을 변화시키겠다는 꿈을 가졌다.
좀더 나이가 들고 지혜를 얻자
나는 세상이 변하지 않으리라는 것을 알았다.
그래서 시야를 조금 좁혀
내가 살고 있는 나라를 변화시키겠다고 결심했다.
그러나 그것 역시 불가능한 일이었다.

황혼의 나이가 되었을 때 나는 마지막으로
나와 가까운 내 가족을 변화시키겠다고 마음먹었다.
그러나 아무도 달라지지 않았다.

이제 죽음을 맞이하기 위해 누운 자리에서
나는 깨닫는다.
만일 내 자신을 먼저 변화시켰다면
그것을 보고 내 가족이 변화되었을 것을…

또한 그것에 용기를 얻어

내 나라를 더 좋은 곳으로 바꿀 수 있었을 것을…

그리고 누가 아는가.

세상까지도 변했을지.

우리 모두가 경험하고 있는 변화는 피할 수 없는 선택이다. 장 폴 사르트르가 말한 대로 궁극적으로 인생은 B와 D사이의 C이다. 탄생Birth과 죽음Death 사이의 선택Choice으로 만들어졌다는 이야기다. 결국 무엇을 선택하느냐가 우리 인생을 결정한다. 먼저 자신부터 바꾸어가는 올바른 선택을 통해 새로운 시대에 영향력을 가진 이들이 되기를 간절히 소원해 본다.

저자 박성민

contents

Secrets
Spiritual Discovery 영적 잠재력을 발견하다 　　　　　　*017*

우리가 무엇이기에?	*022*
사람의 마음이 몸을 움직인다	*024*
긍정의 에너지로 마음을 채워라	*028*
21세기는 '영적'인 시대다	*030*
아름다운 얼굴 vs 아름다운 마음	*033*
하나님이 지으신 특별한 창조물	*036*
타락한 인간에게도 하나님의 형상이 있을까?	*038*
인간은 영과 육의 완벽한 결합체	*040*
영과 육에 '균형적' 관심을 가져야 한다	*043*
하나님의 도움의 손길이 있다	*045*

sEcrets
Ethnic Advantages 와우~ 한민족! 올레~ 대한민국! 　　*051*

우리나라가 작아 보이는 까닭	*054*
우리는 무엇이든 소화할 수 있는 민족	*055*
'빨리빨리'와 '쏠림 현상'의 저력	*057*
우리는 21세기 신개념에 이미 친숙하다	*059*
고난의 역사가 성공의 DNA를 만든다	*062*
대한민국, 우리 생각보다 훨씬 위대한 나라	*063*
역사history를 그분 이야기His story라고 하는 까닭	*066*
조국과 민족을 뜨겁게 사랑한 그리스도인들	*068*
시작부터 특별했던 한국 개신교	*072*
성경으로 도배된 집	*074*
사건의 조각들로 걸작을 창조하다	*078*
깊은 절망의 순간에 체험한 하나님의 손길	*080*
평양대부흥운동으로부터 시작된 민족개조	*084*
어두움을 넘어 밝은 미래로	*086*

seCrets
Communication 통通하지 않으면 통痛한다   *089*

통通하지 않으면 통痛한다	*092*
소통을 막는 고정관념부터 깨라	*094*
커뮤니케이션이 곧 '능력'이다	*095*
말은 하려면 잘해야 한다	*098*
마음이 통하면 말도 통한다	*100*
파워Power 청취자가 되라	*103*
상대방의 눈높이에 맞춰라	*106*
하나님도 다양한 소통의 도구를 사용하신다	*108*
소통의 달인, 예수 그리스도	*111*
전도도 결국 소통이다	*116*

secRets
Relationship 인생은 관계다   *121*

'관계'로 시작해서 '관계'로 끝나는 인생	*125*
인간 관계를 잘하면 성공의 길이 열린다	*126*
관계마다 켜져 있는 빨간 신호등	*128*
관계의 소중함을 말해주는 두 가지 이야기	*130*
관계의 실타래가 엉키기 시작하는 이유	*133*
인간관계 회복의 열쇠	*135*
하나님과의 관계 회복으로 삶의 빈칸을 채워라	*137*
건강한 자아가 건강한 관계를 형성한다	*140*
에너지를 재충전 해주는 관계를 만들라	*143*
통념을 뛰어넘는 넓은 관점으로 보라	*145*
그리스도인은 관계 사명을 받은 자다	*146*

contents

secrEts
Ethics 도덕성이 마케팅 전략 핵심에 자리잡다 — *151*

정보화 시대에는 비밀이 없다 — *154*
착한 기업이 성공한다 — *157*
성공의 길과 윤리경영과의 등식 — *160*
글로벌 스탠다드가 된 윤리경영 — *162*
국가브랜드 가치를 높여라 — *163*
능력보다 도덕성이 우선이다 — *166*
'노블레스 오블리주'가 뜨고 있다 — *168*
소금과 빛, 성공 방정식 — *173*
평생의 행복을 원한다면 남을 도우라 — *176*
머리뿐 아니라 '가슴'으로 신앙생활 하라 — *179*
교회의 정체성을 회복하라 — *182*

secreTs
Long - Term Life Planning 인생 게임의 룰이 바뀌다 — *185*

새로운 인생공식 — *188*
나는 여전히 일하고 싶다 — *190*
인간 수명은 얼마나 더 늘어날까 — *192*
수명과 행복지수는 비례하는 것일까? — *196*
분명한 목적지를 정하라 — *198*
되도록 빨리 인생의 큰 틀을 짜라 — *205*
크게 꿈꾸고 절대로 포기하지 말라 — *209*
길어진 삶에 깊은 의미를 더하라 — *212*
영원한 청년의 삶을 살라 — *216*
인생의 후반전을 잘 계획하라 — *218*
'해서'하는 후회보다 '안 해서'하는 후회가 더 오래간다 — *222*

secretS

Serving Scoreboard 섬김에서 길을 찾다   *227*

21세기적 훌륭한 자녀를 키우는 비결   *230*
섬기는 회사가 잘 나간다   *231*
보스와 리더를 혼돈하지 말라   *234*
21세기 리더십의 새로운 정의   *236*
섬기는 리더십이란?   *238*
왜 섬기는 리더십이 주목받고 있을까?   *241*
섬기는 리더십은 과거부터 존재해 왔다   *243*
섬기는 리더십의 원조는 예수 그리스도이다   *246*
섬기는 리더십은 훈련으로 만들어진다   *249*
섬기는 리더로의 삶을 살자   *256*

016

SECRETS@change

Spiritual Discovery
영적 잠재력을 발견하다

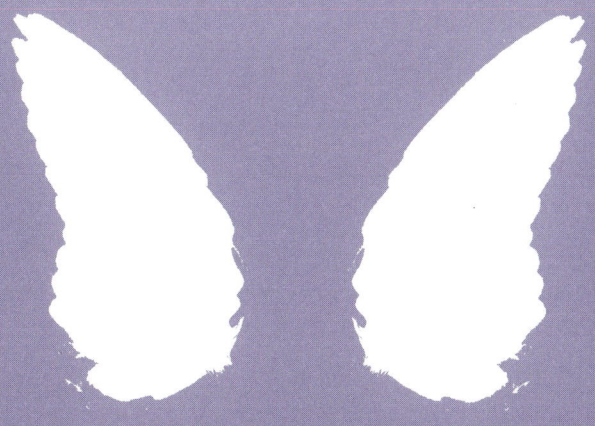

2008년 11월 4일, 흑인 아버지를 가진 한 혼혈인이 거대한 강대국의 역사적인 순간을 만들어내고야 말았다. 그 주인공은 바로 우리가 잘 알고 있는 미국의 44대 대통령이자 세계의 가장 많은 주목을 받게 된 '버락 오바마'이다. 사실 시작 단계에선 그의 승리를 예상한 사람은 소수에 불과했다. 그러나 차츰 시간이 지남에 따라 환경을 넘어선 열정과 그가 지닌 뜨거운 진정성이 미국인들의 마음을 변화시키기 시작했고, 마침내 '기적'이라 불릴만한 결과를 이뤄내고야 만 것이다.

선거유세 초기 오바마는 일리노이주 상원의원이며 언변이 뛰어난 민주당 정치인 정도로 알려져 있었다. 그래서 그는 자신을 알리고 지지자를 모으는 것부터 하나하나 만들어가야 했다. 미 동부에 위치한 작은 주, '사우스캐롤라이나'의 공략부터 시작하기로 했다. 그곳에서 한 정치인을 만나 지지를 부탁했고, 그 정치인은 자신의 지역구에 방문해준다는 전제로 지지를 약속했다. 그곳은 그린우드라는 곳이었다. 사실 그린우드가 어딘지도 잘 모르는 상태였지만 오바마는 그렇게 하겠노라고 덜컥 약속을 해버렸다.

약 한 달이 지난 후 그는 '사우스캐롤라이나'에 다시 방문하게 되었다. 그때 그는 지지자가 생각보다 잘 늘지 않아 심적으로 매우 지친 상태였다. 자정 무렵, 공항에 도착해 새벽 1시 경에 호텔에 들어오다보니 육체적으로 파김치상태가 되었다. 설상가상으로 감기몸살 기운도 있었다. 좀 쉬어야겠다는 생각을 하고 있을 즈음, 보좌관이 들어와 다음날 아침 6시 전에 호텔을 떠나야 한다고 했다. 지난번 방문 때 의원님께서 약속한 그린우드를 방문하는 날이라고.

아침 일찍 억지로 눈을 떴다. 그러나 지친 몸을 일으키기는 쉽지 않았다. 감기 몸살도 전혀 호전되지 않았다. 햇빛이라도 보면 기운이 날까 해서 커튼을

영적 잠재력을 발견하다

열었다. 햇빛은 커녕 폭우가 쏟아지고 있었다. 게다가 호텔 로비에 놓인 신문에서 발견한 자신에 관한 기사는 혹평 뿐이었다. 겨우 마음을 추스른 뒤 가방을 끌고 문을 나서자 강력한 비바람이 그의 손에 있던 우산마저 덥석 날려버렸다. 너무나 화가 난 상태에서 쫄딱 젖기까지 한 참혹한 몰골로 차에 올라 한 시간 반 이상을 달리자 특별히 눈에 띄는 건물도 없는 전형적인 소도시, 그린우드에 도착하게 되었다.

겉으로 보기에 큰 기대를 접게 만드는 그린우드의 모습에 더해 그가 한 공원의 조그만 건물 안으로 들어서자 20명 겨우 남짓한 사람들이 그를 기다리고 있었다. 그나마도 하나같이 삶에 지쳐있는 무기력한 모습이었고, 그들 역시 자신에 대해 별 기대하지 않는다는 것을 직감적으로 알 수 있었다. 심한 절망감이 그를 휘감았지만, 그는 잠시 생각을 멈추고 크게 심호흡을 한 후, 있는 힘을 다해 스스로에게 자신은 프로가 아닌가라고 격려하며 소개를 시작했고, 거기 모인 한 사람 한 사람과 눈을 맞추며 인사를 시작했다.

두 사람 정도 인사를 마쳤을까, 갑자기 뒤쪽에서 큰 목소리 하나가 툭 튀어 나왔다. "Fired up?힘 나지요?" 그러자 이 소리를 들은 몇몇 사람이 그리 크지도 않은 소리로 "Fired up!네, 힘 납니다!"이라고 답을 하는 게 아닌가. 이어서 "Ready to go?준비됐지요?"라는 목소리가 다시 들리자 사람들은 다시 "Ready to go!네, 준비됐습니다!"라고 답을 했다. 순간, 어리둥절해진 그가 돌아보니 60세 정도의 나이에 키가 150센티미터쯤 되어 보이는 왜소한 여인이 서 있었다. 여인의 반복되는 외침에 답하는 사람들도 점차 늘어나기 시작했고, 목소리에도 점점 힘이 실리고 있는 것이 느껴졌다. 그리고 어느새 그들과 함께 그 구호를 외치고 있는 자신을 발견할 수 있었다.

잊지 못할 모임을 끝내고 돌아오는 길의 오바마는 이미 달라져 있었다. 마지못해 차에 올라 떠났던 발걸음에 기대에 찬 새로운 힘이 실려 있었던 것이다. 그 이후, 그는 함께 유세하는 사람들에게 자신이 먼저 "Fired up?"이라고 외쳤고 사람들은 그에게 "Yes, we are fired up!우리는 힘이 넘쳐납니다!"이라고 답했다. 또 그들이 오바마에게 "Ready to go?"라고 물으면 그는 "Yes, I am ready to go!그럼요 준비되어 있습니다!"라고 화답하며 다시 힘을 냈다고 고백했다.

그린우드에서의 경험을 바탕으로 그의 연설이 달라지기 시작했다.

"한 사람이 무리들을 바꿀 수 있었습니다. 무리를 바꿀 수 있었다면 도시를 바꿀 수 있습니다. 도시를 바꿀 수 있다면 주를 바꿀 수 있습니다. 주를 바꿀 수 있다면 나라를 바꿀 수 있습니다. 나라를 바꿀 수 있다면 세계를 바꿀 수 있습니다. 우리 함께 가서 세상을 변화시킵시다."

나이 들고 왜소했던 그린우드의 한 여인, 그는 그가 가장 힘들었을 때 힘을 북돋아주고, 놀라운 영향력을 보여준 소중한 존재였다. 작은 도시 그린우드에서의 에피소드가 결국 미국 역사를 새롭게 써 나가는 새로운 시작점이 된 것이다. 물론 역사적 사건을 만들어 내는 데 있어 전략, 재정, 비전 등 많은 것들이 중요한 요소로 작용하겠지만 한 사람이 가진 열정과 영향력은 가히 측정할 수 없이 엄청난 힘을 가진 것이었다. 우리 모두에게는 이처럼 무한한 에너지가 잠재되어 있다. 그 무한한 에너지를 통해 세상은 매일 도전 받고 역사는 흘러간다.

우리가 무엇이기에?

인간이란 도대체 어떤 존재일까? 무엇을 기준으로 이를 정의 내릴 수 있을까?
한 해부학자가 화학성분이라는 측면에서 인체를 분석해 보았는데 그 결과가 놀랍다. 보통 사람의 인체는 2.25kg의 칼슘, 500g의 인산염, 252g의 칼륨, 186g의 나트륨, 28g의 마그네슘, 각각 28g 이하의 철, 동으로 이루어져 있고, 그 외에 우리가 잘 알고 있다시피 체중의 70% 정도가 물로 이루어져 있다. 이 모든 것들을 환산하여 가치를 따져보면 식당에서 밥 한끼 사먹기에도 모자란 금액이 나온다고 한다.

또 한 인간을 구성하고 있는 성분을 재료로 하여 만들 수 있는 것이 얼마나 되는가라는 측면에서 연구한 자료도 있다.

"인간은 아무것도 아니다. 비누 7장을 만들 수 있을 정도의 지방과, 중간 크기 못 하나를 만들 수 있는 철, 찻잔 7잔을 채울 만한 당분과 닭장 하나를 칠할 수 있는 석회, 성냥 2200개를 만들 만한 인, 약간의 소금을 만들 수 있는 마그네슘, 장난감 크레인 하나를 폭파할 수 있는 칼륨, 개 한 마리에 숨어 있는 벼룩을 몽땅 잡을 수 있는 유황, 이것이 전부다."

이러한 결론에 따라 내 삶의 존재와 가치를 매기게 된다면 아등바등 살아가고 있는 우리의 모습이 서글플 정도로 초라하게 여겨진다.

물론 보이는 것에 관한 과학적 분석만 있는 것은 아니다. 1900년, 덩컨 맥두걸이라는 의사는 영혼의 무게를 재보겠다는 목표를 세우고 임종을 눈앞에 두고 있는 한 결핵환자를 상대로 다소 괴이한 실험을 진행했다. 특별히 만든 저울 위에 죽어가는 환자를 올려놓고 그가 죽는 순간, 변화를 측정하고자 했던 것이다. 그는 환자가 임종하는 그 순간을 놓치지 않았고, 이런 기록을 남겼다.

"눈금 막대가 분명한 소리를 내며 아래 칸으로 뚝 떨어진 후 다시 올라오지 않았다. 줄어든 무게는 0.75온스약 21그램였다."

이 '21그램'이라는 실험 결과는 후에 할리우드의 영화 제목으로도 사용되었다. 그 영화 도입부에서 죽음의 순간을 이렇게 말하고 있다.

"죽는 바로 그 순간 우리 모두는 21그램을 잃어버린다. 누구나 예외 없이. 이는 5센트짜리 몇 개의 무게 또는 초콜릿 한 덩어리의 무게이기도 하며, 벌새 한 마리의 무게에 해당한다."

그리고 연이어 단순하고도 심오한 질문을 남긴다.

"생명의 무게는 얼마나 될까?"

이 질문에 함축된 사실은 죽는 순간 잃어버리는 21그램은 인간 영혼의 무게를 말하는 것이며, 우리는 단지 육체와 피로 만들어진 그 이상의 존재라는 것을 말하고자 하는 것이다.

여러 과학적인 측정을 통해 본 인간의 신체는 사실, 너무나 가치 없는 초라한 존재다. 그러나 '영혼'이라는 측면에서 바라보면 엄청난 신비를 지닌 양면성의 존재라고 결론지을 수 있게 된다. 사실 '인간이란 무엇인가?', '나는 누구인가?'라고 하는 인류 최대의 질문은 많은 철학자들과 과학자들에 의해 탐구되어온 내용이다. 이는 흔히 '인간은 다른 동물들과는 다르다'는 이해로부터 답을 찾곤 했는데, 오직 '식욕, 성욕, 편안함'이라는 세 가지 욕구에 의해 움직이는 동물과 인간은 무엇이 어떻게 다른 것일까에 대한 의문을 가졌다.

이 질문에 대해 아리스토텔레스는 '인간은 정치적 동물이라는 점과 귀를 흔들지 못한다는 점'이 다른 동물들과 다르다고 지적했다. 또 토마스 윌리스는

'인간은 웃는 동물'이라는 것을 말했고, 벤자민 프랭클린은 '도구를 만든다'는 점을, 에드먼드 버크는 '종교적'이라는 면을, 요리사인 제임스 보스웰은 '요리를 한다는 것'을, 플라톤은 '직립보행이 가능함'을 지적했다. 그 외에도 '얼굴의 중간에 눈에 띄게 뾰족하게 코가 튀어나왔다'는 면 또는 '도덕적 결정을 할 수 있거나 예술적 창조성이 있는 동물'이라는 것을 주장한 이도 있었다.

이러한 주장들은 어느 정도 설득력을 가지고 있다. 그러나 가장 관심을 끌었던 것은 '인간은 결코 만족하지 못하는 존재'라는 주장이었다. 달리 표현하자면 '인간은 지속적으로 더 나은 것을 끊임없이 추구하는 동물'이라는 것이다. 맹수들도 배가 부르면 사냥을 중지하지만 인간은 배가 불러도 하던 일을 계속한다. 인간은 다른 동물들과 다르다. 유별나고 독특하고 신비하기까지 하다. 모든 정보가 넘치며 요동치는 21세기에 오히려 인간에 대해 알고자 하는 심리학이 과거 그 어느 때보다 관심을 끌고 있는 것도, 과학이 발달하면 할수록 인간은 점점 더 신비한 존재임이 밝혀지고 있는 것도 모두 우연이 아니다.

사람의 마음이 몸을 움직인다

많은 심리학의 연구 결과들을 보면 보이지 않는 인간의 '내적 요소'가 얼마나 중요한가를 발견하게 된다. 그 예로 '플라시보 효과'와 이와 반대 개념인 '노시보 효과'를 들 수 있다.

플라시보placebo는 '마음에 들게 하다'라는 라틴어 단어에서 유래되었는데 위약 僞藥이라는 가짜 약을 환자에게 투여하여 발견한 현상을 말한다. 투여한 것이 위약임에도 불구하고 심리 효과로 인해 환자의 상태가 실제로 좋아지는 현상을 플라시보 효과라고 말하는 것이다. 실제 피실험자 3명 중 1명 정도에게서 나타나는 플라시보 효과를 통해 위약을 복용한 사람의 뇌에서 쾌감물질인 엔도르핀의 분비가 늘어난다는 사실이 밝혀지기도 했다.

이와 반대되는 개념인 '노시보 효과nocebo effect'는 '해를 끼치다'는 라틴어에서 유래된 말로 환자들이 의사로부터 죽음을 암시하는 말을 듣게 되면 절망에 빠져 쉽게 삶의 의지를 포기하게 되는 현상을 말한다. 아무런 의학적 이유가 없는 상황에서 부정적인 감정이 유발되었을 때 환자에게 치명적 해를 입힐 수 있다는 것이다.

한 실험에 따르면 전체의 약 25%정도에서 노시보 현상을 발견할 수 있었는데 더욱 놀라운 것은 이것이 전염성을 지니고 있다는 사실이다. 이는 특별한 원인을 확인할 수 없는 증상이 집단에 퍼진 사건, 곧 '집단 심인성 질환mass psychogenic illness'에 대한 설명으로 언급되기도 한다. 이러한 효과는 결국, 사람의 마음이 몸을 움직인다는 것을 말해 주고 있다.

제2차 세계대전 당시, 3년의 시간을 아우슈비츠와 몇 군데의 수용소에서 지냈던, 유태인 생존자 빅터 프랭클이라는 학자가 있다. 그는 정신분석요법에서 비엔나 제3학파인 '로고테라피logotheraphy'의 선구자로 알려져 있기도 하다. 단지 유태인이라는 이유로 2차 세계대전 당시, 그는 수용소에 갇히게 되었고 부모와 형제 그리고 아내는 수용소에서 죽거나 가스실에 보내졌다. 그리고 자신 또한 언제 가스실로 보내져 죽음을 당할지 혹은 죽은 이들의 시체와 재를 치우는 구원된(?) 무리 중에 남을지 모르는 채, 매 순간 생사의 기로에 선 두려움을 경험해야 했다. 수용소의 처참한 시절을 통해 그는 중요한 사실들을 발견하

영적 잠재력을 발견하다

게 되었다. 그의 저서 『인간의 의미 탐구 Man's Search for Meaning』는 그 스스로 고통을 통해 얻게 된 삶의 통찰력을 잘 표현하고 있어 깊은 감동을 자아내고 있다.

그가 처음 수용소에 수감되었을 때, 평생 동안 집필한 소중한 원고까지 모조리 압수당하고 말았다. 그러나 절망스럽기만 했던 이 사건들은 육체적 힘이 다해 거의 죽어가는 지경에 놓이게 되었을 때에도 끝내 그가 살아남을 수 있었던 원동력이 되기도 했다. 원고를 압수당한 후, 그는 조그마한 종이 조각들을 모아 계속해서 원고를 새로 기록해 갔다. 소중한 일을 다시 해내고 싶다는 간절한 열망이 결국 그를 수용소에서 살아남게 한 것이다. 그리고 프랭클은 자신이 풀려난 후 강단에서 제자들을 가르치는 모습을 항상 상상했다. 현재 상황에 갇혀 절망에 빠지는 대신, 마음의 눈을 통해 희망찬 미래에 서 있는 자신의 모습에 집중하기로 선택한 것이다. 그 과정을 통해 '인간이 가진 최후의 자유'를 자각하게 된 그는 비참한 환경으로부터 영향과 지배를 받으며 살 것인가를 고민하고 자신의 삶을 스스로 결정하는 사람으로 거듭나게 되었던 것이다.

그는 또한 더 이상 희망을 발견하지 못하는 수용소의 수감자들이 육체적·정신적으로 쇠약해지다가 어느 날 아무런 예고도 없이 그들의 생을 포기하고 마는 것을 늘 지켜보았다. 다른 동료들이 아무리 애원을 하고, 경비원들이 아무리 무섭게 때려도, 삶을 포기한 그들은 이미 시체가 된 것처럼 침대에 누워 꼼짝도 하지 않았다. 희망이 없는 극단적 절망이 그들의 삶을 차츰 빼앗아 가고 있었다. 가스실에 가기도 전에 이미 그들의 삶은 죽어 있었던 것이다.

이런 삶의 경험을 통해 그는 '왜 살아야 하는지 아는 사람은 어떤 어려움도 참고 견딘다'는 것을 배우게 되었고 인생에서 가장 중요한 것이 바로 '희망'임을 깊이 인식하게 되었다. 아직 이룰 것이 남아 있고 미래에 자신이 존재해야 할 이유가 있다고 믿는 사람들에게는 놀라운 인내력이 잠재해 있다.

역사학자들이 말하는 '역사쓰기'의 신기원을 알린 '사기史記'라는 책의 저자 사마천B.C. 145년~B.C. 90년의 삶을 통해서도 '살아있을 이유'가 있을 때 어떤 일이 일어날 수 있는지 알 수 있다.

그는 한무제 시절의 사관史官으로 잔머리를 쓰지 않는 올곧은 벼슬아치였다고 한다. 대쪽 같은 성품을 시샘하는 세력들에 의해 무고한 괘씸죄로 사형을 당할 처지로 내몰리게 된 사마천이 사형을 면하려면 목숨 값 50만전을 내거나 궁형宮刑, 남성의 성기를 제거하는 형으로 대신하는 것이었다. 돈이 없었던 그로서는 남성을 잃고 내시가 되어야 하는 길 외에는 목숨을 부지하는 방법이 없었다. 궁형 중에서도 그 당시에 중국에서 행한 궁형은 가장 잔인하고 끔찍한 것이었다. 생식기의 고환까지 단칼에 잘라내 소변이 나오는 구멍만 남겨 두어 궁형 후 소변이 나오지 않아 요독증으로 죽는 경우도 적지 않았다고 한다. 한마디로 끔찍한 고통을 이겨내야 할 뿐 아니라 정신적 고통까지 수반하는 치욕의 형벌인 것이다.

그러나 사마천은 대부분의 사람이 피하는 궁형을 선택했다. 그가 집필하고 있었던 '사기'를 완성하기 위해서였다. 그때가 사마천이 사기를 집필하기 시작한 후 7년이 지난 시점이었다. 그는 56세의 나이로 죽을 때까지 약 14년에 걸쳐 사기를 완성했다고 추정되고 있다. 그렇게 사마천은 긴 세월을 거쳐 탄생시킨 위대한 역작 '사기'를 통해 '역사학계의 태조대왕'이라고 불려지게 된다. 살아야 할 이유가 있는 사람은 어떤 선택까지 할 수 있는지를 잘 보여주고 있는 이야기다. 우리 말에도 있듯이 무슨 일이든지 간에 주인공의 '마음 먹기'에 달려 있나 보다.

영적 잠재력을 발견하다

긍정의 에너지로 마음을 채워라

최근 출판계에 특이한 현상 중, 자기계발서에 양자역학의 이론이 도입되고 있는 것을 발견할 수 있다. 무언가 어울리지 않을 것 같은 이 두 분야의 만남은 양자물리학자들이 발견한 이론을 인간의 생각과 삶에 적용한 결과물이라고 할 수 있다.

양자역학 이론은 '우주는 수 많은 양자들로 가득 차 있다'는 것에서 출발한다. 여기서 말하는 양자란 눈에 보이는 입자가 아닌 '점이나 다발 형태로 뚝뚝 끊어져 작용하는 에너지'를 지칭한다. 1900년, 막스 플랑크에 의해 처음 주장된 후 양자역학이라는 이름 하에 새로운 이론들이 지속적으로 더해지고 있는 가운데, 양자와 같은 입자는 파동의 성질과 입자의 성질 모두를 동시에 지니고 있다는 특이성이 발견되었다. 그래서 이 양자들은 어떤 물질로 전환될 수 있으며 동시에 어떤 비물질적인 힘, 즉 에너지에 반응하기도 한다. 바로 이 부분이 자기계발서의 저자들이 주목한 점이다. 이 이론을 도입해 베스트셀러작가 반열에 오른 이지성은 『꿈꾸는 다락방』에서 이렇게 말했다.

"인간이 무엇인가를 생생하게 꿈꾸면 그 에너지가 양자들에게 영향을 미치기 시작한다. 양자들은 서서히 물질의 형태로 변화되기 시작한다. 인간이 포기하지 않고 끝없이 꿈꾸면 마침내 양자들은 완벽한 형태의 물질로 전환되어 인간 앞에 나타난다."

양자역학뿐만이 아니다. 그것과 더불어 현대 물리학의 양대 산맥을 이루는 상대성이론에서 역시 '에너지는 곧 물질이고, 물질은 곧 에너지'라는 유사한 말을 하고 있다. 양자역학과 상대성이론은 세계를 바라보는 관점에서 극과 극의 차이가 있음에도 말이다. 이러한 주장들은 우리 눈에 보이는 물리적인 세상은 그저 엄청난 양의 에너지로 이루어져 있으며, 우리 신체 또한 에너지로 이루어져 있다고 주장한다. 이 이론에 따르면 인생의 모든 것은 결국 에너지라는 결론에 다다르게 되는 것이다.

자기계발 영역에서의 세계적 베스트셀러가 된 론다 번의 『시크릿The Secret』에서도 '모든 생각은 에너지를 가지고 있다'고 주장하고 있다. 이 책에서 그녀는 긍정적인 생각은 그에 걸맞은 주파수를 발산해 그 주파수에 맞는 에너지를 다시 근원으로 끌어당긴다고 설명하고, 이것을 '끌어당김의 법칙the law of attraction'이라고 표현했다. 부정적인 생각 역시 부정적인 에너지를 끌어당기게 되며, 이 법칙들을 알고 행한다는 면에서 이들만의 '위대한 비밀the secret'이라고 말하고 있는 것이다.

이러한 비밀을 아는 사람들은 긍정적인 생각을 가지고, 감사하는 마음을 지니게 되며, 믿음으로 기도할 뿐 아니라 본인이 원하는 것에 온전하게 몰입하게 된다고 한다. 여기서 그녀가 말하는 몰입은 원하는 것이 이루어졌다는 착각이 들 정도를 의미한다.

위에서 언급한 것처럼 인간의 경험 자체가 주파수를 보내 우주에 존재하는 양자들을 자극시켜 결국, 물질화 된다는 것이다. 언뜻 생각해도 터무니 없는 주장으로 여겨지지만, 더욱 놀라운 것은 이러한 책이 세계적으로 수천만 권이 팔렸다는 사실이다. 이 책은 심지어 성경 구절까지 운운하면서 '구했으면 의심하지 말고 믿으라'고 주장하고 있다. 물론 기도의 대상이 누구인지에 대해 밝히지 않았을 뿐 아니라 우주가 우리 자신을 위해 존재한다고 주장하는 전형적인 뉴에이지적 사상에 근거한 책일 뿐이다. 왜 수많은 사람들이 이 책에 열광

영적 잠재력을 발견하다

했는지 의구심을 갖지 않을 수 없다. 이는 인간의 한계를 넘어 점점 더 영적인 영역에 관심을 보이기 시작한 세상의 트렌드가 아닐까 생각한다.

존 고든은 『에너지 버스』라는 그의 저서를 통해 인생도 결국은 에너지라는 관점을 '버스'에 비유해서 표현하고 있다. 우리가 살다 보면 다양한 사람들을 만나게 되는데 그들을 크게 두 부류로 나누어 보면, 에너지를 뺏어가는 '에너지 뱀파이어'에 비유되는 사람과 에너지를 더해 주는 '에너자이저 energizer' 같은 사람이 있다는 것이다.

인생을 버스에 비유한다면 그 버스에 어떤 사람들을 태울 것인가를 스스로 결정하라고 그는 말하고 있다. 버스 입구에 아예 '에너지 뱀파이어 탑승금지'라고 써 붙이든지, 행복과 성공을 맛보기 위해서 주변을 긍정적인 사람과 긍정에너지로만 가득 채워야 한다고 주장한다. 긍정적 에너지는 사용하면 할수록 더 단단해지는 근육처럼, 단단해질수록 더 큰 힘을 발휘할 수 있다는 것이다.

양자역학과 상대성이론이 자기계발 분야와 손을 잡고 탄생된 이러한 저서들은 자기계발서라는 분야에 획기적인 접근법으로 인식되며 관심 역시 급부상하고 있다.

21세기는 '영적'인 시대다

스티븐 코비는 『성공하는 사람들의 여덟 번째 습관』이라는 책에서 '영적 지능 S.Q., Spiritual Quotient'이라는 새로운 개념을 소개하고 있다. 그는 근본적으로 인간의 특성이 4가지 요소로 구성되어 있다는 사실에서 출발하는데 그것은 신체 지능 P.Q., Physical Quotient, 지적 지능 I.Q., Intelligence Quotient, 감성 지능 E.Q., Emotional Quotient, 그리고 영적 지능을 말한다. 이 네 가지 지능을 하나씩 살펴보면 무척 흥미로움을 느낄 수 있다.

잘 알고 있는 I.Q.에 관해서는 별다른 설명이 필요 없을 것이다. 20세기의 후반부 다니엘 골만이 '감성지수'를 대중화시키기 전까지 인간의 지능은 주로 I.Q.에 의해 평가되어 왔다. 이에 대해 스티븐 코비는 지능을 너무 좁은 의미로 해석한 것이라고 평가했다. 일리가 있는 주장이다.

P.Q.는 신체 지수를 의미하며 외모 지수 또는 경제 지수라고도 불리는 영역이다. 면접시험을 준비하며 복장과 태도 등에 신경을 쓰는 것도 신체 지수와 관련이 있다.

E.Q.는 다른 사람들과 성공적으로 소통할 수 있는 능력을 말하며 사회지능 Social Quotient이라고 불리기도 한다. 다니엘 골만이 주장하는 대로 감성지능은 커뮤니케이션, 대인관계, 리더십을 좌우하는 성공요소로 지적 지능보다도 더 중요하게 여겨지는 추세이다. 취업 전선에서 무엇보다 면접을 중시하는 이유도 바로 여기에 있다.

위의 세가지 영역은 상대적으로 우리에게 친숙한 개념이지만 S.Q.라고 하는 영적 지능은 다소 생소하게 느껴진다. 이는 학문 연구와 철학적·심리학적 토의에서 중심 주제로 부상하고 있는 신개념으로 S.Q.에 대해 스티븐 코비는 "S.Q.는 가장 기본적이고 핵심적인 지능으로서, 다른 3개 지능의 안내자 역할을 한다. 그리고 무한한 것과의 연결과 삶의 의미를 추구하게 해 준다."고 말하고 있다. 즉 S.Q.는 다른 지능을 안내하고 관리하며 리더십 연구를 통해 본 결과, 영적 지능에 기초한 리더십이 다른 지능들도 향상시켰고 결국 엄청난 도덕적 권위를 갖게 한다는 것이다.

그의 말대로 실제 역사 속에서 세상을 변화시켰던 사람은 공통적으로 비전, 규율, 열정을 가지고 있는 사람들이었다. 그는 지성의 눈으로 미래를 보는 비전은 I.Q., 개인적 희생과 연관이 있는 규율은 P.Q., 그리고 가슴에서 나오는 열정은 E.Q.와 관련이 있다고 보았고 이 세 가지를 다 가지고 있으면서도 세상을 좋은 방향 혹은 나쁜 방향으로 변화시킨 차이는 바로 S.Q.에 달려있었다고 주장하는 것이다.

그는 히틀러의 경우를 예로 들며 S.Q.의 중요성을 강조한다.

"히틀러는 비전과 규율과 열정을 가졌지만, 그것들은 모두 에고의 지배를 받았다. 양심의 결여는 그의 몰락을 가져왔다."

즉 비전, 규율, 열정 위에 '양심'이라는 S.Q.가 바르게 작동할 때 목적과 수단이 분리되지 않으며 세상을 올바른 방향으로 변화시킬 수 있다는 것이다.

스티븐 코비는 영적 지능이 전인적 관점에서 인간을 이해하는 데 필수적 요소임을 말하고 있다. 물론 이와 비슷한 주장을 하며 영적 지능을 '내적 또는 정신적'이라고 부르는 사람들도 있다. 이것은 '영적'이라는 단어가 종교적 영역을 벗어나 일반화 되어 가고 있다는 증거이다. 심지어 이 말은 회사와 기관의 리더십 타이틀에도 등장하고 있다. 예를 들어 켄 블랜차드는 회사에서의 자신의 직위를 CSO$^{Chief\ Spiritual\ Officer}$로 부르고 있다. 더욱 놀라운 것은 미국의 직업 사이트인 '심플리 하이어드 닷 컴$^{SimplyHired.com}$'에 따르면 2007년 10월에서 2009년 2월까지 CSO라는 직업이 무려 68%나 증가했다고 한다.

켄 블랜차드에 따르면 CSO는 다른 리더십들과는 역할에서 차이가 있다. 일반적으로 직원들이 자신에게 보고하는 직위가 아니라 회사의 비전과 리더십의 가치와 연관이 있다고 한다. 마치 초등학교 3학년 선생님처럼 직원들이 회사의 비전과 가치를 올바로 이해할 때까지 반복하고 반복한다는 것이다. 그는 매일 아침 회사의 모든 직원들에게 회사가 추구하는 가치를 기억나게 하기 위해 음성메일을 남긴다고 한다. 결국 CSO의 역할은 회사의 정신적, 영적 영역에서의 비전과 가치를 직원들의 생각과 업무 속에 젖어 들게 하는 것임을 알 수 있다. '영적'이라는 단어와 개념이 새로운 세기를 맞아 삶의 전 영역으로 점점 더 확대되고 있는 것을 알 수 있는 예이다.

아름다운 얼굴 vs 아름다운 마음

물론 영적 개념의 중요성이 급부상하고 있다고 해서 세상의 관심이 온전히 내적이며 영적인 쪽으로 기울어졌다고 이야기할 수는 없다. 한 예로 급팽창해져 가는 성형수술 시장만 봐도 그렇다. 원래 성형수술은 상해 또는 선천적 기형으로 인한 인체의 변형이나, 미관상 보기 흉한 신체의 부분을 외관적으로 교정·회복시키려는 의도로 시작된 것이었다.

그러나 최근 사회적 붐을 보면서 현재 성형수술을 받는 사람 중 과연 몇 명의 사람이 원래의 의도에 따라 수술을 선택하는 것인지 의문을 가지게 된다. 흔히 농담처럼 즐겨 사용하는 "다른 것은 다 용서가 돼도, 못생긴 것만은 절대 용서할 수 없다."는 말에 담긴 팽배한 외모지상주의가 성형을 더욱 부추기고 있으며, '얼짱', '몸짱'이란 신조어가 판을 치는 것을 보아도 세상의 풍조가 어떠한지 알 수 있다. 그러나 그렇다고 해서 이것이 세상의 전반적인 추세라고 말할 수는 없다. 최소한 이러한 현상에 대한 반작용적 반응 또한 심심치 않게 발견되고 있기 때문이다.

이미 우리나라 사람들에게도 친숙한 이름들이 있다. 바로 '브리튼스 갓 탈랜트 Britain's Got Talent'라는 쇼를 통해 유명해진 폴 포츠와 수잔 보일이다.

폴 포츠가 쇼에 등장했을 때 그는 37세의 휴대전화 세일즈맨이었다. 빈약한 외모와 자신감 없는 표정을 지닌 그가 소개되었을 때 사람들은 그에게 기대하기는커녕 혹여 실수라도 하지 않을까 하고 보는 내내 가슴을 조여야 했다. 하지만 그의 입이 열리고 푸치니의 오페라 '투란도트'의 유명한 아리아인 '공주는 잠 못 이루고 Nessun dorma'가 흘러나오기 시작하자 모든 상황이 역전되어 감을 알 수 있었다. 방청객의 놀라움 섞인 경악과 환호는 엄청났으며 TV로 지켜보던 전 세계의 시청자들도 함께 열광했다. 뛰어난 가창력으로 외모의 선입견을 벗어버리게 한 그의 이름은 이제 전 세계인의 가슴에 인간 승리의 대명사로 크게 자리하게 되었다.

그 TV쇼는 세 번째 시즌에서 또 다른 인물인 '수잔 보일'을 탄생시켰다. 여자 폴 포츠다운 옷차림과 눈에 띄는 촌스러운 머리스타일은 그녀가 스코틀랜드의 벽촌인 블랙번에서 온 시골 아줌마라는 사실을 명확히 보여주고 있었다. 아니, 외적인 요소만 보자면 폴 포츠 그 이상이었다. 47세까지 남자와 키스 한번 해본 적 조차 없다는 그녀를 보며 아마 적지 않은 사람들이 그녀의 매력적이지 않은 외모가 한 몫 했을 거라고 생각했을 것이다.

그러나 그런 그녀가 뮤지컬 '레미제라블'의 'I dreamed a dream'을 부르기 시작한 순간, 역시 모든 것이 일시에 바뀌는 것을 우리는 볼 수 있었다. 그녀의 방송은 1000만 명 정도가 시청했고, 그 후 1주일 사이, 유튜브에 올려진 그녀의 모습을 전 세계 2000만 명 이상의 사람들이 봤을 정도로 그녀의 인기는 대단했었다. 비록 그녀가 우승은 하지 못했지만 세계의 많은 이들에게 깊은 감동을 주며 사랑 받은 것만은 확실한 사실이었다. 내성적인 폴과는 달리 수잔은 자신감으로 가득 차 보였다. 최종 결승전에서 자신이 2위를 하자 1위를 향해 아낌없이 박수 쳐 주며 칭찬하는 그녀의 모습이 더욱 깊은 감동의 여운을 남겨 주었다.

전 세계적으로 폭발적 반응을 얻은 이 두 사람의 경우를 보며 외모지상주의에 대한 사람들의 거부 반응과 성형 수술과 같이 외적인 요소에 지나친 가치를 부여하는 것에 대한 저항의 결과를 느낄 수 있었다. 물건을 살 때 포장이 예쁘다고 해서 무조건 좋은 상품이 될 수 없다는 것을 모두가 알고 있다. 오히려 포장에 비해 상품의 가치가 떨어질 때는 더욱 더 실망하게 된다.

"아름다운 얼굴은 초대장이고, 아름다운 마음은 신용장이다"는 말이 있다. 포장이 그럴듯한 물건에 눈이 먼저 가는 것이 사실이다. 그러나 문제는 그 내용이나 가치 또한 그러한지이다. 이 부분에서 세상은 깊은 딜레마에 빠진다. 외적 요소만 중요한 것이 아니라는 사실을 알기에 내적 또는 영적인 영역에 대해 상당한 관심을 보이는 것이다. 실제로 이 두 가지 요소는 인간에게 모두 중요하다. 문제는 어느 것이 우선되어야 하는지 아는 것이며 궁극적으로 이 둘 간의 균형을 어떻게 찾을 것인가 하는 데 있다. 이것은 곧, 인간의 본질적 문제와 관련이 있기 때문이다.

하나님이 지으신 특별한 창조물

성경을 보면 인간은 창조되는 순간부터 다른 피조물들과 달리 특별한 존재라는 것을 분명히 하고 있다. 창세기 1장에서 하나님이 세상의 모든 것을 창조하신 후 마지막으로 인간을 창조하셨다고 말한다. 인간이 창조에 있어 특별한 이유는 '하나님의 형상을 따라' 만들어졌다는 사실에 근거한다.^{창세기 1장 26~27절} 2장을 보면 좀더 자세히 이 과정을 설명하고 있다.

여호와 하나님이 땅의 흙으로 사람을 지으시고 생기를 그 코에 불어 넣으시니 사람이 생령이 되니라 창세기 2장 7절

이 두 구절을 참고 삼아 인간 존재에 대한 이해를 시작할 수 있다.

먼저 생각해 보아야 할 것은 하나님께서 지으신 피조물 중에서 오직 인간만이 하나님의 형상을 따라 지음 받았다는 표현이다. 가장 자연스러운 해석은 사람이 하나님을 닮았고 하나님을 대변한다는 뜻으로 보는 것이 가장 타당하다. '형상'이라고 번역된 히브리 단어는 어느 물체와 동일한 것이 아니라 그것을 대표하고 나타내는 '비슷한 것'을 가리킨다. 이러한 이해를 돕는 예로 같은 단어를 사용한 창세기 5장 3절을 들 수 있다.

아담이 백삼십 세에 자기의 모양 곧 자기의 형상과 같은 아들을 낳아 이름을 셋이라고 하였고

아버지와 아들의 관계인 아담과 셋, 셋은 아담과 똑같지는 않지만 아들이 아버지를 닮듯이 많은 면에서 그를 닮았을 것이다. 그들 가운데 있는 유사성

이 셋은 아담의 형상임을 말해주는 것이다. 마찬가지로 인간 역시 모든 면에서 하나님의 형상을 닮았으며, 실제로 하나님과 인간에 대해 알면 알수록 우리 안에 속한 더 많은 유사성들을 발견할 수 있게 된다.

하나님을 닮은 구체적인 부분 중, 다음 세가지 부분에 초점을 맞추어 보자.

첫째는 '영적인 면'이다. 인간은 육체적인 몸뿐만 아니라 비물질적인 영을 가지고 있음을 성경은 분명히 말하고 있다. 많은 비기독교 철학자들은 인간이 영 또는 혼이라고 불리는 비물질적인 부분을 가지고 있다는 입장을 아주 신랄하게 비판해왔다. 그러나 앞에서 지적했듯이 이제 항상 성경과 대립되어 왔던 과학의 영역에서도 비물질적인 존재를 인정하는 분위기가 형성되고 있음을 보게 된다. 오직 인간만이 비물질적이고 영적인 존재의 영역에서도 중요한 방식으로 행동하는데 동물은 결코 친구나 친척을 위하여 기도하고 하나님을 찬양하지 못한다.

둘째는 '정신적인 면'을 말할 수 있다. 인간은 동물과 달리, 철학적 사고를 하고 논리적으로 생각하는 능력을 가지고 있다. 복잡 다양하고 추상적인 언어의 사용 또한 다른 동물로부터 우리 인간을 특별히 구별시켜 준다. 그 외에도 인간은 장래의 일에 대해 의식하고 있으며, 심지어 육체적으로 죽은 후에도 살게 될 것이라는 사후세계에 대한 내적 감각을 가지고 있기도 하다.

마지막으로 어떻게 보면 논쟁의 여지가 있는 '육체적인 면'을 말할 수 있다. 물론 '하나님은 영이시다^{요한복음 4장 24절}'고 성경은 분명히 하고 있다. 그렇기에 육체적인 면과 연결하여 하나님을 닮았다는 말은 하나님이 육신을 가지고 계심을 암시한다는 것이 아니다. 인간의 육체가 하나님의 특징을 반영하고 있다는 면에서 닮아 있다는 것이다. 가령, 우리의 육신은 눈을 통해 사물을 볼 수 있는 능력을 가졌는데, 이 능력이 하나님을 닮았다는 이야기이다. 하나님도 보시는 분이며 우리의 귀로 듣는 능력도 하나님을 닮은 능력이다. 그리고 무엇보다도 하나님께서 자기 형상대로 지으신 것은 사람의 영혼이나 마음만이 아니라 창세기 2장 7절의 말씀에서와 같이 '흙으로 사람을 지으시고 생기를 그 코에 불어 넣으심'으로 창조하신 것이다.

아래에서 자세히 설명하겠으나 결국 인간은 몸과 영·혼의 연합체로 만들어져 있음을 잊어서는 안 된다. 또한 육체는 우리 존재의 매우 중요한 부분으로서 궁극적으로 변화되어 영원토록 우리 존재의 한 부분으로 남아 있게 될 것이다.고린도전서 15장 42~45절, 51~55절 '하나님 형상'을 따라 지음을 받았다는 의미 속에 육체적인 면도 무시할 수 없다고 여기는 강력한 이유가 바로 여기에 있다.

타락한 인간에게도 하나님의 형상이 있을까?

인간의 존엄성은 위에서 언급한 대로 '특별한 창조'로부터 시작된다. 하나님의 형상을 따라 지음을 받았다는 놀라운 사실 자체가 인간 가치의 토대를 마련해준다. 인간은 하나님을 닮았을 뿐 아니라 하나님을 대변하는 엄청난 창조물이다. 이 부분에서 한가지 고려해 보아야 할 점은 '아담과 하와가 죄를 범한 후에도 동일한 가치를 지닌 존재인가'라는 점이다. 성경은 최초의 인간들이 죄악으로 인해 낙원에서 쫓겨났을 뿐 아니라창세기 3장 24절 하나님과의 교제까지 끊겼다고 말하고 있기 때문이다.로마서 3장 23절 특별한 존재로 만들어진 인간이었을지라도, 죄를 범함으로 위치가 달라졌을 가능성이 충분히 있다. 이에 대해 결론적으로 말하자면 하나님의 형상이 망가졌을지라도 상실되지는 않았다고 보는 것이 가장 적절하다. 홍수 이후, 하나님께서 노아에게 살인자들을 어떻게 처리할 것인가에 대해 다음과 같이 말씀하셨다.

> 무릇 사람의 피를 흘리면 사람이 그 피를 흘릴 것이니 이는 하나님이 자기 형상대로 사람을 지었음이니라 창세기 9장 6절

살인은 하나님을 닮은 피조물을 공격한 것으로 간주하고 있다는 것을 볼 수 있다. 비록 '하나님의 형상'이 창조 당시의 온전함을 갖추고 있지 않다고 할지라도 최소한 그 존재에 대해서는 여전히 확신을 주고 있다. 그런 면에서 살인 행위를 하나님을 공격하려는 욕망의 표출로 보는 것이다. 야고보서 3장 9절에서도 '모든 사람이 하나님의 형상대로 지음을 받았다'는 것을 분명히 한다.

> 이것(혀)으로 우리가 주 아버지를 찬송하고 또 이것으로 하나님의 형상대로 지음을 받은 사람을 저주하나니

타락 이후에도 인간은 하나님의 형상을 지니고 있으며 인간은 아직도 하나님을 닮아 있고 하나님을 대표하는 존재다. 비록 왜곡되고 온전치 않을지라도 여전히 '하나님의 형상'을 소유하고 있다는 사실에는 변화가 없다. 그러기에 만일 우리가 하나님의 형상을 입은 유일한 피조물로서의 신분을 모르거나 부인한다면 그 결과는 매우 절망적이며 스스로 생명의 존엄성을 격감시킬 뿐 아니라 존귀한 타인도 아무렇게나 취급하게 될 것이다. 최근 유행처럼 번져가는 자살 증가가 말해주듯 삶의 의미를 상실한 모습이 나타나기도 한다. 그러나 분명한 것은 인간은 한 사람도 예외 없이 하나님의 형상을 가지고 있는 소중한 존재라는

것이다. 성경은 또 하나의 중요하고도 놀라운 사실을 분명히 말하고 있다. 부서지고 망가진 우리들의 모습 가운데에서도 하나님의 형상을 회복할 수 있다는 것이다. 오직 예수 그리스도를 개인의 주와 하나님으로 영접할 때만 그 일이 시작될 수 있다. 그리스도 안에서의 우리의 구속이란 이 땅에서도 점점 더 하나님을 닮아갈 수 있다는 의미를 담고 있다. 사도 바울이 말했듯이 그리스도인은 "자기를 창조하신 자의 형상을 좇아 지식에까지 새롭게 하심을 받은"^{골로새서 3장 10절} 새 사람을 입은 자들이다.

인간은 영과 육의 완벽한 결합체

앞에서 말했듯이 인간은 보이는 육체와 보이지 않는 영 또는 혼으로 불리는 요소로 구성되어 있다는 일반적 믿음이 있다. 물론 비물질적인 영역에 대해 회의적인 이들도 있지만 최소한 그들도 '감정의 복잡성'과 '직관의 특이성' 등을 통해 눈에 보이는 것 이상의 그 무언가가 인간 속에 존재한다는 점에는 동의할 것이라고 생각한다.

인간은 어떻게 구성되어 있으며 성경은 이것에 대해 어떤 가르침을 주고 있을까? 크게 두 가지 해석이 가능하다. 하나는 사람은 몸, 혼, 영 이렇게 세 요소로 구성되어 있다고 보는 '삼분설'이고, 다른 하나는 몸과 '영 또는 혼'이라는 두 요소로 구성되어 있다고 보는 '이분설'이다.

삼분설을 믿는 사람들은 몸과 혼 이외에 하나님과 직접적으로 관계를 갖는 영이 있다고 믿는다. 이것은 과거 기독교 학자들의 일반적 견해였지만 오늘날이 입장을 지지하는 사람은 그리 많지 않다.

이와는 달리 이분설을 주장하는 사람들은 '영'이 사람의 한 부분이 아니라 단지 '혼'을 지칭하는 다른 용어일 뿐이라고 주장한다. 이들은 영과 혼이라는 두 용어는 성경에서 몸이 죽은 후에도 살아 있는 비물질적인 부분에 대해 서로 호환된다는 입장을 가지고 있다. 이분설을 지지하는 사람들도 '영'이라는 단어가 하나님과의 관계를 나타낼 때 가장 자주 사용되었음은 인정한다. 그러나 이들은 '영'이 사용될 수 있는 모든 곳에 '혼'도 사용될 수 있다는 점을 강조하고 있다.

이 둘 중, 이분법이 훨씬 더 설득력을 가지고 있다. 성경을 보면 영과 혼을 특별한 구별 없이 사용한 경우가 많다.^{예: 요한복음 12장 27과 13장 21절을 비교, 창세기 35장 18절과 누가복음 12장 20절} 때로는 인간을 논하며 '몸과 영'^{고린도전서 5장 5절} 혹은 '몸과 혼'이라고 불렀다.^{마태복음 10장 28절} 야고보 사도도 '영이 없는 몸은 죽은 것'^{야고보서 2장 26절}이라고 하면서 독립된 혼에 관해서는 한 마디의 언급도 없었음을 볼 수 있다.

또한 혼이 하는 모든 일을 영도 한다고 말한다. 영은 알고 깨닫고 생각하는 일도 할 수 있는 것이다. 마가는 예수님께서 그 '영으로' 미리 아셨다^{마가복음 2장 8절}고 했다. 성령께서 친히 우리 영으로 더불어 우리가 하나님의 자녀인 것을 증거하실 때^{로마서 8장 16절}, 우리의 영은 그 증거를 이해하고 받아들인다. 이는 분명히 영이 가지고 있는 '무엇을 아는 기능'을 가리킨다. 사도 바울은 "사람의 일을 사람의 속에 있는 영 외에 누가 알리요"^{고린도전서 2장 11절}라고 말함으로 영이 인간의 생각을 상당히 깊이 알고 있다는 것을 표현하고 있다.

그렇다고 해서 우리가 '생각하고 느끼는 주체'가 '혼'이 아니라 '영'이라고 말하는 것은 아니다. 일반적으로 비물질적인 측면을 영 혹은 혼이라는 단어를 사용해 묘사하는 것이며 이 두 용어 사이에는 실제적 차이가 없다고 보아야 한다. 다시금 여기서 재강조되어야 할 것은 성경의 전반적인 관심은 육체와 비물질적인 부분이 하나로 연합된 존재로서의 인간에게 있다는 것이다. 인간은 몸과 영·혼이 하나가 된 연합체이다. 다윗은 하나님의 임하심을 간절히 사모하면서 "내 영혼이 주를 갈망하며 내 육체가 주를 앙모하나이다"시편 63편 1절, "내 마음과 육체가 살아 계시는 하나님께 부르짖나이다"시편 84편 2절라고 고백했다. 영과 혼을 구분하지 않고 서로 혼용하며 사용하고 있다.

성경이 강조하고 있듯 하나님의 형상대로 지음을 받은 인간의 통일성을 보아야 한다. 하나님이 사람을 만드셨을 때 "생기를 그 코에 불어넣으시니 사람이 생령이 되니라"창세기 2장 7절고 했다. 이 순간 아담은 몸과 영이 살아서 함께 활동하는 통일체가 된 것이며 비록 지금은 죄로 인해 불완전한 상태로 살고 있는 인간의 모습이나 조화되고 일체가 된 인간의 상태는 그리스도께서 다시 오실 때 온전히 회복될 것임을 성경은 분명히 가르치고 있다. 단순히 우리는 영만이 아니라 몸까지도 구속되어 그와 함께 영원히 살게 될 것이다. 인간에 대한 이해를 하면서 다시 한 번 강조하고 싶은 것은 하나님께서는 우리를 몸과 영이 연합하도록 지으셨으며 그 사실의 필연적인 결론으로 이 땅에서 우리가 취하는 모든 행동은 어느 정도 몸과 영이 관여된 전인적인 인격체의 행동이라는 것이다.

영과 육에 '균형적' 관심을 가져야 한다

인간이 육과 영의 연합체라는 사실은 두 가지 모두를 소중하게 여겨야 한다는 것이며 가장 중요한 것은 둘 간의 균형을 이루는 것이다. 보이는 육체는 나이가 들어감에 쇠퇴한다. 사도 바울은 "우리의 겉사람은 낡아지나 우리의 속사람은 날로 새로워지도다"고린도후서 4장 17절라고 했다. 생물학적으로 보면 스물다섯 살 정도부터 사람의 겉모습은 눈에 띄게 달라지기 시작한다. 새롭게 생성되는 세포의 수와 죽어가는 세포의 수가 역전되어 가는 것이다. 노력하면 어느 정도 그 속도는 줄일 수 있겠지만 아무도 이 사실에서 자유로울 수는 없다. 그 즈음부터 뼈는 칼슘을 잃어가며 약해지고, 피부도 탄력을 잃어가면서 윤기가 없어진다. 문득 연로하신 부모님을 닮아있는 자신의 손을 보며 깜짝 놀라게 된다. 뇌세포 또한 심각한 속도로 줄어들며 신체도 위아래가 아닌, 양 옆으로 자라기 시작한다. 물질대사가 느려지면서 복부 주변은 지방질의 대량 '수납공간'으로 변해가며 머리카락은 힘을 잃고 점점 더 가늘어지다가 마침내 빠져 버리고 만다.

이는 육체를 가진 인간이 아무리 발버둥을 쳐도 거역할 수 없는 숙명적 모습이다. 이러한 모습들을 통해 외적인 요소에만 초점을 맞추고 살아가는 것이 얼마나 어리석은지를 알 수 있다. 물론 외적인 요소가 중요하지 않다는 것은 결코 아니다. 때로 사무엘상 16장 7절 후반부에 나오는 "나 여호와는 중심을 보느니라"는 말씀을 언급하며 외적인 요소를 무시하라는 듯한 말을 듣곤 한다. 물론 하나님께서는 보이지 않는 인간의 마음을 보신다. 그러나 우리 인간은 사람의 내면을 볼 수 없는 한계를 지니고 있기에 외모를 보지 않을 수 없다. 하나님께서도 이런 인간의 한계를 아시고 "나 여호와는 중심을 보느니라"

는 말씀을 하기에 앞서 "내가 보는 것은 사람과 같지 아니하니 사람은 외모를 보거니와"사무엘상 16장 7절라는 말씀을 하셨던 것이다. 이 말씀을 언급하는 이유는 외적인 요소를 무시하라는 것도 아니고, 외적인 요소에 집착하라는 것도 아니다. 두 가지 모두에 균형적 관심을 두어야 함을 말하는 것이다.

균형적 관점을 가지는 데 있어 한 가지 기억해야 할 것은 인간이 영과 육의 연합체이기에 영의 변화가 육의 변화와 무관하지 않다는 점이다. 의학계의 정신신체psychosomatic 분야에서도 '정신적 또는 감정적 불안이나 스트레스가 주요한 신체기관에 장애를 유발하게 되며 일시적으로 감각 및 운동의 장애를 일으킨다'고 말하고 있다. '건강한 육체에 건강한 정신이 깃든다'는 말 또한 영과 육이 서로 영향력을 미치고 있음을 말해 주고 있으며 그 방향성을 보면 영이 육에 미치는 방향에 더 무게가 실려 있음을 발견하게 된다. 앞서 말했듯이 '영' 또는 '영적'이라는 단어가 세상 속에 보편화되고 있는 모습 또한 그러한 추세를 잘 반영해주고 있는 것이다.

이것은 최근에 발견된 사실이 아니다. 우리말에 있는 '얼굴'은 '정신'을 말하는 '얼'이라는 단어와 '꼴'에서 나오는 '굴'로 이루어져 있다고 주장하는 사람이 있는가 하면, '영혼'을 뜻하는 '얼'과 '호흡'을 뜻하는 '굴'이 합성되어 자신의 '영혼의 상태'를 나타내는 창이라고 말하는 사람도 있다. 영이 변하면 변화의 증거가 얼굴에 나타난다는 것이다. "40살 이후의 얼굴은 자신이 책임져야 한다."는 아브라함 링컨의 말도 이것을 잘 말해 주고 있다.

그렇다면 육과 영의 연합체인 인간이 이 두 가지 모두에 균형적 관심을 가져야 한다는 것은 무엇을 의미하는 것일까? 인간은 지속적으로 낡아지는 육체의 숙명을 피할 수 없다. 그러나 인간의 영은 갈수록 새로워질 수 있을 뿐만 아니라 영이라는 속 사람이 변할 때 외적으로도 그 증거를 나타낼 수 있다. 이제 우리의 관심과 초점이 어느 쪽으로 기울어져야 하는지가 명백해진다. 자신의 영적 영역에 초점을 맞추는 선택은 결코 균형을 잃어버린 것이 아니라 합리적이고 이성적인 판단에 근거한 선택이다. 가장 위대한 여배우로 뽑히기도 한 오드리 헵번이 죽기 1년 전, 아들에게 읽어주었다는 샘 레븐슨의 '아름다움의 비결'이라는 시는 영과 육 간의 균형을 찾는 아름다움을 이렇게 표현하고 있다.

여자의 아름다움은 옷이나 생김새, 머리 모양이 아니라
눈에서 나온다. 눈은 사랑스러운 마음의 문.
진정한 아름다움은 얼굴의 매력이 아니라
영혼에서 반사된다. 그것은 온화한 손길과 뜨거운 열정.
그래서 여자의 아름다움은 나이와 함께 원숙해진다.

하나님의 도움의 손길이 있다

인간은 영적인 존재이기에 영적 영역의 변화를 통해 모든 영역에서의 변화를 경험할 수 있다. 성경은 예수 그리스도를 향한 믿음을 가질 때 변화가 일어난다고 말하고 있다.

그런즉 누구든지 그리스도 안에 있으면 새로운 피조물이라 이전 것은 지나갔으니 보라 새 것이 되었도다 고린도후서 5장 17절

이것은 죄로 인해 망가져 버린 하나님의 형상이 그리스도인의 삶 속에서 온전히 회복될 것을 말씀하시는 것이다. 또한 요한계시록 20장 5절을 통해 "내가 만물을 새롭게 하노라I am making everything new"라고 하신 것은 지속적으로 우리 가운데 회복과 치유의 역사가 일어나고 있음을 말하는 것이다.

하나님이 새롭게 하시는 역사의 영역이란 바로 우리의 '영', 즉 '속사람'을 일컫는다. 그러기에 사도 바울은 에베소서 3장 16절에서 "그의 영광의 풍성함을 따라 그의 성령으로 말미암아 너희 속사람을 능력으로 강건하게 하시오며"라고 기도하고 있다. 여기서 말하듯 '하나님의 성령으로 말미암아' 사람은 속사람의 강건해짐을 통해 겉사람도 영향을 받게 되어 있다. 하나님의 영인 성령이 우리 가운데 역사하실 때 우리 가운데 진정한 열정이 터져 나올 수 있다. 열정enthusiasm은 '신의 영감을 받았다'는 뜻을 가진 그리스어 '엔테오스entheos'에서 나는데 여기서 en은 '안에', theos는 '하나님'을 의미한다. 즉 '열정'이란 '하나님 안'에 있는 것으로 '신들린 상태 또는 신과 함께'라는 뜻을 가지고 있다. 진정한 열정이 위대한 위력을 가질 수 밖에 없는 이유가 바로 이것이다.

하나님이 함께 하면 세상에서 말하는 '뒝벌 효과'를 경험할 수 있다. 여기서 말하는 '뒝벌'이란 영어로 'bumblebee'라는 벌의 종류로 원래의 이름은 '우수리뒤영벌'이다. 몸길이가 약 2센티미터나 되는 큰 덩치에 비해 몸 중간에 매우 빈약한 날개가 붙어 있는 벌을 말한다. 흥미로운 사실은 공기역학과 물리학의 이론에 의하면 이 벌은 날지 못해야 한다. 과학적 근거는 전혀 없음에도 뒝벌은 날 수 있는 사실에 근거해 '뒝벌 효과'라는 표현이 만들어진 것이다. 겉으로 보기에 나약한 사람이 불가능해 보이는 것을 이루어낼 때 주로 이 말을 사용한다.

우리 인간에게는 우리의 생각보다 훨씬 많은 것을 성취할 수 있는 능력이 주어져 있다. 하나님이 인간을 창조하실 때 '땅을 정복하며 모든 생물을 다스리라'창세기 1장 28절는 명령을 주시며 이 능력까지도 함께 주셨다. 물론 죄로 인해 그것이 온전치 못하게 되었지만 예수 그리스도를 믿음으로 원래 부여하신 능력 또한 온전하게 회복할 수 있게 된다. 하나님은 우리 속에 있는 '더 좋은 미래를 향한 갈망'을 이루도록 도우시는 분이다.

하나님께서 친히 우리를 도우시기에 우리는 매사에 긍정적이며 낙관적일 수 있다. 영이 육에 영향을 미치듯 생각은 행동에 영향을 미친다. 원래 무신론자이며 불가지론자였다가 그리스도인이 된 20세기 최고의 문필가 체스터턴은 이런 말을 했다.

"내 생각에는 낙관론자들은 비관론자를 제외하고는 다른 모든 일을 좋게 생각하고, 비관론자들은 자기 자신만을 제외하고는 다른 모든 일을 나쁘게 생각한다."

궁극적으로 행동이 그 사람의 인생을 결정한다는 것을 감안할 때 행동을 유발하는 생각이 얼마나 중요한지를 알 수 있다. 최근 미국의 한 대학에서 노인들을 대상으로 실험을 했다. '나이와 기억력의 감퇴'라는 측면을 알아보는 실험이었다. 이 실험을 통해 기억력의 감소는 나이와 꼭 반비례하지 않는다는 흥미로운 사실을 발견하게 되었다. 기억력 감퇴는 노화현상이라는 기존의 고정관념이 깨어져 버린 것이다. 그렇다면 기억력 감소에 가장 큰 영향을 미치는 것은 무엇일까? 놀랍게도 그것은 자신의 기억력이 감소되고 있다는 부정적 인식이었다. 또한 기억력 감소는 일종의 '자기 예언적 실행'이라는 것이다. 이것은 기존의 상식을 완전히 뒤엎는 결과이며 영적 또는 내적 역량이 얼마나 중요한지를 생각하게

영적 잠재력을 발견하다

하는 부분이다.

아브라함 링컨은 "사람은 행복해지겠다고 마음먹은 만큼 행복해 질 수 있다."는 말을 했다. 잘 알려져 있다시피 그는 51세에 미국 대통령으로 선출되기까지 실패로 점철된 삶을 살았다. 지속적인 선거 패배뿐만 아니라 26살 때에는 그에게 유일한 위로가 됐던 애인의 죽음으로 인해 정신과 치료를 받기까지 했다. 하지만 결과적으로 아무리 큰 고통 속에 있어도 누구나 행복해지겠다고 마음만 먹으면 결국 행복해질 수 있음을 그의 삶 전체를 통해 알 수 있다. 또한 현대 심리학의 아버지라 불리는 윌리엄 제임스는 "우리는 행복하기에 웃는 것이 아니라 웃기에 행복하다."고 말했다.

하나님을 향한 기대와 믿음을 지닐 때 우리 삶에 어떤 일이 일어나는지 용기를 가지고 시도해 보자. 하나님은 상상을 초월할 정도로 우리 한 사람 한 사람을 사랑하며 귀하게 여기신다. 사도 바울은 그러한 믿음 안에서 우리를 향해 이렇게 도전한다.

> 자기 아들을 아끼지 아니하시고 우리 모든 사람을 위하여 내주신 이가 어찌 그 아들과 함께 모든 것을 우리에게 주시지 아니하겠느냐 로마서 8장 32절

하나님의 축복을 기대하고 살라는 이야기다. 데살로니가전서 5장 16~18절에서도 "항상 기뻐하라 쉬지 말고 기도하라 범사에 감사하라 이것이 그리스도 예수 안에서 너희를 향하신 하나님의 뜻이니라"고 말하며 믿음을 가지고 살아가야 함을 분명히 전하고 있다. 이제 믿음으로 더 밝은 미래를 꿈꾸자. "믿음은 바라는 것의 실상이요 보이지 않는 것들의 증거"히브리서 11장 1절라고 하지 않았는가! 또한 영과 육의 올바른 균형은 영에 초점을 맞추는 것임을 기억하자. 디모

딤전서 4장 8절에 "육체의 연단은 약간의 유익이 있으나 경건$^{\text{spiritual exercise}}$은 범사에 유익하니 금생과 내생에 약속이 있느니라"고 기록되어 있다. 그러므로 지속적으로 긍정적인 변화를 만드는 영역에 힘써 집중하자.

SECRETS@change

Ethnic Advantages
와우~한민족! 올레~대한민국!

"아니 그런데 어떻게 이렇게 평온할 수 있지요? 일본은 난리법석이고, 미국도 시끄럽고 유럽의 나라들도 지대한 관심을 보이고 있지 않습니까? 그런데 이곳은 마치 아무 일도 일어나지 않은 것처럼 너무나 태연하게 반응하네요."

북한이 미사일을 발사한 이후에 우리 국민들의 무덤덤한 반응을 보며 한 재미교포가 한 이야기다.

그렇다. 10년 전 대포동 1호 발사, 그리고 핵폭탄 실험 사건 같은 일이 일어났을 때도 우리 국민들은 그리 크게 놀라지 않았다. 이번에도 전 세계의 반응에 비하면 과거와 별반 다를 것이 없었다. 이를 두고 학습효과라고 말하는 사람들도 있으며 내성이 키워져서 그렇다는 평도 있다. 너무 자주 일어나다 보니 무덤덤한 반응으로 나타난다는 것이다. 어쨌든 여간해서는 눈 하나 깜짝하지 않게 되어 버린 것은 분명하다.

특히 미국 사람들이 우리 국민들을 이해하기 어려워하는 부분들이 있다.

첫째는 자신들이 가장 두려워하는 일본을 유일하게 얕보는 민족이 한민족이라는 것이다. 실제로 스포츠 경기만 보더라도 종목과 상관없이 한일전에서 유독 별난 승부욕이 작용하는 것을 보게 된다. 결국 짜릿한 승리를 맛보게 되는데 아마도 자존심의 싸움에서 자신감으로 발전한 듯하다.

둘째는 기나긴 역사 속에서 우리나라를 괴롭혔던 나라들과는 좋은 관계를 유지하려고 노력하는 반면, 유독 미국에 대해선 강한 반미 감정을 갖고 있다는 것이다. 미국산 소고기 수입 반대 촛불시위만 보아도 그렇다. 엄청난 사람들이 시위에 참여했고 미국 소고기를 먹으면 당장이라도 광우병에 걸릴 듯 야단법석을 떨던 이들이 적지 않았다. 광우병 걸린 소를 잡아 그것을 우리에게 수출하려 한다는 음모론까지 등장했고 초등학생들까지 괴담의 희생자가 되었다. "너희들 말 안 들으면 미국 소고기 먹인다."라는 무시무시한(?) 협박이 가해진 것을 보면 말이다. 한 미국 외교관이 "한국 사람은 매우 비과학적이다."라는 식의 발언을 한 것이 문제가 되기도 했다. 개인적으로 나는 그의 표현이 우리 민족이 이성보다는 감성적인 측면이 강하다는 것을 지적하고 있다고 이해했었다. 어느 한국화 화가는 우리 민족이 이성적인 좌뇌보다 감성적인 우뇌 성향이 강해서 대칭되는 왼쪽 이마가 더 튀어나왔다고 주장하며 감성민족임을 말한 적이 있다. 조금은 별난 민족이라는 평가를 받고 있는 우리 한민족에 대해 다시 한번 알아보고자 한다.

우리나라가 작아 보이는 까닭

인구밀도가 유난히 높은 나라, 대한민국. 과연 얼마나 작은 땅에 얼마나 많은 사람들이 살고 있는 것일까? 먼저 우리나라 국토의 면적을 보면, 약 10만 제곱 킬로미터로 세계에서 108번째에 해당한다. 일본의 경우 38만 제곱 킬로미터로 세계 61위이며, 중국은 약 960만 제곱 킬로미터로 세계 4위이다. 미국은 중국보다 약간 더 커서 3위, 1위는 1,700만 제곱 킬로미터의 러시아이며, 이는 2위인 캐나다의 약 1.8배에 해당하는 크기이다. 이런 나라들과 순수 땅덩어리 크기만을 비교하자면 매우 작은 나라라고 말하는 것이 옳다.

하지만 인구 측면을 보면 '상대적'이라는 표현이 적절하다. 전 세계에 인구 천만 명이 넘는 나라는 80개 정도이며, 4,000만이 넘는 나라는 30개에 불과하다. 그 중 우리나라는 약 4,820만 명으로 26위에 속한다. 독일8,240만, 프랑스

6,160만, 영국 6,070만, 이탈리아 5,890만 다음으로 5번째에 해당하는 우리나라가 유럽 대륙에 속했다면 결코 작은 나라가 아니다. 문제는 우리를 둘러 싸고 있는 주변국이 거대한 나라들이고, 또한 연일 뉴스에 오르내리는 나라들이 모두 큰 나라들이기 때문에 우리가 상대적으로 작게 느껴지는 것이다. 러시아 인구는 1억 4천 2백 만, 중국은 13억 3천 만, 일본은 1억 2천 8백만 그리고 미국은 3억 명이다. 이런 나라는 면적과 인구 모두 우리와는 비교하기 벅찰 정도로 거대하다. 이 역시 우리나라가 유난히 작게 느껴지는 이유다.

워싱턴포스트지의 한국 특파원 출신으로 현재 존스홉킨스대학 교수인 돈 오버도퍼는 『두 개의 한국』이라는 자신의 저서에서 "애매한 크기의 나라가 불행한 위치에 있다."라고 우리의 상황을 절묘하게 표현하였다. 그는 이러한 이유로 한국의 역사는 매우 어려웠고, 어려움을 경험하고 있다고 분석했으며 이와 같은 상황이 바뀔 수 없다면 우리의 미래 또한 그리 밝지 않음을 시사하고 있다. 다가올 우리의 미래, 과연 어떤 모습일까?

우리는 무엇이든 소화할 수 있는 민족

먹는 것으로 말하자면 중국의 광동성이 제일 유명하다. '다리 네 개 달린 것 중에 테이블 빼고 다 먹는다'는 말이 있을 정도다. 그들의 농담 중에 만약 아담과 이브가 광동성 사람이었으면 인류에게 죄가 들어오지 않았을 것이라고 한다. 뱀으로 변장한 사탄에게 유혹당하기보다 오히려 맛있게 요리해 먹었을 것이기 때문이다. 먹는 것과 음식에 관해 말하자면 우리나라 국민들도 만만치 않다. '일본인은 눈으로 먹고, 중국인은 맛으로 먹고, 한국인은 배로 먹는다'는 말이 있듯이 우리는 많이 먹는 것으로 알려져 있다. 인류학자 레비스트로스가 가장 진화된 음식이라고 표현한 발효음식 분야에서도 우리나라의 경우는 독특하다. 김치와 된장찌개는 먹을 만하고 청국장은 그나마 참을 만하다고 한다. 그러나 푹 삭힌 홍어회는 발효라기보다는 부패에 가깝다고 평한다. 한국의 뜨겁고 매운 음식을 '마사지'라고 비유하는 외국인들도 있다. 물리적이며 화학적인 자극으로 가득한 식경험에 마사지라는 표현보다 더 적절한 표현도 없을 듯하다. 그 뿐 아니다. 이어령 박사가 지적한 대로 우리처럼 다양한 나물을 먹는 민족은 세계에서도 찾아보기 힘들다. 나물이 들어있는 말을 검색해 보면 250여 가지나 된다고 하니 참기름만 주면 모든 풀을 나물로 무쳐 먹을 수 있을 정도다. 나물이라는 이름으로 온갖 잡초를 다 먹는 민족이라고 해도 결코 과장이 아니다.

독특한 식생활 습관에 더해 먹는다는 것과 연관된 언어 습관 또한 무수하다. '애먹었다', '물먹었다', '욕먹었다', '뇌물 먹었다', '말이 먹힌다', '씨도 안 먹힌다', '나이 몇 살 먹었니', '마음 먹기에 달렸다', '감동 먹었다', '식은 죽 먹기' 등 웬만한 말에는 거의 먹는다는 표현이 가능하다. 또한 '국물도 없다', '고춧가루 뿌리다', '참깨 맛이다', '아이 고소해', '맵네', '짜다 짜', '싱거운 녀석', '개 밥의 도토리', '다 된 밥에 재 뿌리다', '초치다' 등 음식이나 음식의 맛을 묘사하는 단어들이 다른 용도로도 거리낌없이 사용된다. 그 뿐 아니다. 이메일 서버 앞에 붙이는 @영어로는 at이라는 기호를 '골뱅이'라고 읽기도 한다.

이와는 반대로 관련 없는 표현들이 음식과 연관하여 사용되기도 한다. 음식에선 '손맛'이 중요하다고 하며, 뜨거운 국물을 마시곤 '어이 시원하다'고 말하기도 한다. 라면 선전을 하며 '뼛속까지 스며드는 얼큰한 국물맛'이라고 광고하는 민족은 우리 밖에 없을 것이다.

이처럼 경계와 범위를 초월하여 사용되는 음식과 먹을 거리에 관련된 용어는 우리 말이 지닌 독특함이다. 먹는 것과 연관된 용어의 사용이 단순히 먹을 거리라는 개념을 뛰어넘어 폭넓게 활용된다는 것은, 우리 민족은 무엇이든 먹을 수 있고 무엇이든 소화할 수 있다는 의미를 담고 있다. 5,000년의 긴 역사 동안 함께 한 고난과 어려움을 이겨낸 의지와 경험이 담긴 듯 하다. '한민족의 DNA에는 고난을 이기는 유전자가 있다'는 광고 문구가 이러한 특성을 잘 표현하고 있다. 그러한 민족적 특성이 심지어 언어 속에도 속속 베어있는 것이다.

'빨리빨리'와 '쏠림 현상'의 저력

우리 민족의 특성으로 가장 많이 표현되고 있는 말로 '빨리빨리'를 말할 수 있다. 청국장과 같은 우리의 슬로우푸드가 서양의 패스트푸드보다 더 빨리 나오는 아이러니한 상황만 봐도 알 수 있다. 빨리 나온 음식을 빨리 먹는 것으로도 유명하다. 한 통계에 따르면 우리의 평균 식사시간은 10분 이내로 다른 나라의 4분의 1정도라고 한다. 조급한 민족성에 걸맞게 인터넷 속도 역시 세계 최고 수준이다. 빠른 것에 익숙한 한국 네티즌은 3초 안에 웹사이트가 안 열리면 닫아 버리며, 웹사이트에 머무는 시간도 평균 28초로 세계에서 가장 짧다. 미국인은 54초, 나머지 다른 나라의 평균이 42초라고 하니 타의 추종을 불허할 정도다.

조급성은 속전속결과도 연관이 있다. 빨리 취하기 위해 만들어진 '폭탄주'의 원조가 바로 우리 민족이다. 마치 과정의 즐거움은 시간낭비이며 취하는 것 자체가 목적이 된 듯하다. 로또의 경우 주초에 많이 팔리는 다른 나라와는 달리 한국에선 토요일, 그것도 마감 시간 직전에 가장 많이 팔린다고 한다. 당첨을 기대하며 재미있게 보낼 수 있는 일주일이 너무나도 지루하기 때문이다. 그 뿐 아니다. 자판기 컵 나오는 곳에 손을 넣고 기다리며, 남자들의 경우 화장실에 들어가기 전에 지퍼를 먼저 내리는 이들이 많다. 삼겹살은 익기도 전에 먹고, 엘리베이터 문이 닫히고 있는 데도 닫힘 버튼을 누를 뿐 아니라, 3분이 되기 전에 컵라면 뚜껑을 열고 먹으며, 음료수를 마시고 나서 계산하기도 하는 등 일상에서의 조급성 역시 다양한 모습으로 나타난다.

비슷한 기질로 '쏠림 현상'을 들 수 있다. 대한민국은 가히 '바람'과 '신드롬'의 나라라고 불릴 만하다. '치맛바람'을 동반한 거센 교육열은 정부의 어떠한 대책에도 끄떡하지 않는다. 어떤 이들은 새 것이라면 환장하고 유행이라면 사족을 못 쓰는 줏대 없는 우리의 모습을 스칸디나비아 반도에 사는 들쥐의 일종인 레밍(일명 나그네쥐)에 비교하기도 한다. 종족 수가 폭발적으로 늘면 떼 지어 바닷가 절벽으로 밀려가 뛰어내린 뒤 죽어버리는 특성 때문이다. 이러한 특성은 사이버상에서 떼로 몰려다니며 집단행동을 하는 이용자들을 대상으로 '디지털 레밍스'라는 신조어를 만들어 내기도 했다. 우리의 쏠림을 향해 비아냥거리는 표현이다.

이런 조급성과 쏠림 현상이 합쳐지면 과연 어떤 시너지를 낼지 생각해 보자. 가장 적절한 답을 찾자면 영어 단어 '다이나믹(dynamic)'으로 표현되는 역동성일 것이다. 많은 이들이 지적하듯이 우리에게는 신명이 있고, '끼'가 있고, 미친 듯한 열정이 있다. 이 모두가 역동성이 지닌 요소들이다. 인터넷 매체의 신속성과 즉흥성, 자유로움이 한국인의 기질에 딱 맞다. 앨빈 토플러는 한국 방문 중 이런 말을 했다.

"기업이나 신기술에서의 신속한 변화를 위한 '빨리빨리'는 유용한 경쟁력이 된다. 속도와 시간이 우리 삶의 가장 중요한 부분임을 잊으면 안 된다."

결국, 부정적으로 보자면 한 없이 부정적인 요소들도 긍정의 관점을 가지고 개발하면 경쟁력이 될 수도 있다는 말이다.

우리는 21세기 신개념에 이미 친숙하다

21세기가 되면서 특별히 부각되고 있는 개념 중 '배려, 조화, 통섭' 등이 있다. 이 개념들은 '전통적 틀'이 깨어지고 있는 시대상에 발맞추어 등장하였다. 세계화로 인해 다양한 민족들이 국경을 뛰어넘어 이동할 뿐 아니라 함께 사는 세상으로 변하고 있다. 지구촌 시대에 서로 다른 문화, 종교와 언어를 가진 타인을 향한 '배려'는 필수적이다. 우리의 경우만 보아도 새로 결혼하는 열 쌍 중에 한 쌍 이상이 외국인과 결혼하고 있다. 그들과 '잘 섞여' 살아가야 하기에 '조화'라는 개념이 더욱 중요해지고 있다. 학문의 영역에서는 '통섭通涉'이라는 개념이 새롭게 등장하였다. 새로운 트렌드가 어떠한 방향으로 진행될지를 보여주고 있으며 이러한 개념들은 이미 우리에게는 친숙하다.

우리의 언어와 문화 속에 '배려'라는 개념은 일반적 생각보다 훨씬 깊다. '적당히'라는 단어를 생각해 보자. 어떤 요리를 하는데 '갖은 양념을 적당히 넣으라'고 말한다. 그리고 '적당히' 익히다가 '적당한' 때에 꺼내 각자의 입맛에 맞게 '적당히' 간을 맞추어 먹으라고 권한다. 서양에선 요리 재료의 종류와 정확한 용량까지 친절하게 설명한다. 그 뿐 아니라 몇 도에서 얼마나 익히며 나중에 양념도 얼마만큼 넣을지를 구체적으로 지시한다. 비록 평균값을 제시하고 있긴 하지만 무엇이든 '명확히' 하고 있다. 우리의 '적당히'라는 개념과는 현격한 차이가 난다. 이런 점 때문에 우리는 '정확하지 않다'고 평가되기도 한다. 그러나 꼭 그렇지만은 않다. 뒤집어 보면 상대방의 개성과 의견을 존중하는 마음을 반영한다고 볼 수도 있다. 지역에 따라 '갖은 양념'에 들어가는 양념이 다를 수 있으며, 넣고 싶은 실제적 양념의 종류도 다를 수 있기 때문이다.

다르게 말하자면 서양의 '명확히'는 매우 문자적이다. 무엇이든 확실해야 한다는 문화를 반영하고 있다. 그런 반면 우리의 '적당히'는 매우 상황적이다. 상대방의 의견을 배려하는 마음이 담겨 있다. 고기를 사면서도 "두세 근 주세요."라고 말할 뿐 아니라, 음식을 시키면서도 "적당히 맵게 해주세요."라고 말한다.

이어령 박사는 우리의 언어습관에는 '상대방의 참여성'을 중시하는 모습이 있다고 했다. 예를 들어 "머리카락을 깎는다."고 하지 않고 "머리를 깎는다." 고 한다. 머리와 머리카락을 구분하지 않는다. 그것은 메시지에 빈칸을 두어 듣는 사람이 그것을 메우도록 하기 위해서라는 것이다. 정보의 전달보다는 정보 그 자체를 서로 협력하고 공유하며 참여하는 것을 더 중시하는 경향 때문이라고 한다. 이러한 요소들을 '눈치'라고 말하기도 하며, 이것은 수신자가 지녀야 할 메시지 해독 기술을 의미한다. 그 기술이 부족할 때 우리는 '눈치가 없다'고 핀잔을 준다. 이는 호남사투리에 자주 등장하는 '거시기'를 정확히(?) 해독하기 위해 절대적으로 필요한 것이기도 하다. 우리의 언어습관 속에 상대방에 대한 배려와 조화가 담겨 있음을 볼 수 있다.

다시 한번 우리의 음식 문화를 보면 '조화'라는 개념이 매우 잘 나타나 있음을 알 수 있다. 대한항공이 기내식으로 채택해 머큐리 상을 수상한 '비빔밥'만 보아도 그렇다. 우리 전통 음식처럼 재료 각각의 맛에 충실한 점과는 차별화되며, 다양한 재료가 조화를 이룬 걸작품이다.

김치를 보아도 그 자체가 다른 음식과 함께 먹도록 의도되어 있다. 외국 사람들은 김치 맛이 어떠냐고 묻는다. 그러나 엄격하게 말해 김치 맛이란 따로 존재하는 것이 아니다. 항상 밥상에 올라오는 음식이지만 그것만을 따로 먹는 일은 거의 없다. 반드시 다른 음식과 함께 먹는다. 그러다 보니 어떤 음식과 먹느냐에 따라 김치 맛은 달라진다고 할 수 있다. 어울림이 없이는 따로 존재하지 않는 음식 중의 음식이 바로 우리 민족의 대표음식인 김치다. 이처럼 음식에도 우리 민족의 '조화' 정신은 깊숙이 반영되어 있다.

마지막으로 '통섭'이라는 개념 또한 우리에겐 낯설지 않다. 이것은 생물학자인 에드워드 윌슨이 사용한 '컨실런스^{consilience}'라는 용어를 번역한 것이다. 문자적 의미로는 '함께 뛰다$^{jumping\ together}$'라는 뜻으로 학문의 영역에서 '융합사상'이라고 말할 수 있다. 기술적 영역에서의 크로스오버, 컨버전스라는 개념들과 비교할 수 있다. 21세기 기술 경쟁에서 중요한 기술 융합, 즉 기술을 잘 '뭉치는 것'이 중요함을 시사하는 개념이다. 우리의 언어만 보아도 이미 이러한 융합에 매우 익숙하다는 것을 볼 수 있다.

영어 단어 'drawer^{서랍}'의 원래 의미는 '끄집어 내는 것'만을 표현한다. 우리의 경우, 사투리이긴 하나 '빼다지'라 하여 닫는 것의 의미까지 포함하고 있는 것과는 대조적이다. 'elevator^{엘리베이터}'의 문자적 의미는 '올라가는 기계'이다. 그러나 오르기도 하고 내리기도 하기 때문에 영어의 엘리베이터보다 우리말의 승강기가 더 정확한 표현이다. '아우팅outing 또는 고잉아웃going out'은 우리말의 '나들이'라는 의미로 쓰인다. 이 말 또한 영어의 경우, 양방향을 말하지 않고 한 방향에만 초점을 맞추고 있는데 양방향 모두를 아우르는 우리말과는 대조적이다.

우리 언어의 특징은 이러한 통합적 표현에만 머무르지 않는다. '엇비슷하다'라는 말은 '어지간하게 비슷하다'는 의미를 지니고 있다. 하지만 '엇'은 '엇나가다'의 경우에서 보듯 동질성보다는 이질성을 나타내는 말이다. 이러한 '엇'이 '비슷하다'라는 단어와 만나 동질성에 무게를 둔 표현으로 둔갑한다. 우리 민족의 특성이며 우리 말이 가진 묘미다.

누군가 21세기에 가장 걸맞은 중재 민족의 조건이 한민족에게 있다는 말을 했다. 사무엘 헌팅톤의 『문명의 충돌』이라는 저서의 근본에 자리한 '서로 다르면 필연적으로 충돌한다'는 개념과는 근본적으로 다르다. 다르다고 하여 충돌하는 것이 아니라 다르더라도 엇비슷하다고 볼 수 있다는 것이다.

고난의 역사가 성공의 DNA를 만든다

우리의 역사를 '외침의 역사'라 할 만큼 931 차례의 외침을 받고도 생존한 민족은 유일무이하다. 생존했을 뿐 아니라 두 개로 나뉘어져 '나름대로' 세계의 주목을 받고 있다. 한쪽은 '핵무기와 연관된 벼랑 끝 전술'로, 나머지 한쪽은 '50년 만에 이룬 유례 없는 초특급 경제성장'을 통해서이다.

지리적 특성을 고려해 보면 사실 우리의 생존 자체가 놀라울 뿐이다. 간략하게 말하자면 중국 옆에서 살아남은 유일한 나라가 바로 우리나라이다. 국토의 크기로 보나 인구로 보나 중국이라는 큰 용광로 옆에서 살아남았다는 것은 한마디로 기적이다. 역사상 한족에게 걸려들어 녹아 들어가지 않은 민족과 문화는 없었다. 정복자였던 몽고족이나 기세 등등했던 만주족마저도 모두 한족의 블랙홀에 빨려 들어가 문화와 언어 모두를 상실해 버렸다.

중국은 본래 수백 개의 종족으로 이루어져 있었지만 지금은 다 동화되고 55개의 소수민족과 한족으로 이루어진 다민족 국가이다. 55개의 민족 중에 '몽고'라 불리는 조그만 몽골족만 제외한다면, '조선족'이라 불리는 우리 민족만이 자주적으로 존재하고 있다.

어려운 지리적 상황과 '외침의 역사'가 우리 민족의 독특한 성향을 형성하는 데 크게 기여했을 것이다. 일본의 유전공학자 무라카미 가즈오는 『성공하는 DNA, 실패하는 DNA』에서 외부의 자극이 유전자 속의 잠재된 특성을 깨울 수 있다고 했다. 우리 민족에게 이것을 적용해 보면 고난과 역경이 만들어낸 '근성과 저력'이 아닐까 생각해 본다. 외침을 당할 때마다 우리 민족은 누가 보아도 자랑스러울 만한 슬기로운 지혜를 발휘하며 끝끝내 5,000년의 찬란한 역사를 지켜 왔다.

대한민국, 우리 생각보다 훨씬 위대한 나라

우리 역사 속에서 자랑거리를 찾으려면 정말 수도 없이 많다. 전쟁사만 봐도 그렇다. 고구려 을지문덕 장군은 수나라의 공격을 물리치며 결국 수나라의 종

말을 고하게 만들었다. 통일신라 시대의 해상왕 장보고는 당시 창궐하던 해적선을 소탕하여 황해와 남해의 해상권을 장악했고, 완도에 청해진을 설치해 당과 일본과의 무역을 독점함으로써 거대한 해상 왕국을 이루었다. 그의 활약으로 양민을 노예로 잡아가던 해적들이 사라졌을 뿐만 아니라, 청해진은 동북아 무역의 중심지가 되었다.

조선시대에는 23전 23승의 기록으로 그야말로 실패를 모르는 '불멸의 이순신' 장군이 있었다. 전국시대의 리더였던 도요토미 히데요시가 일본 내부의 문제를 외부로 돌리기 위해 조선을 공격한 때였다. 그러나 전혀 예상치 못했던 이순신이라는 인물의 등장으로 그가 당한 패배는 너무나 치명적이었고 결국 급격히 쇠퇴하게 된 그는 역사의 뒤안길로 쓸쓸히 사라졌다.

세계 최초로 개발한 금속인쇄술 역시 우리의 큰 자랑이다. 얼마 전까지도 인쇄술의 선구자는 15세기 중엽의 구텐베르크로 알려져 왔지만, 2001년 9월, 유네스코에서 고려 공민왕 시대의 '직지심체요절'이 세계 최초의 금속활자본임을 공식 인정하며 주인공이 뒤바뀌게 되었다. 2005년 5월, 미국 부통령 자격으로 한국을 방문한 엘 고어는 한 걸음 더 나아가 독일의 구텐베르크가 만든 금속인쇄술은 사실 한국에서 건너온 기술에서 비롯된 것이라고 규정했다. 이것은 우리가 서양 근대화에 간접적으로 얼마나 큰 역할을 하였는지를 잘 보여주는 내용이다.

종교개혁자인 마틴 루터는 "금속인쇄술은 복음 전파를 위해 신이 내리신 최대의 선물"이라고 극찬하기까지 했다. 새로운 인쇄술 덕분에 1517년 10월 31일, 비텐베르크 성당에 내건 95개조의 논제도 대량으로 인쇄하여 배포할 수 있었다. 또한 루터의 노력으로 독일어로 번역된 성경뿐 아니라 유럽 각국의 언어로 번역된 성경이 대중에게 보급될 수 있었다. 이는 르네상스, 종교개혁과 맞물려 유럽을 중세시대의 우매함과 암흑에서 벗어나게 하는 원동력이 되기도 했다. 모든 상황을 조합해 보면 결국 우리가 종교개혁뿐 아니라 서양 근대화에 있어서도 중대한 역할을 했다고 말할 수 있을 것이다.

관점에 따라 이런 주장을 억지라고 말하는 사람도 있을 것이고, 자기 중심적 사고라고 비판하는 사람도 있을 것이다. 그러나 필자는 그들에게 "모든 가능성 중에 가장 긍정적인 답안에 대해서는 왜 배제하는지"를 되묻고 싶다. 함영준 교수는 그의 저서『나의 심장은 코리아로 벅차 오른다』에서 "한국인은 자신들이 이룩한 것이 얼마나 대단한지를 모르는 유일한 민족이라는 우스갯소리가 있다."고 했다. 우리 스스로에 대한 낮은 자부심을 지적하는 말이다.

도이치 뱅크는 2030년쯤, 우리나라의 경제력이 독일을 추월할 것이라고 예측한 적이 있고, 골드만 삭스는 우리나라 일인당 국민소득이 2030년에 52,000불, 2050년에는 81,000불이 될 것이라고 예측했다. 프랑스의 자크 아탈리는『미래의 물결』에서 대한민국은 미래를 이끄는 세계 11개의 공동강국 중의 하나가 될 것이라고 말했다. 또 2030년 즈음이면 아시아 최대의 경제대국이 되어 다른 나라들이 우리를 벤치마킹할 것이며, 심지어 일본까지도 우리를 롤모델 삼을 것이라고 예측했다.

1961년, 1인당 국민소득 82달러로 세계 최하위 중 하나였던 나라가 불과 몇 십 년 만에 대단한 반전을 이뤄낸 것이다. 그러나 이러한 외부의 긍정적이며 희망적인 예측에 대해서도 시큰둥한 반응을 보이는 국내 경제학자들이 적지 않다. 한번도 그 수준에 올라 본 적이 없기에 그런 것인지 알 수 없는 패배주의에 빠져있는 듯하다. '무엇에나 처음은 있다.There is a first for everything.'는 영어 격언을 마음에 새겨 보자. 이제 우리의 역사를 긍정적으로 해석하며 자긍심을 되찾고 희망찬 미래를 준비할 때이다.

역사history를 그분 이야기His story라고 하는 까닭

역사history를 '그분의 이야기His story'라고 말하기도 한다. 성경에서도 하나님께서 모든 것을 주관하고 계시다는 사실을 분명히 한다. 하나님의 주관하심은 나라와 민족을 논할 때 더욱 더 분명해진다. 예레미야서 18장 1절에서 10절을 보자.

여호와께로부터 예레미야에게 임한 말씀에 이르시되 너는 일어나 토기장이의 집으로 내려가라 내가 거기에서 내 말을 네게 들려 주리라 하시기로 내가 토기장이의 집으로 내려가서 본즉 그가 녹로로 일을 하는데 진흙으로 만든 그릇이 토기장이의 손에서 터지매 그가 그것으로 자기 의견에 좋은 대로 다른 그릇을 만들더라 그 때에 여호와의 말씀이 내게 임하니라 이르시되 여호와의 말씀이니라 이스라엘 족속아 이 토기장이가 하는 것 같이 내가 능히 너희에게 행하지 못하겠느냐 <u>이스라엘 족속아 진흙이 토기장이의 손에 있음 같이 너희가 내 손에 있느니라</u> 내가 어느 민족이나 국가를 뽑거나 부수거나 멸하려 할 때에 만일 내가 말한 그 민족이 그의 악에서 돌이키면 내가 그에게 내리기로 생각하였던 재앙에 대하여 뜻을 돌이키겠고 내가 어느 민족이나 국가를 건설하거나 심으려 할 때에 만일 그들이 나 보기에 악한 것을 행하여 내 목소리를 청종하지 아니하면 내가 그에게 유익하게 하리라고 한 복에 대하여 뜻을 돌이키리라

밑줄 그은 부분이 강조하고 있듯 나라의 운명은 토기장이의 손에 맡겨진 진흙에 비유할 수 있다. 미래와 방향을 포함한 모든 것이 하나님의 손 안에 있다는 것을 분명히 하고 있다. 이스라엘 백성들은 바로 이 사실을 철저히 경험해야만 했다. 그들을 염두에 둔 예수님은 "그러므로 내가 너희에게 이르노니 하나님의 나라를 너희는 빼앗기고 그 나라의 열매 맺는 백성이 받으리라"마태복음 21장 43절고 하셨다. 하나님의 기대에 어긋날 때 그들에게 주어진 사명이 다른 민족에게로 옮겨질 것임을 의미하고 있는 것이다. 민족과 나라에 대한 구분은 성경 전체를 통해 변함없이 강조되어 있다. 성경의 가장 끝부분인 요한계시록에서도 '나라와 민족과 백성과 방언'과 같은 구분이 분명하다. 마치 새로운 세상이 이 땅에 이뤄지기까지 명확히 구분되어 있어야 한다는 듯 22장 2절에 가서는 이런 힌트가 나온다.

길 가운데로 흐르더라 강 좌우에 생명나무가 있어 열두 가지 열매를 맺되 달마다 그 열매를 맺고 그 나무 잎사귀들은 만국을 치료하기 위하여 있더라

이 말을 다르게 표현하자면 새 하늘과 새 땅이 임하기까지 민족과 나라의 개념은 간과될 수 없다는 것이다. 나라와 민족을 강조한다고 해서 '민족주의'를 말하고자 하는 것은 아니며 민족주의자들이 되어야 한다는 것은 더더욱 아니다. 각 민족은 그들을 만드신 하나님이 특별한 기대를 담아 부여한 '사명'과 '소명'을 가지고 창조되었으므로 우리도 맡겨진 그것을 함께 이루어 감으로 우리의 역할을 감당하자는 것이다.

조국과 민족을 뜨겁게 사랑한 그리스도인들

빌립보서 3장 20절을 보면 '우리의 시민권은 하늘에 있다'라고 그리스도인의 정체성을 밝히고 있다. 모든 그리스도인들은 천국시민이라는 것이다. 그런데 왜 나라와 민족을 그렇게도 중요하게 여기며 살아가는 것일까. 이것은 하나님이 우리 민족에게 주신 역할 때문이라고 말할 수 있다.

내가 선택한 민족이 아니며, 우리 스스로에게 부여한 역할도 아니다. 역사와 만물의 주인인 하나님이 부여하신 것이다. "기독교에는 국경이 없으나 그리스도인에게는 조국이 있다."는 말이 매우 설득력 있게 들리는 이유도 여기에 있다. 역사를 볼 때 참된 그리스도인들은 시대를 막론하고 애국운동에 항상 앞장서 왔다. 사명을 품은 자로서 자기의 조국을 생각지 않을 수 없고, 자기 민족을 사랑하지 않을 수 없기 때문이다.

구약을 보면 이스라엘 민족의 영도자였던 모세에게서 대표적인 민족 사랑을 발견할 수 있다. 백성들이 우상을 만들어 하나님이 명한 최고의 계명을 스스로 어겼고 자신들 위에 내려질 하나님의 무서운 징벌을 기다리며 두려움에 사로잡혀 있었다. 그러한 상황에서 모세는 하나님께 간구했다.

> 이제 그들의 죄를 사하시옵소서 그렇지 아니 하시오면 원하건데 주께서 기록하신 책에서 내 이름을 지워버려 주옵소서 출애굽기 32장 32절

이는 로마서 9장 3절에서 바울 사도가 토로한 부분과 매우 유사하다.

> 나의 형제 곧 골육의 친척을 위하여 내 자신이 저주를 받아 끊어질지라도 원하는 바로다

그는 자신의 민족인 이스라엘 백성이 예수 그리스도를 통해 구원에 이르기를 원했다. 자신이 대신 저주를 받을 수 있다면 그것마저 기꺼이 선택하겠다는 의지를 나타낸 것이다.

이사야, 예레미야, 에스겔, 느헤미야, 아모스, 호세아, 미가 등 예언서의 많은 선지자들은 모두가 하나같이 나라와 민족을 향한 피 끓는 애정과 안타까움으로 가득 차 있었다. 그 외에도 에스더는 동족이 몰살당할 위기에 처했을 때 그것을 간과해 버리지 않았다. 왕비의 자리를 지키며 모른 척 할 수도 있는 상황이었지만 그녀는 '죽으면 죽으리라'는 각오로 왕 앞에 나아가 결국 백성을 살려냈다. 민족의 슬픔을 자신의 아픔으로 여겼기에 금식하며 기도했고, 죽을 각오로 하나님 앞에 나섰던 이들 모두 스코틀랜드의 존 낙스와 유사한 기도를 드리고 있음을 볼 수 있다.

"오 하나님이여, 나에게 스코틀랜드를 주시옵소서. 아니면 이 생명을 거두어 주소서."

존 낙스는 한 나라의 운명을 두 손에 올려 놓고 백성을 대신하여 생명까지 바칠 각오를 했던 것이다. "일만 군대보다 존 낙스의 기도가 더 무섭다."고 했다는 여왕 메리의 평가를 이해할 수 있을 것 같다.

우리나라의 경우에도 수많은 그리스도인 애국자들이 있다. 그 중 도산 안창호, 해풍 심훈, 백범 김구 선생을 잠깐 살펴보자. 도산 안창호는 나라의 운명이 멸망으로 기울어져 감을 보고 가슴을 치며 이렇게 울분을 토했다.

"저는 우리 민족의 죄인이올시다. 하나님께서는 이 민족을 사랑하여 주시는데 저는 이 민족을 위하여 아무 것도 한 일이 없습니다. 저는 죄인이올시다."

그가 한번은 일본 관원을 피해 평안도 어느 시골집에 은둔하고 있을 때였다.

그날 밤 잠자리에 엎드려 비단 이부자리를 부둥켜안은 그는 "내 동포, 내 형제, 그리고 애국의 동지는 망국의 한을 품고 이 밤도 이역 만리 해역에서 노숙하며 떨고 있는데 나는 편안한 잠자리에 있구나."라고 말하며 오열했다고 한다.

해풍 심훈은 실화를 바탕으로 꾸며진 소설『상록수』의 작가로 잘 알려져 있다. 이 소설의 여주인공 채영신은 일제강점기의 암울한 상황에서 농촌 계몽을 위해 순교자적 삶을 산 최용신 선생을 그리고 있다. 저자 심훈뿐만 아니라 소설의 주인공 모두가 애국하는 그리스도인들이었다. 그의 수많은 시에도 강한 민족의식이 담겨 있다. 특히 '그날이 오면'이라는 시는 읽을 때마다 마음을 울컥하게 한다. 광복을 간절히 바라는 절절한 그의 마음이 애틋하게 전해오기 때문이다.

그날이 오면, 그 날이 오며는
삼각산三角山이 일어나 더덩실 춤이라도 추고
한강漢江물이 뒤집혀 용솟음칠 그 날이
이 목숨이 끊기기 전에 와 주기만 할 양이면
나는 밤하늘에 날으는 까마귀와 같이
종로鐘路의 인경人聲을 머리로 드리받아 울리오리다.
두개골이 깨어져 산산조각 나도
기뻐서 죽사오매 오히려 무슨 한恨이 남으리까.
그 날이 와서, 오호 그 날이 와서
육조六曹 앞 넓은 길을 울며 뛰며 뒹굴어도
그래도 넘치는 기쁨에 가슴이 미어질 듯하거든

드는 칼로 이 몸의 가죽이라도 벗기어

커다란 북을 만들어 들쳐 메고는

여러분의 행렬行列에 앞장을 서오리다.

우렁찬 그 소리를 한 번이라도 듣기만 하면

그 자리에 꺼꾸러져도 눈을 감겠소이다.

백범 김구 선생은 동학과 유학, 불교 등 다양한 종교에 몸담기도 했다. 그러나 28세이던 1903년에 그리스도인이 된 후 변함없이 굳건한 신앙을 지켰다. 그의 깊은 신앙에 관해서는 많은 증거들이 전해지고 있다. 그는 임시정부 시절의 어려움 속에서도 교회를 세웠다. 또 "만일 하나님이 우리와 함께 하신다면 누가 우리를 대적할 수 있겠느냐"란 성경구절을 중국어 친필로 써 의거를 앞둔 윤봉길 의사에게 주었다고 한다. 백범 일지의 마지막 글인 '나의 소원'의 일부에도 그의 신앙이 잘 담겨 있다.

"…이래 가지고는 전쟁이 끊일 날이 없어, 인류는 마침내 멸망하고 말 것이다. 그러므로 인류 세계에는 새로운 생활 원리生活原理의 발견發見과 실천實踐이 필요하게 되었다. 이야말로 우리 민족이 담당한 천직天職이라고 믿는다.… 내가 원하는 우리 민족의 사업은 결코 세계를 무력武力으로 정복征服하거나 경제력經濟力으로 지배支配하려는 것이 아니다. 오직 사랑의 문화, 평화의 문화로 우리 스스로 잘 살고 인류 전체가 의좋게, 즐겁게 살도록 하는 일을 하자는 것이다. 어느 민족도 일찍이 그러한 일을 한 이가 없으니 그것은 공상空想이라고 하지 마라. 일찍이 아무도 한 자가 없기에 우리가 하자는 것이다. 이 큰 일은 하늘이 우리를 위하여 남겨 놓으신 것임을 깨달을 때에 우리 민족은 비로소 제 길을 찾고 제 일을 알

아본 것이다. 나는 우리 나라의 청년남녀靑年男女가 모두 과거의 조그맣고 좁다란 생각을 버리고, 우리 민족의 큰 사명使命에 눈을 떠서, 제 마음을 닦고 제 힘을 기르기로 낙樂을 삼기를 바란다. 젊은 사람들이 모두 이 정신을 가지고 이 방향으로 힘을 쓸진대, 30년이 못 하여 우리 민족은 괄목상대刮目相對하게 될 것을 나는 확신確信하는 바이다."

어느 누구도 해보지 못했기에 불가능하다고 생각하지 말고, 우리가 한번도 해보지 못했기에 할 수 없다고 생각하지도 말고, 우리 민족에게 맡겨진 역할이라는 마음으로 멋진 '민족국가'를 세워 보자는 그의 희망이 고스란히 담겨 있다.

이 세 사람 외에도 수많은 사람들을 언급할 수 있다. 그들의 삶을 통해 영역과 계층을 막론하고 기독교의 영향력이 강력했음을 알 수 있다. 그렇다면 우리 민족가운데에서 기독교(특별히 개신교)가 어떻게 시작되었는지 궁금하지 않을 수 없다. 그것은 하나님께서 우리 민족을 어떻게 이끄시고 계시는가를 알 수 있는 방법이기도 하기 때문이다.

시작부터 특별했던 한국 개신교

우리나라 최초의 개신교 선교사에 대해서는 의견이 조금씩 다르다. '선교다운 선교'라는 측면에서 보자면 1885년 입국한 아펜젤러와 언더우드를 최초로 보고, 성과를 떠나서 생각해 보자면 그들보다 50여 년 전인 1832년에 조선 땅을 방문한 독일의 귀츨라프 선교사를 최초로 본다. 이는 최초의 카톨릭 선교사인 프랑스의 모방Pierre Maubant 신부가 내한한 1836년보다 4년이나 앞선 때이기도 하다. 그는 25일 동안 머물면서 성경과 기독교 문서를 서해안에 배포하였다고 한다.

'누구의 주도하에 복음이 전파되었는가'라는 질문에 대한 답도 제각기다. 일반적으로 외국 선교사들이 들어와서 이 일을 감당하였다고 주장하는데, 이만열 박사가 지적한 대로 선교사들이 입국하기 전부터 조선인들이 기독교와 접촉한 역사적인 사실들이 있다. 선교사가 들어오기 전에 성경의 일부가 한글로 번역되었고 심지어 세례 교인들도 있었다. 그들이 번역된 성경을 갖고 들어와 복음을 전파했다는 증거들도 있다. 실제로 1860년대부터 만주에 와 있던 한국의 젊은이들은 스코틀랜드에서 온 선교사들과 접촉하고 있었다. 그 중에서 존 로스는 세례 받은 4명과 함께 1882년, 누가복음과 요한복음을 우리말로 번역해 간행했다.

젊은이들은 이렇게 번역된 성경과 전도책자를 배포하는 권서^{책을 권하고 파는 사람}들이 되기도 했다. 이들의 활약으로 1884년 11월, 압록강 북쪽의 서간도 지역에서는 75명이 세례를 받게 되기도 했다. 이들의 개종은 중국인 지주들로부터 심각한 박해를 일으켰고, 결국 고국으로 돌아가야만 했다. 마치 사도행전 8장에 기록된 대로 핍박 받던 초대교회 성도들이 예루살렘을 떠나 복음을 전했던 것처럼 핍박으로 조국을 떠난 이들이 사방으로 돌아다니며 복음을 전파하게 된 경우이다. 이들은 '디아스포라'가 되었으며 특별히 조선의 북부지방에서 주로 복음을 전파하였다.

물론 권서들의 활동이 북쪽 지역에만 제한되었던 것은 아니었다. 1882년에는 서울에서도 서상륜과 같은 권서들이 활발한 활동을 전개했고, 70명이 넘는 세례 청원자와 20여개의 신앙공동체가 일어났다고 한다. 이 모든 것이 아펜젤러와 언더우드가 입국하기 몇 년 전에 일어난 일들이다.

 1884년 6월 29일에는 황해도 장연에 한국 최초의 교회인 소래교회가 세워지기도 했다. 한국교회 초기의 자발적 전도자요, 권서인이었던 의주 출신 서상륜과 서경조의 가족들이 이곳에 정착하면서 교회를 세운 것이다. 서경조는 서상륜의 친동생으로 한국 최초의 개신교회 목사가 되고 그의 아들 서병호는 한국 최초로 유아세례를 받기도 한다. 조선의 초대 기독교 이야기는 세계에서도 유래를 찾을 수가 없는 드문 일이다. 일반적으로 진행되던 패턴대로 외국인 선교사들이 들어와 복음을 전하던 것과는 완전히 다른 경우이니 말이다. 능동적인 수용으로 진행된 우리나라 개신교, 그 시작부터 '범상치' 않았던 한국 교회는 인간의 상식으로 설명하기 어려운 놀라운 사건들로 가득 차 있다. 그 중에서 세 가지 이야기를 살펴보고자 한다.

성경으로 도배된 집

 우리나라 개신교 선교사로서 최초로 순교한 로버트 토마스는 원래 중국 선교를 위해 아시아에 온 사람이었다. 개인적 경험만을 놓고 보자면 그의 삶은 매우 불행했다고 말할 수 있다. 중국에 도착한 지 얼마 되지 않아 임신한 아내가 중국 날씨에 적응하지 못해 병에 걸려 세상을 떠났다. 혹시 남쪽으로 가면 아내를 위한 더 좋은 환경이 있을지 몰라 집을 떠나있는 동안 일어난 일이었다. 아내의 임종도 지켜보지 못했으니 그의 마음은 어떠했을까. 게다가 업친데 덮친 격으로 선임 선교사와의 갈등으로 선교사 사표까지 내게 되었다. 깊은 절망감에 사로잡혀 방황하던 그에게 조선에 기독교인이 없다는 소식이 전달되었고, 이 사실을 알게 된 그의 마음에서 선교에 대한 열정이 회복되기 시작했다. 그리고 그는 1865년 9월에는 조선어를 배우기 위해 3개월간 조선땅에 머물기도 했다.

　1860년대 초, 조선은 천주교 교인들이 서서히 늘어나고 있던 상황이었다. 급기야 1866년 정월, 전국에 천주교 탄압령이 내려지면서 대대적인 천주교도의 숙청이 이루어졌다. 이 사건으로 인해 8천여 명의 천주교도들이 학살되었고, 당시 조선에 머무르고 있었던 프랑스 선교사 12명 중 9명이 처형되기도 했다. 이 비극적 사건은 같은 해 9월부터 프랑스 함대가 보복하고자 일으킨 병인양요의 원인이 되었다. 천주교도의 숙청과 탄압을 둘러싼 암울한 분위기가 공기처럼 조선땅을 둘러싸고 있던 1866년 8월이었다. 제너럴 셔먼호가 대동강을 거슬러 평양에 입국한다는 소식을 듣고 토마스는 통역관 자격으로 그 배에 승선하였다. 그는 배가 대동강을 거슬러 올라가는 동안 뭍에 내려, 가지고 온 중국어성경을 전하기도 했다.

　얼마 후 우기로 물이 불어난 대동강을 거슬러 올라가던 셔먼호가 양각도에 좌초당해 버렸다. 이것을 본 조선의 군관들이 불붙은 나룻배를 흘려 보내 셔먼호를 공격했다. 불붙은 셔먼호를 탈출한 사람들은 익사하거나 헤엄쳐 강가로 나왔고, 뛰쳐나온 이들은 기다리던 군관들에 의해 처형을 당했다. 토마스 선교사도 그 중 한 사람이었다. 그는 자신의 목을 치려는 군관을 향해 손에 쥐었던 성경을 건넨 후, 죽임을 당했다. 이렇게 영국에서부터 복음을 전하려고 달려 온 26살의 젊은이는 개신교 최초의 순교자가 되었다.

　물론 그가 죽었다고 해서 그의 선교 사역까지 끝난 것은 아니었다. 오히려 더욱 새롭고 놀라운 일들이 일어나기 시작했다. 토마스 선교사로부터 한문성경을 받은 사람들 중에 최치량이라는 11살짜리 소년이 있었다. 그는 토마스로부터 건네 받은 3권의 성경이 금서라는 사실을 알고 덜컥 겁이 났다. 천주교 박해에 대해서 소문이 파다한 상황이었다. 그 성경은 결국 평양의 영문주사 박영식에게 건네졌다. 질 좋은 한지로 만들어진 성경은 한쪽 단면에만 인쇄되어 있었으며, 소위 말하는 딱지본이라 묶은 실이 잘 풀리도록 되어 있었다. 그 성경은 때마침 박영식의 집에 도배가 필요한 시점에 들어와 '고급 도배지'가 되어버렸다. 그 당시엔 방이 작아 성경 2권이면 웬만한 집의 방 몇 개는 도배가 가능했을 것이다. 박영식은 벽뿐만 아니라 바닥과 천장까지 도배를 했다. 단순히 좋은 종이를 그냥 버리기 아까워 일어난 일이었을 것이다.

이렇게 해서 '한국의 소돔', '한국의 사악한 도성'이라는 별명을 지닌 평양에 세계 최초로 성경으로 도배한 집이 탄생하게 되었다. 박영식은 이곳에 살면서 스스로 기독교인이 되었다고 전해지고 있다. 이 집은 나중에 그에게 성경을 건네 주었던 최치량이 매입하여 주막으로 바뀌게 된다. 오늘날로 하면 여관과 같은 곳이다. 그곳에서 결코 우연이라 할 수 없을 사건들이 전개된다.

평양 복음화의 꿈과 열정을 지니고 평양에 도착한 마포삼열^{Samuel A. Moffet} 선교사와 한석진 조사가 그곳에 머무르게 된 것이다. 1893년 토마스 선교사가 죽은 지 30년이 조금 안 된 때였다. 그들은 평양에 있는 많고 많은 주막들을 뒤로하고 하필 이곳을 선택했고, 묵으러 들어간 방이 성경으로 도배되어 있음을 발견하게 되었다. 주인인 최치량을 불러 자초지종을 알아가는 과정에서 그는 하나님의 놀라운 섭리와 주권을 깨닫게 되었다. 자신이 전달해 준 성경으로 도배된 집에서 평양을 방문한 선교사들이 머물게 된 것은 결코 우연이라고 볼 수 없었을 것이다. 그는 결국 예수를 믿게 되었고 그 집을 예배처로 드렸으며 다음해인 1894년 1월 8일 세례를 받았다.

이렇게 시작한 예배처는 근처 널다리골에 있는 집 한 채를 사들여 교회를 설립하는 것으로 이어진다. 이렇게 탄생된 평양 최초의 교회 '널다리골교회'가 판동, 평양중앙, 장대재를 거쳐 장대현 교회로 개칭 발전하게 된 것이다. 잘 알려져 있듯 1907년 1월 14~15일에 시작한 평양대부흥의 발원지가 바로 이 장대현교회다. 본인이 무엇을 하는지도 모른 채 성경을 도배지로 사용한 그 집이 장대현교회의 전신이 된 것이다. 우연이라고 하기에는 너무나도 놀랍다. 하나님의 특별한 주권적 인도라고밖에 해석할 수 없다.

토마스 선교사와 관련된 놀라운 이야기는 여기서 그치지 않는다. 토마스를 죽인 병졸 박춘권의 심경에 변화가 생긴 것이다. 박춘권은 도대체 무슨 책이길래 죽어가면서까지 건네주려 했는지 궁금해져서 동료 몰래 그 현장으로 다시 가서 흩어진 성경을 가지고 집으로 돌아왔다. 그는 그 성경을 읽고 예수를 믿었으며 훗날 영주교회의 영수가 되었다고 전해진다. 그의 조카 이영태도 그 성경을 읽고 주님을 영접하게 되었다. 또한 그는 평양숭실대학을 졸업한 후 선교사인 레이놀즈의 조사가 되어 우리가 갖고 있는 한글성경 3분의 2를 번역하는 데 결정적인 공헌을 하게 된다. 지금 북한에 있는 조선어 성경이 바로 이 이영태의 번역본에 근거하고 있다고 알려져 있다. 한 선교사의 순교로부터 도미노처럼 번져가는 무수한 신비의 사건들, 이것은 전적으로 하나님의 특별한 간섭과 인도하심에 의해 가능했던 일들이었다.

사건의 조각들로 걸작을 창조하다

1885년 4월 5일, 부활주일이었던 이 날, 그 당시 제물포로 불리던 인천항에 두 선교사가 도착한다. 장로교 선교사 언더우드[26세]와 감리교 선교사 아펜젤러[27세]가 바로 그들이다.

두 선교사의 경우와 같이 당시 미국계 선교사들의 한국 입국에는 두 가지 배경이 연관되어 있었다. 첫째는 19세기의 대각성운동과 무디의 부흥운동의 영향으로 선교에 대한 열정이 고조되어 있었다는 것이고, 둘째는 1882년 5월에 체결된 조미수호통상조약朝美修好通商條約을 들 수 있다. 이 체결이 있었기에 1884년 9월20일, 선교사가 한 명도 없던 시절에 의사이자 선교사였던 알렌이 제물포항에 도착할 수 있었다. 알렌은 조선에 오기 전 중국의 상해와 남경 등지에서 미국 북장로교 소속의 의료선교사로서 활동하고 있었는데 파송된 지 1년이 다되도록 제대로 정착하지 못하고 있었다. 그때 주변 사람들이 알렌에게 조선에 가서 활동해보면 어떻겠냐고 권하였고, 새롭게 맺어진 조미수호통상조약으로 사역의 가능성을 발견한 그는 조선에 도착하여 미국 공사관의 공의公醫로 활동하게 된다.

이때 새로운 국면을 초래하는 한 사건, 이른바 '삼일천하'로 알려진 갑신정변이 일어나게 된다. 이것은 김옥균, 박영효, 홍영식 등 개화당이 일본의 힘을 빌려 청나라에 의존하려는 수구당을 몰아내고 개화정권을 수립하려 일으킨 정변이었다.

이날 밤 다수의 수구세력들이 살해되었으며, 명성황후의 조카뻘 되며 수구세력의 거두였던 민영익도 자객들에 의해 난자를 당했다. 그의 동맥은 끊어졌으며 머리와 몸은 일곱 군데나 칼을 맞아 위독한 지경이었다. 어의御醫 14명이 모두 치료를 포기한 상황에서 한국 정부의 외교고문이었던 묄렌도르프P. G. von Möllendorff가 황급히 의사 알렌을 불러, 사경을 헤매던 민영익을 살려내게 되었다.

알렌은 당시의 일을 기억하며 "걱정과 불안 속에서 석 달 동안이나 조심하여 치료하였다."라고 심정을 밝혔다. 민영익의 상태가 얼마나 안 좋았는지를 짐작하게 한다. 이후 임금의 시의侍醫로서 정식 임명을 받을 정도로 왕실의 신망을 얻게 된 그는 갑신정변에 연루되었다가 처형당한 홍영식의 집을 하사 받아 광혜원을 시작하게 되었다. 이 병원이 우리나라 최초로 세워진 서양의 근대식 병원이었다. 나중에 제중원으로 개명한 이 병원은 전통 의술로는 고칠 수 없는 환자들을 치료했다. 병든 한국 사람이라면 신분을 구분하지 않고 누구나 치료해 줬으며 치외법권 지역이라 당시 나라에서는 금지된 예배도 드릴 수 있었.

이렇게 자리를 잡은 알렌이 조선 입국을 준비하던 언더우드와 아펜젤러에게도 길을 열어주게 된 것이다. 조선을 향한 선교의 통로 역할을 자처하던 제중원에 두 선교사가 합류하면서 본격적인 의료 활동과 교육 사업의 전초기지 역할이 더해지게 된 것이다. 겉으로 보기에 별개의 사건들이 서로 연관되어 멋진 걸작품이 만들어졌고, 인간의 세속적 역사와 하나님의 구원의 역사가 별개가 아님을 분명히 보여주었다. 하나님은 사람을 통해 일하신다. 사람이 미처 알지 못하고, 계획하지 못했던 방법들을 통해서도 하나님께서는 그 일을 진행시키신다. 하나님 자신의 뜻을 이루어나가시는 섭리를 우리의 역사를 통해서도 관찰할 수 있다.

깊은 절망의 순간에 체험한 하나님의 손길

마지막으로 볼 수 있는 의미 있는 사건으로 '평양대부흥'을 들 수 있다. 1907년 1월 14일과 15일, 평양 장대현교회에서는 사도행전 이후 가장 강력한 성령의 역사가 일어난다. 매일 약 1,500명이 참석한 가운데 열흘간의 저녁집회가 열리고 있었다. 그러나 마지막 이틀을 남겨둔 상태에서도 집회의 분위기는 냉랭하기만 했다. 이대로 대규모의 집회가 끝나버리는 것에 아쉬움이 밀려드는 순간, 마지막 이틀 밤에 성령의 역사가 일어난 것이다.

성령이 주시는 감동으로 모인 모든 사람들은 과거에 범한 모든 죄를 토해내며 처절한 통곡으로 회개했다. 단순한 고백과 눈물뿐만이 아니라 구체적인 삶의 변화가 선포되기 시작했다. 사람들은 자신이 범한 죄에 대해 가능한 한 모두 보상을 하고자 했다. 기독교인들뿐만 아니라 비기독교인들도 마찬가지였다. 개인적으로 상처를 준 것에 대해 눈물로 용서를 구하고 훔친 재산이나 돈을 돌려주었다. 이를 직접 목도한 선교사들은 "아마도 사도시대 이후, 이보다 더 놀라운 하나님의 권능의 현시는 없었을 것"이라며 감격과 흥분의 기록을 남기기도 했다.

이 운동은 장대현교회에 그치지 않고 평양 전역으로 빠르게 확산되었다. 그 결과 '한국의 소돔'이라 불리던 평양 땅이 기도와 찬송 소리가 끊이지 않는 동방의 예루살렘으로 거듭나게 되었다. 성령의 불길은 이내 전국으로 확산되었으며, 중국으로까지 그 뜨거운 불길이 번져 가게 되었다.

평양대부흥운동에 관한 수많은 자료와 책들은 읽는 이들 모두에게 깊은 감동을 준다. 하나님의 놀라운 역사하심이 생생히 느껴지는 현장의 이야기이기 때문이다. 그런데 한가지 간과해서는 안될 중요한 사실이 있다. 그것은 바로 기가 막힌 '하나님의 타이밍'이다. 우리의 5,000년 역사 중 가장 어두웠던 암울의 시기에 바로 이 놀라운 사건이 일어났다는 것이다.

조선은 1876년 일본과 맺은 강화도 조약으로 더욱 더 외세에 휘둘리며 급속히 쇠퇴한다. 1868년 메이지유신 이후 급부상한 일본과 쇠락일로를 걷는 청나라, 거기에 또 하나의 강국인 러시아 틈에서 그야말로 '고래들 사이에 낀 새우' 같은 처지에 놓이게 된 것이다. 내부적으로도 부패한 정치, 탐관오리의 행패, 과중한 세금 등의 문제는 날로 심각해졌다. 결국 참다 못한 농민들이 외침을 물리치고 정부의 개혁을 요구하며 봉기했다. 이것이 1894년 6월과 11월 등 2차에 걸쳐 일어난 동학농민운동이었다. 이들은 약 1년에 걸쳐 산발적으로 저항하였으나 대학살을 당하는 비참한 결말을 맞이하고 만다.

1차 동학농민운동이 열흘 만에 종료되고 청나라와 일본의 갈등이 본격적으로 대두되었다. 누가 조선의 지배권을 가질 것인가를 놓고 두 나라는 1894년 7월부터 1895년 4월까지 전쟁을 벌였으며 결국, 일본의 승리로 끝을 맺게 되었다. 이것으로 일본의 국제적 위치는 굳건하게 확립되었고, 청나라는 세계 열강들에게 무력한 존재임을 스스로 보여준 셈이 되었다. 청나라와의 전쟁에서 승리한 일본은 더욱 적극적으로 조선 침략의 야욕을 드러냈다.

이런 상황에서 일본을 견제할 세력은 러시아만이 남게 되었다. 그런 러시아의 힘을 빌려 일본을 조선에서 몰아내야겠다는 명성황후를 일본은 그대로 놔둘 리 만무했다. 그들의 눈에 그녀는 가시였으며, '늙은 여우'와 같은 존재였다. 그들은 '여우 사냥'을 해서 러시아의 접근통로를 차단하기로 음모를 꾸며 실행했다. 이것이 1895년 10월에 일어난 국모시해사건이었다. 일본은 먼저 고종을 협박해 왕비폐출을 강요하며 위협하였다. 고종이 거부하자 왕비의 숙소로 찾아가 그녀를 죽이고 석유를 뿌려 태운 후 뒷산 숲 속에 묻어버렸다. 일본 무관의 지휘하에 일본 자객들이 포함된 무리들이 자행한 것이었다. 이렇게 우리의 국모는 처참하게 죽어갔다. 고종은 이러한 일의 배경에 있는 친일 세력에게 신변의 위협을 느꼈다. 1896년 2월 11일 심야에 러시아 공사관으로 이어移御해 버린다. 아관파천俄館播遷이라 불리는 이 사건은 고종이 러시아의 힘을 빌려 일본을 제어해 보려는 시도였다.

그러나 기대와는 달리 러시아는 일본과 점점 가까워졌을 뿐 아니라 조선에 각종 이권을 요구해 왔다. 결국 1897년 2월 20일 고종은 환궁하였고 10월에 대한제국大韓帝國수립을 선포하고, 스스로 황제위에 오르게 된다. 506년 동안 불려진 '조선'이라는 이름을 버리고 새로운 이름을 쓰기로 한 것이다. 새로운 이름인 '대한'은 마한, 진한, 변한 등의 삼한三韓을 통합하였다는 뜻을 가지고 있다. 국호를 바꾼 고종 황제는 왕권을 강화하며 자주국가로 서기 위해 다방면에서의 개혁을 단행했다. 그러나 그의 노력은 재정 확보의 어려움과 1896년 이래 유지되어 오던 조선 침략 열강들의 세력 균형이 깨어진 이유로 결국 수포로 돌아가게 되었다.

세력 균형의 균열은 1902년, '영일동맹'을 일으켰는데 이것은 1900년, 청나라에서 일어난 의화단 봉기를 진압하려던 러시아 군의 철군 거부로부터 시작되었다. 만주 지역에 대한 러시아의 야욕에 영국과 일본이 공동 대응하기로 한 것이다. 두 나라는 동맹을 통해 영국은 청국에서의 이권을, 일본은 조선에서의 특수권을 가지는 것으로 서로에게 승인을 가한다.

이후 일본은 영국과의 동맹을 등에 업고 러시아를 향해 만주에서 철병할 것과 조선에서의 일본의 지위를 인정해 달라고 요구했다. 여러 차례에 걸친 협상이 실패하자 마침내 1904년 2월, 일본의 선제 공격으로 러일전쟁이 시작된다. 주변국들의 예상을 뒤엎고 일본의 승리 쪽으로 전세가 기울자 1905년 7월, 미국은 일본과 '가쓰라-태프트협약'을 체결하여, 일본의 조선 지배를 승인하게 된다. 영국도 같은 해 8월, '제2차 영일동맹'을 체결하여 일본의 조선 지배를 승인한다. 드디어 일본이 조선에서 정치·군사·경제에 관한 특수이익을 가지며, 조선에 대하여 지도·보호·감리 등의 조처를 취할 수 있는 권리를 갖게 된 것이다. 이렇게 일본의 조선침략식민지화이 국제적으로 공식 승인되었다.

두 달 후인 1905년 11월, 강제적으로 맺어진 을사늑약이 체결되어 일본은 우리나라에 통감부를 설치하고 내정 전반을 간섭했으며, 조선군대는 결국 해산되었다. 이렇게 겨우 형태만 남겨놓은 대한제국은 1910년 8월 22일, 일본에 '한일합병조약'을 강요당함으로써 끝끝내 멸망했다.

이것이 바로 평양대부흥운동을 둘러싸고 있던 당시의 상황이었다. 5,000년의 긴 세월을 풍전등화처럼 살았을지언정, 이렇게 불씨마저 모두 꺼져 버려 아무런 대안이 없었던 적은 없었을 것이다. 말 그대로 앞이 보이지 않는 깜깜한 암흑의 시기, 바로 그 즈음 세계 여러 곳에서는 부흥의 불길이 일어나고 있었다. 1904~1905년에 일어난 웨일즈부흥운동을 통해 불과 5주 만에 2만 명이 주님께로 돌아오는 역사가 일어났다. 1905년에는 인도 카시아 지방에서 부흥운동이 있었다. 19세기 말부터 부흥을 위해 기도하던 인도에 놀라운 변화가 시작된 것이다. 또한 1906년, 캘리포니아의 아주사 가Azusa Street에서도 오순절부흥운동이 일어났다. 오순절 교단들이 교단의 탄생 원년으로 여기는 놀라운 성령의 역사를 체험한 시간이었다. 그리고 깊은 절망 속에 빠져 있던 우리 민족에게도 이러한 부흥의 소식들이 전해졌다.

　부흥의 소식은 좌절과 실의, 영적인 깊은 잠에 빠져 있던 민족의 눈을 서서히 뜨게 하였다. 가장 깊은 탄식 속에서 하나님의 역사를 간구하게 된 것이며, 그 기도에 대한 응답이 바로 평양대부흥운동이었다. 이 운동을 통해 기독교인들의 영향력도 빠르게 확산되었다. 예를 들면 1919년 3·1운동을 주도한 민족지도자 33인 중에 16명이 기독교인이었다. 단순히 교인들의 수만 성장한 것이 아니라 민족이 변화되기 시작했다. 게으른 민족에서 가장 부지런한 민족으로 변화하기 시작한 것이다. 기독교 정신에 입각한 다양한 노력들이 민족의 정신을 바꾸게 했다. 그렇기 때문에 평양대부흥은 단순히 교회부흥운동이라 부르는 것은 적절하지 않다. 하나님의 섭리 하에 일어난 민족개조운동이라고 보아야 할 것이다.

평양대부흥운동으로부터 시작된 민족개조

　1907년의 평양대부흥운동 이후 기독교는 전국으로 빠르게 확산되었다. 1908년에는 이기풍 선교사에 의해 복음의 불모지였던 제주도의 문이 열렸다. 나라는 일본의 손아귀에 더욱 거세게 움켜져 가고 있는 상황이었다. 당시 선교사들의 기록을 보면 우리나라의 분위기가 어떠했는지를 상상해볼 수 있다.

　19세기 말, 영국인 이사벨라 버드 비숍이라는 사람은 당시 서울의 모습을 이렇게 표현했다.

　"서울은 단조롭고 더럽고 죽은 도시다. 사람들은 게으르고 무기력하다. 서울의 산에서 볼 수 있는 황토색은 진흙 벽, 초가지붕, 진흙탕 도로 색과 똑같다. 이런 단색의 도시에 오직 검은색과 흰색의 옷을 입은 사람들이 걸어 다닌다. 때 묻은 흰 옷을 입고 무언가를 운반하는 짐꾼들, 빈민가 귀퉁이에서 삶을 흘려 보내고 있는 활기 없고 더러운 아이들, 고기 토막에 힘없이 꼬리를 흔드는 다갈색 개들…."

19세기 말의 외국인 선교사들은 당시 조선을 '3S의 나라'라고 표현했다. 분뇨와 하수 처리가 잘 되지 않아 '냄새smell'가 진동하는 나라, 나무를 태워서 밥을 지어 먹고 난방을 하기 때문에 발생하는 '연기smoke'로 숨쉬기 힘든 나라, 개 짖는 소리와 무당의 굿하는 '소리sound'로 고통을 주는 나라가 바로 당시 우리나라를 표현하는 말이었다.

그들의 눈에 비친 우리 민족은 참으로 게으르고 한심해 보였던 것 같다. 한참 일할 시간임에도 불구하고 아낙 몇이 밭에서 일하고 있을 뿐, 남자들은 주막에서 술 먹으며 "장이야, 멍이야" 하고 있었으니 말이다. 그런 상황에서 매관매직이 흥행하는 때였다. 한 기록에 따르면 조선 말기 즈음에는 양반이 70%나 되었다고 한다. "우리가 이래 봐도 양반집안이야."라는 넋두리는 결코 과장이나 거짓이 아니었다. 당시에 우리가 얻은 평등은 신분제의 폐지로부터 온 것이 아니라 모든 사람이 양반이 되면서 가능해졌다는 평이 있을 정도다.

현재, 세상에서 부지런함으로 둘째가라면 서러워할 평을 받고 있는 우리 민족이 과거의 게으르고 한심한 모습을 벗기까지 엄청난 변화가 있었음은 분명한 것 같다. 그렇다면 과연 무엇이 그런 변화를 가져오게 한 것일까? 혹자는 이것이 36년의 일제 치하 덕분(?)이라고 말하는 사람도 있다. 과연 그럴까? 그들이 우리의 딸들을 제멋대로 유린하고, 우리의 아들들을 온갖 방법으로 부려 먹고, 우리의 자원들을 철저하게 착취했다는 것이 분명한 상황에 우리에게 유익이 되는 일을 했을 것이라는 말에는 잘 납득이 가지 않는다.

그렇게 말하는 사람들에게 평양대부흥운동에서 시작된 하나님의 역사를 보라고 권하고 싶다. 일제 36년의 덕분(?)이 아니라, 바로 평양대부흥운동에서 시작된 하나님의 역사를 통해 민족 단위의 개조 운동이 일어나기 시작했기 때문이다. 개조 운동의 열매가 우리나라를 일제로부터 광복하도록 이끌었다. 또한 6·25와 같은 민족상쟁의 비극을 이겨낼 수 있는 원동력이 되어 오늘날 세계 속에 우뚝 선 대한민국이 있게 했다. 토기장이의 손에 있는 진흙과 같이 우리 민족과 나라는 분명 하나님의 손에 있다. 그 분이 지금 이 순간에도 우리를 이끌며 주관하고 계신다.

어두움을 넘어 밝은 미래로

인류 역사에서 다시 찾아보기 힘든 경제적 급성장에서도 하나님의 도우심을 발견할 수 있다. 교회 성장과 경제 성장은 서로 맞물려 있다. 예를 들어 1974년 여의도에서 열렸던 '엑스플로 74$^{\text{Explo '74}}$'라는 집회만을 보아도 그렇다. 한국 CCC 주관으로 한국 교회가 연합하여 1974년 8월 13일부터 18일까지 5박 6일 여의도 광장에서 진행한 집회였다. 그 기간 동안 당시 한국 교인의 10분의 1에 해당하는 323,419명이 등록해 전도 훈련을 받았다. 이후 한 해 동안 교회 출석이 무려 33%나 증가했고, 그 이후로는 20%씩 증가해 1980년 초에는 기독교 신자가 무려 천만 명까지 성장했다. 이러한 한국 교회의 성장을 경제 성장과 대비해 보면 더욱 흥미롭다. 1970년대부터 1980년 중반까지 우리 나라 교회들이 3.5배로 성장하는 동안 경제는 9.8배 성장했다. 이것은 영적 부흥이 경제 부흥으로 이어졌다는 것을 잘 시사하고 있다.

놀라운 '압축 성장'을 경험한 우리는 다른 경제대국과는 분명 차별된다. 한마디로 말하자면 남의 것을 빼앗지 않고, 남의 가슴에 못박지 않고 부자가 된 유일한 나라인 것이다. 이렇다 보니 해외 선교사들이 선교하는 데 긍정적인 효과도 있다. 주위 강대국들의 괴롭힘 속에서 스스로 경제성장을 이루었기에 우리 민족에 대한 거부감이 덜하거나 없다. 하나님의 섭리와 주권이라는 관점으로 보면 깊은 뜻이 있음을 알 수 있다.

코리아라는 말은 고려, 즉 높을 고高와 아름다운 여麗에서 비롯되었다. '산 위에 있는 빛'과 같이 빛을 발하는 높고 매력적인 나라라는 뜻이다. 백범 김구 선생이 원했던 나라, 그리고 우리 모두가 원하는 '세계에서 가장 아름다운 나라'의 모습을 말한다. 배기찬은 『코리아, 다시 생존의 기로에 서다』에서 이렇게 말했다.

"비유컨대 일본에게 코리아는 '열도의 심장을 겨누는 비수'이고, 중국에게 코리아는 '대륙의 머리를 때리는 망치'이다. 러시아에게 코리아는 '태평양으로의 진출을 막는 수갑'이며, 미국에게 코리아는 '일본, 태평양의 군사력에 대한 방아쇠다'."

세계의 네 강대국이 한반도에 갖는 관심과 야심을 잘 설명하고 있다. 이것이 아픈 역사를 만들기도 했지만 성공적인 미래의 근간이 될 수도 있다. 김재철 동원그룹 회장이 지적한 대로 "세계 지도를 거꾸로 보자."는 것이다. 그때 한국의 미래가 보인다. 우리 민족 특유의 저력을 발휘하여 아름다운 나라를 만들어 가

자. 한국은 안 된다, 아직 멀었다고 하는 부정적인 말은 우리의 의식과 입에서 영원히 추방하자. '대안 없는 비관론자들보다 대책 없는 낙관주의자가 훨씬 낫다'는 격언이 있다. 물론 대책 없이 살자는 것은 아니다. 관점만 바꿔 착각하며 살자는 것은 더더욱 아니다. 최선을 다하되, 긍정적이며 희망적인 시각과 관점을 가지고 살자는 것이다. 우리 민족의 역사를 하나님의 시각으로 해석해 보자. 하나님의 시각으로 우리의 미래를 낙관적으로 바라보고 기대하며 나아가자. 그분이 지금껏 세심한 섭리와 주권을 가지고 우리를 인도하셨음을 믿으며 소망을 품고 힘차게 전진하자.

Communication

통通하지 않으면 통痛한다

어느 목사님이 경남의 한 교회에서 목회할 때 있었던 이야기다.

"여보 여보 큰일났어. 새벽기도 늦었어."

아내의 당황한 목소리에 목사님은 눈을 떴다. 시계를 보니 새벽기도 시간 5분전이었다. 전날 밤 조금 늦게 잠자리에 든 탓으로 시계 알람소리를 듣지 못했던 것이다. 낭패였다. 후다닥 일어나 세수를 하고 양복을 입었다. 그러나 그날따라 넥타이가 잘 매지지 않았다. 최대한 서둘렀음에도 불구하고 예배당에 도착했을 때는 예배 시작시간이 10분이나 지나 있었다. 성도들은 다 자리를 잡고 기도를 하고 있었다. 설교 단상으로 올라가는데 뒤통수가 뜨거웠다. 늦은 것에 대한 보상 심리였을까. 그날따라 더 열심히 말씀을 전했다. 성도들도 더 큰 소리로 '아멘'하며 화답했다. 늦은 것을 만회하기 위해 예배 후 앞자리에서 다른 때보다 더욱 더 큰소리로 마지막까지 남아 기도했다. 다들 떠나고 예배당에 자신만이 남은 것을 확인한 후 밖으로 나왔다. 그런데 권사님 한 분이 기다리고 있는 것이 아닌가.

"권사님, 안녕하세요."

"예~ 목사님, 피곤하시지예?"

"아니요, 괜찮습니다."

여기까지는 일상적 대화였다. 그런데 권사님이 연이어 하는 말에 의문이 생긴다.

"저는예, 목사님들이 매고 다니시는 넥타이가 하나님이 주시는 금메달이라고 생각합니더~"

"네…."

'근데 왜 갑자기 넥타이와 금메달 이야기를 하신 걸까'라고 목사님은 생각했다.

"근데, 목사님~ 오늘 많이 피곤하셨지예? 금메달을 두 개나 매고 나오셨네예."

"네? 그게 무슨 말씀이신지…."라고 말하며 자신의 넥타이를 내려다 보았다. 다리에 힘이 풀려버리는 느낌이었다. 넥타이 매듭 끝에 또 하나의 넥타이가 꼬리를 물고 바닥으로 길게 늘어져 있는 것이 아닌가. 서둘러 매다 보니 이 녀석이 끼어든 것도 보지 못했던 것이다. 오늘따라 넥타이가 유난히 잘 매지지 않았던 이유가 여기에 있었다. 늦잠 잔 것도 망신인데 이런 꼴로 소리를 지르며 설교를 했던 자신의 모습을 생각하니 더욱 얼굴이 붉어졌다.

권사님이 말했다. "그래서 금메달이라 하는 기라예. 아무리 힘들고 피곤하시더라도 열심히 매고 다니시는 목사님의 그 넥타이는 금메달이지예~"

권사님의 말 속에는 탓함이나 꾸짖음이 담겨 있지 않았다. 오히려 넥타이에 대한 자부심을 주는 말씀이었다. 이 사건 이후 그 목사님에게 넥타이는 더 이상 단순한 넥타이가 아니라 '하나님의 금메달'이 되었다. 더욱 더 열심히 사역할 것을 결심하게 했다. 아무리 힘들어도 자신의 사명을 생각하며 메고 다니는 자랑스러운 하나님의 금메달이 되었던 것이다.

통通하지 않으면 통痛한다

서로 간에 통함이 없으면 고통을 받는다는 말은 변비 치료제 선전 문구로만 적합한 것이 아니다. 모든 '관계'에 적용되는 진리이다. 어버이날 즈음 한 기관에서 부모들을 상대로 설문조사를 했다. '자녀들로부터 제일 듣기 싫은 소리가 무엇인가'라는 질문에 '말이 통하지 않는다'가 1위를 차지했다고 한다. 소통이 가장 자연스러워야 할 부모와 자녀의 관계에서 소통이 되지 않는다는 것은 참으로 안타까운 일이다. 어쨌든 '통通하지 않으면 통痛한다'는 말은 부모 자식간에도 적용되는 진리 중의 진리다.

다른 모든 관계에서도 소통은 점점 더 중요한 개념으로 떠오르고 있다. 우리가 깨어있는 시간의 80% 이상을 소통하며 보내고 있다고 하니 이러한 현상은 당연하다고 할 수 있다. '소통疏通'이라는 단어에서 통通자는 『Let's 通』과 같은 책 제목으로도 사용되고 있다. '통하는 것'이 과거의 어느 때보다 중요하다는 것을 의미한다.

소통이라는 단어는 영어로 커뮤니케이션communication이라고 한다. 담긴 의미를 이해하기 위해서 라틴어 두 단어와 연관시켜 볼 수 있다. 먼저 '나누다'는 의미를 가진 '코무니카레communicare'는 신이 자신의 덕을 인간에게 나누어 준다거나 열이 어떤 물체로부터 다른 물체로 전해지는 데에 사용되는 단어이다. 이와 더불어 '다수에 동등하게 속하는'이란 뜻을 지닌 '코무니스communis'라는 단어와도 관련 지어 볼 수 있다. 이 두 가지 개념을 합하면 결국 커뮤니케이션이란 '둘 이상의 사람들이 연결되기 위한 무엇'이라고 정의할 수 있다.

어떤 이는 사람을 '인간人間'이라 부르는 사실로부터 커뮤니케이션의 의미를 풀어낸다. 둘 이상의 사람들, 즉 사람人과 사람人 사이에는 '사이間'가 있기 때문에 사람은 누구나 다른 사람과의 '사이'를 좁히며 살아나갈 수밖에 없다는 것이다. '사이'가 벌어지면 '거리'가 생기는 것이 관계다. 사이에는 '공간적 사이'와 '심리적 사이'가 있다. 이 둘은 뗄래야 뗄 수 없는 관계이다. '보지 않으면 마음에서도 멀어진다out of sight, out of mind'는 말이 있듯이 공간적으로 멀어지면 심리적 거리도 멀어지고, 공간적으로 가까우면 심리적으로도 가까워진다. 이것은 어느 문화권에서든 다 적용되는 진리이다. 그런데 커뮤니케이션은 공간적 거리에 관계없이 사람과 사람 사이를 좁혀주는 역할을 한다. 전혀 모르던 사람과도 커뮤니케이션을 하다 보면 '관계'가 생기게 되고, 같은 공동체에 있다 할지라도 서로 커뮤니케이션을 하지 않으면 결국 남남으로 남게 된다. 가족, 이웃, 조직 구성원 모두에 같은 원리가 적용된다. 결국 어떤 조직이나 공동체에서든 통通하지 않으면 통痛할 뿐 아니라, 통通하지 않으면 소통 채널에서 제외excommunication되어 왕따가 될 수 있다고 말할 수 있다.

소통을 막는 고정관념부터 깨라

개인들 간의 커뮤니케이션에 앞서 불특정다수를 향한 커뮤니케이션의 경우를 살펴보면, 효과적인 커뮤니케이션을 위한 창조적 발상이 얼마나 중요한지를 쉽게 발견할 수 있다. 특히 우리나라 말의 특성을 적절하게 이용한 톡톡 튀는 상호명을 예로 들 수 있다. 이발관과 미용실 이름으로 자주 사용되는 '버르장머리'와 '수컷'은 옛말에 새로운 의미를 부여하였거나 언어의 퓨전효과를 이용한 것이다. 특별히 후자의 경우는 남성전용 미용실의 상호명으로 한자의 빼어날 수秀와 영어에서 '자르다'의 의미인 '컷cut'을 기발하게 조합한 것이다.

114 안내원들이 뽑은 가장 기억나는 상호 중 고깃집의 경우, '돈내고돈먹기', '돈되네', '탄다디비라'가 있고, 중국집으로 '진짜루'가, 닭고기 집으로는 '아디닭스', '닭 익는 마을', '닭들의 반란', '쏙닭쏙닭', '위풍닭닭'이 뽑혔다. '그놈이라면', '면빠리네', '라면 땡기는 날', '김밥찐빵놀랄만두하군' 등 분식점 이름도 참 기발하다. 어죽집으로 '어漁 죽이네'라는 상호가 뽑혔는데 어르신들이 즐기는

전통음식에 '죽이네'라는 젊은이들이 쓰는 말을 결합하여 신선함을 더해 주고 있다. 또한 노래방 이름으로 '돼지가 목청 따는 날'을, 컴퓨터 수리점으로 '컴퓨터여 그기머시라꼬 보자보자고치보자', 내의 전문점으로 '아빠팬티 엄마브라' 등 톡톡 튀는 가게 이름들이 가장 기억에 남는다고 했다.

창조적 발상이 아닌 경우에는 의도하지 않은 오해를 불러일으킬 수 있는 상호도 있다. 음식점에 흔히 붙이는 '원조'라는 단어와 '할머니'라는 단어가 결합하여 '원조할머니뼈다구해장국집'이라 했을 경우와 '남동'에 위치한 고깃집 이름을 '남동생고기집'이라고 했을 때가 그렇다.

이러한 표현은 고정관념의 틀을 벗어나는 것이 얼마나 중요한지를 잘 보여준다. 최근 급부상하고 있는 카피라이터들이 만들어내는 수많은 '카피'는 이 틀에서 완전히 해방되어 있어 조지프 슘페터의 '창조적 파괴'를 떠오르게 한다. 새로운 것을 창조하기 위해서는 현재의 것을 파괴해야 하며, 파괴하려면 먼저 고정관념부터 파괴해야 한다. 고정관념은 소통이 중요한 시대에 부정적 역할을 할 수도 있기 때문이다.

커뮤니케이션이 곧 '능력'이다

대부분의 사람들이 효과적인 커뮤니케이션을 하기 위해 새로운 틀을 도입해야 한다는 당위성에는 쉽게 공감할 것이다. 하지만 문제는 과학기술과 맞물려 돌아가는 커뮤니케이션의 폭발적인 변화에 어떻게 대응하는가에 달려 있다. 예를 들어 커뮤니케이션을 가능하게 하는 '미디어'를 살펴보자. 과거, 활자 미디어 시대에서 전파 미디어 시대를 넘어 비디오 미디어 시대로, 그리고 이제 우리는 기존 미디어를 복합적으로 활용하는 뉴미디어 시대를 맞이하였다. '뉴미디어'란 전화와 TV를 결합하거나 TV와 컴퓨터를 결합하는 등의 정보교환 시스템을 말하는데 이 역시 하루가 빠르게 변화·발전하고 있다. 컴퓨터 처리 속도가 10년에 1,000배 이상 빨라지고 있으며, 그것에 발맞추어 저장 용량도 10년 만에 1,000배로 증가했다. 이로 인해 속보성, 현장성, 간편성, 광역성, 침투성, 보편성을 지닌 뉴미디어가 점점 더 확산되고 있는 것이다. 앨빈 토플러가 말한 '제3의 물결'의 시대가 펼쳐진 것이다. 토플러는 "미래를 지배하는 힘은 읽고 생각하고 소통하는 능력"이라고 말했다. 급격하게 변화하는 이 시대에서 어떻게 대응하며 능력을 키워갈 것인가를 고민해야 할 때이다.

과학기술의 발전은 조직 내 커뮤니케이션의 중요성을 더욱 부각시키고 있다. 과거에는 불가능했던 것들이 많은 부분, 기술적으로 가능해졌다. 커뮤니케이션의 모드가 바뀌고 정보 수집 및 의사 결정의 속도가 달라졌기 때문이다. 따라서 조직의 최상과 최하 간 신속한 커뮤니케이션이 더욱 더 중요해지고 있으며 이를 위해서는 전통적인 관료주의 타파가 중요한 사안임을 인식하게 되었다. 한마디로 커뮤니케이션의 노이즈를 극소화시키는 것이 중요해졌으며, 커뮤니케이션의 효율성과 효과성이 조직의 건강 정도를 나타내는 중요한 척도가 된 것이다. 20세기 최고의 경영 귀재인 피터 드러커는 "조직에서 커뮤니케이션은 수단이 아니라 조직의 모습 그 자체"라고 했다. 커뮤니케이션을 보면 조직을 알 수 있다는 얘기다.

개인적 측면에서의 커뮤니케이션 역시 아무리 강조해도 지나치지 않다. 주변에서 능력이 뛰어나다고 인정받는 사람들의 한결 같은 공통점은 바로 커뮤니케이션 능력이 뛰어나다는 것이다. 리더십개발 전문가인 한근태 소장은 커뮤니케이션이 리더십의 전부라고 해도 과언이 아니라고 주장한다.

"커뮤니케이션은 곧 마음이고 인격의 표현이다. 그가 어떤 사람이라는 것은 커뮤니케이션을 통해 정확히 드러난다. 속으로 아무리 고귀한 생각을 품고 있어도 그 생각을 제대로 전달하지 못하면 아무런 소용이 없다. 말과 글만큼 한 사람을 잘 보여주는 것도 없다. 바로 그렇기 때문에 높은 자리에 있는 사람, 영향력이 큰 사람일수록 커뮤니케이션을 중시해야 한다."

그렇다면 과연 어떻게 하는 것이 커뮤니케이션을 잘 하는 것일까? 먼저 대부분의 사람들이 커뮤니케이션에 대해 갖고 있는 선입견을 버려야 한다. 일반적으로 커뮤니케이션을 말할 때 '말'을 잘 하는 것으로 생각한다. 하지만 절대 그렇지 않다. 우리나라에서는 말 잘하는 사람이 그다지 좋은 대접을 받지 못하는 경우가 많다. 오히려 '말만 번지르르하다', '말만 잘하면 뭐하냐'라는 비아냥을 듣기 십상이다.

커뮤니케이션과 연관되어 유명한 '메라비안공식'이라는 것이 있다. 미국의 커뮤니케이션 전문가인 앨버트 메라비안Albert Mehrabian의 연구 결과를 토대로 만들었기 때문에 메라비안공식이라고 부른다. 그의 연구에 따르면 표정, 제스처, 자세, 태도 등의 비언어적 요소가 목소리와 말 등의 언어적 요소보다 의사 전달력 측면에서 6대 4 정도로 중요하다고 한다. 10%도 안 되는 '말'보다 얼굴 표정과 태도가 더 큰 비중을 차지한다는 것이다. 이미지테크연구소의 정연아 소장도 "얼굴은 감정을 표현하는 캔버스"라고 했다. 얼굴은 눈, 입, 볼, 눈썹, 이마 등의 43개의 근육의 조합을 통해 다양한 감정을 전달하기 때문이다.

말은 하려면 잘해야 한다

그렇다고 커뮤니케이션에 있어서 '말'이 중요하지 않다는 것은 결코 아니다. 결론부터 말하자면 '말을 하려면 잘해야 한다'는 것이다. 최근 우리말이 천박해지고 있다는 말을 자주 듣는다. 이와 관련하여 조순 전 총리는 "우리나라 말은 원색적이고 막말이 많다. 이런 말들이 판을 치는 한 아무리 반도체를 수출해도, 아무리 한미FTA를 해도 소용이 없다."고 지적하고 "이런 원색적인 말이나 광고를 볼 때 눈을 가리고 싶다."고 했다. 또 법정 스님은 "말은 생각을 담는 그릇"이라고 했다. 여과 없이 함부로 쏟아낸 천박한 '막말'은 곧 그 사람의 천박한 인품을 나타내게 되는 것이다.

미디어의 발전과 더불어 과거 그 어느 때보다도 말을 더 신중하게 해야 할 때이다. 특별히 리더의 위치에 있는 사람일수록 이 사실을 더욱 유념해야 한다. "물고기는 언제나 입으로 낚인다. 인간도 역시 입으로 걸린다."는 유대인의 지혜에 귀를 기울일 때다.

얼마 전 미국의 어느 가정집을 방문했었는데 그 집에 커다란 입을 벌리고 있는 박제 농어가 있었다. 자세히 보니 그 밑에 이런 문구가 적혀 있었.

"내가 입만 벌리지 않았으면…."

회사에서 입을 열 때마다 조직에 분열을 가져오는 리더를 풍자한 '오랄 해저드 oral hazard'라는 신조어가 있다. 이는 '모랄 해저드 moral hazard'만큼 회피해야 하는 존재이다. 누구나 말을 많이 할수록 이러한 위험에 많이 노출될 수밖에 없으며 말을 신중하게 하는 것을 습관화시켜야 한다.

이러한 위험에 빠지지 않으려면 되도록 말을 줄이는 것이 좋다. 고수는 하수

보다 일반적으로 말이 적다. "산은 산이고 물은 물이다."라는 성철 스님의 말이 회자된 적이 있다. 이는 그가 처음 한 말이 아니라 불교 법문에 자주 등장하는 말이라고 한다. 솔직히 개인적으로 처음에 그 말을 접했을 때는 너무 단순하다고 생각했지만 담겨 있는 의미를 생각하며 깊은 감동을 받았다. 자기 중심적인 분별과 판단을 내려놓고, 눈앞에 있는 것을 있는 그대로 받아들이라는 권면을 담고 있는 것이다.

김수환 추기경도 "그 동안 사랑 많이 받아서 감사하다. 사랑하라. 용서하라."라는 감동의 유언을 남겼다. 그 말에 그가 걸어온 사랑과 용서의 삶이 녹아있기에 더욱 감동으로 다가왔을 것이다. 이처럼 말을 잘한다는 것은 멋진 미사여구를 많이 나열하는 것이 아니라 짧더라도 진정성이 담긴 말을 하는 것이 말을 잘하는 것이다. 나이가 들어감에 따라 마음 속에 늘 되새기자고 결심하게 되는 '조언적 진리'가 있다.

"인간이 늙으면 시력이 흐려지고, 청력도 약해지며, 머리카락과 치아도 빠져 달아난다. 다리는 허약해지고, 손도 수시로 떨린다. 하지만 나이 들어갈수록 점점 더 강해지는 신체 기관이 한 군데 있다. 다름 아닌 우리의 말 많은 '입'이다. 그렇기 때문에 다변가들은 생애 후반기에 이르러 더욱 정치인 기질을 드러내는 것인지도 모른다."

말을 많이 해야 하는 직업군에 속한 이들은 특별히 이 말을 명심해야 한다.

골프 핸디와 연관된 유머가 있다.

- 90대: 상대가 묻지 않아도 가르쳐 준다.
- 80대: 상대가 물어보면 비로소 가르쳐 준다.

- 70대: 상대가 정중하게 예의를 갖춰 물어보면 그때 가르쳐준다.
- 프로: 돈을 내야 가르쳐 준다.

이는 하수일수록 말을 많이 하며 아는 척 하는 것을 비꼰 말이다. 물론 말을 전혀 하지 말라는 것은 아니다. 필요한 때 적절한 말을 골라서 할 줄 알아야 한다는 것이다.

특히 리더들이 기억해야 할 연구 결과가 있다. 어떤 정보에 대해 30퍼센트의 사람들만이 제대로 된 내용을 받아들이고 나머지 70퍼센트는 그 중 일부만을 받아들인다는 것이다. 이런 이유 때문인지 경영의 귀재 잭 웰치는 "10번 이상 이야기하지 않으면 한 번도 말하지 않은 것과 같다."며 반복의 중요성을 강조했다. 요약해 보자면 효과적인 커뮤니케이션을 위해 리더는 '말을 많이 하기보다는 기억에 남도록 해야 하며, 또한 반복적으로 하는 것이 필요하다'고 결론지을 수 있다.

마음이 통하면 말도 통한다

위에서 언급한 것처럼 커뮤니케이션은 '나누다'라는 기본적 의미를 담고 있다. '이야기를 나누다'라고 표현할 수 있는 진정한 대화는 그렇지 못한 일방적인 메시지 전달과는 큰 차이가 있다. '대화'는 일방적인 의사 전달이 아니라 '나눔'을 전제로 한다. 예를 들어 자식에게 부모가 일방적으로 훈계하는 것은 대화가 아니다. 그것은 우스갯 소리처럼 '대놓고 화내는 것'에 더 가깝다.

나누기 위해서는 최소한 서로 간에 '의미의 공유'가 있어야 한다. 단순한 메시지 나눔을 넘어 서로의 가치, 믿음 등을 포함한 삶 자체를 나누는 것이라 말할 수 있다. 이것은 서로간에 주고 받는 피드백을 통해서 얻을 수 있다.

커뮤니케이션은 '공감sympathy과 감정이입empathy'을 통해 가장 효과적으로 일어난다. 우리가 무슨 말을 하느냐에 이어 어떻게 하느냐가 중요해지는 이유가 여기에 있다. 흔히 쓰는 말 중에 '말이면 다냐?'라는 것이 있다. 결국 말이 다가 아니라는 말이다. '아 다르고 어 다르다'라는 말도 있다. 같은 말일지라도 언제 어디서 어떻게 이야기하느냐에 따라 전혀 다른 의미가 될 수 있음을 보여준다. 또 '말하지 않아도 안다'는 말은 눈빛이나 태도에서 이미 그의 의도를 알 때 쓰는 말이다. 결국 최고의 커뮤니케이션은 '이심전심'에서 비롯된다고 할 수 있다.

회사와 같은 조직에서도 마찬가지다. 커뮤니케이션은 단순히 말을 잘하고 말을 잘 듣는 것이 아니라, 자신의 마음을 내보이고 서로 마음의 눈으로 마음을 읽어내는 일이다. 커뮤니케이션은 주고받음으로 이루어진다. 사랑, 감정, 정보 등을 잘 주고받고 있다면 건강한 조직인 것이고 그렇지 않으면 죽어가고 있는 것이다. 어느 조직이던지 간에 누구보다도 리더들이 커뮤니케이션에 관심을 가져야 하는 이유가 여기에 있다. 조직원의 마음을 얻고 열게 하는 방법을 고민해야 한다.

미국의 여배우 메릴 스트립은 "타인과 공감할 수 있는 능력은 인류에게 주어진 가장 훌륭한 선물"이라고 했다. 인간 모두가 이미 공감하는 능력을 가지고 있기에 훈련을 통해 늘려갈 수 있다는 말이다. 공감뿐 아니라 감정이입 또한 관심과 훈련을 통해 키워갈 수 있으며, 그것이 이심전심을 가능하게 만든다.

이심전심을 가능하게 하기 위해서는 인간의 가장 기본적인 욕구에 대한 이해가 필요하다. 인간에게는 네 가지의 기본적인 욕구가 있다고 한다. '안락하고 싶은 욕구, 이해 받고 싶은 욕구, 환영 받고 싶은 욕구, 그리고 중요한 존재로 인정받고 싶은 욕구'가 그것이다. 이러한 인간의 욕구는 마케팅에도 잘 반영되어 "모든 고객은 한 사람 한 사람이 모두 특별한 대접을 받고 싶어하는 특별한 사람이다."라는 것을 염두에 두고 있다. 효과적인 커뮤니케이션은 상대방을 왕처럼 존중하는 마음에서 시작한다. 이는 기술이 아니라 태도에서 비롯되기 때문이다.

마음이 통하게 하기 위한 가장 중요한 요소는 상대방을 격려하며 칭찬하는 것이다. 격려encouragement와 용기courage라는 단어는 라틴어의 '심장cor'이란 말에 어원을 두고 있다. 문자 그대로 '심장을 준다'는 뜻이다. 심장을 주듯 마음을 주며, 마음을 주듯 용기를 주는 것이 격려이다. 결과적으로 격려는 소통의 통로를 열어 준다. 아니 열어줄 뿐만 아니라 지탱할 힘을 준다.

세상살이가 힘들어서인지 주위를 둘러보면 격려를 필요로 하는 '결핍'의 주인들이 많이 있다. 물론 우리들 대부분은 격려가 필요한 사람들이다. 그러나 이들 모두가 또 누군가에게 격려를 해줄 수 있는 '배려'의 친구가 되어주어야 한다. 배려는 그런 면에서 '상승적 선순환'을 일으킬 수 있는 것이다. 데일 카네기는 『생각이 사람을 바꾼다』에서 "사람을 변화시키려면 비록 작고 사소한 일일지라도 격려의 말을 아끼지 말아야 한다. 작은 물결이 모여 큰 물결이 되고, 그 힘은 일찍이 꿈꾸지 못했던 거대한 제방을 허물어뜨린다."라고 말했다.

격려와 함께 칭찬과 인정하는 분위기를 만들어야 한다. 켄 블랜차드는 『칭찬은 고래를 춤추게 한다』는 책에서 "칭찬은 자신감을 고취시키고 동기부여를 하여 자율적으로 행동하게 한다."고 했다. 뇌의학에서도 칭찬의 효용성을 높이 평가한다. 칭찬은 우리 뇌의 알파파를 증가시켜 엔도르핀을 생성시키며 스트레스를 낮추고 정상을 찾게 해준다.

일본 속담에 "한마디의 친절한 말이 3개월의 겨울을 따뜻하게 해준다."는 말이 있다. 이를 자녀와 부모의 관계에 적용해 보면 그 속담의 의미를 쉽게 알 수 있다. 대부분 부모의 시각으로 볼 때 대부분의 경우 아이들의 부족함을 느끼게 되고 불만은 결국 '잔소리'를 낳게 된다. 잔소리는 그 명칭에 담겨 있듯 아무리 좋은 의도를 가지고 있어도 듣는 이에게는 듣기 싫은 소음 또는 무시하고 싶은 '잡소리'일 뿐이다. 더 나아가 궁극적으로 아이들에게는 자신들을 '잡는 소리'로 까지 들리게 된다. 이처럼 마음이 통하지 않는 커뮤니케이션은 서로 간에 간격 차를 늘릴 뿐이다.

파워Power 청취자가 되라

격려와 칭찬으로 마음이 통하는 분위기를 만든다면 커뮤니케이션에 있어서 가장 중요한 축은 '경청'이라고 할 수 있다. 커뮤니케이션의 방식은 크게 '읽기, 쓰기, 말하기, 듣기'의 4가지 방식으로 이루어진다. 전자메일과 메신저 등이 활성화되면서 읽기와 쓰기가 중요해졌다고는 하지만 말하기와 듣기가 여전히 주를 이룬다. 그리고 이 중에서도 듣는 것의 중요성이 점점 더 부각되고 있다.

대화의 기술을 가르쳐주는 '123원칙'이 있다. 이것은 1분을 말하고, 2분은 듣고, 3분간 맞장구를 쳐주라는 의미이다. A.D. 4세기의 그리스 스토아학파 철학자인 제노Zeno도 "우리는 두 개의 귀와 한 개의 입을 가지고 있다. 그러므로 우리는 더욱 더 많이 듣고 적게 말하여야 한다."며 듣기의 중요성을 강조했다. 그러나 문제는 대부분의 사람들이 듣는 것에 익숙하지 않다는 점이다. 읽기, 쓰기, 말하기에 초점이 맞춰진 학교수업을 받은 우리들은 생각보다 듣는 것에 대한 훈련이 잘 되어 있지 않다. 그래서 더욱 더 경청하는 것에 신경을 쓰고 노력해야 한다.

헨리 나우웬이 주장한 '듣기listening'의 개념은 경청에 관한 올바른 관점을 갖도록 도와준다.

"듣기는 당신에게 말할 차례가 돌아올 때까지 다른 사람에게 말할 기회를 주는 것이 아니다. 듣기에는 그 이상의 의미가 있다. 듣기는 상대방에게 완전히 집중하는 것이며 그들을 우리의 존재 전체로 환영하는 것이다. 듣기의 아름다움은 말을 하는 사람이 자신의 말을 들어주는 사람으로부터 중요한 존재로 여겨지고 있다는 느낌을 느끼면서 마음 깊이 담아 두었던 말을 점점 더 하도록 해주는 데 있다."

앞에서도 말했듯 커뮤니케이션은 결국 '태도'에서 비롯됨을 다시금 보여 준다. 타인의 말에 귀 기울이겠다고 마음먹는 것은, 우리의 가장 중요한 자원인 시간을 그 사람에게 내주기로 결심한다는 뜻이다. 이러한 적극적 환영의 메시지가 결국 상대방의 마음을 여는 열쇠가 되어 준다.

경청은 '섬김'과도 밀접한 관계가 있다. 섬김의 핵심과 같이 다른 이를 중요하게 여기는 최고의 방법이 경청이라고 할 수 있다. 이에 대해 로리 베스 존스는 『최고 경영자 예수』에서 "리더가 가져야 할 중요한 자세는 집중하는 것이며, 리더는 그 집중력을 다른 사람을 위해 사용할 때 가장 큰 효과를 볼 수 있다. 한참 동안, 그리고 직접적으로 시선을 맞추는 과정이 반드시 있어야 한다. 그리고 리더는 상대방에게 집중함으로써 그 사람이 자신이 그 방에서 가장 중요한 사람이라고 느끼게 해준다."라고 말했다.

이병철 회장이 경영권을 물려주면서 내린 휘호 역시 '경청'이었다고 한다. 말이 너무 많다고 비난하는 일은 있어도 너무 잘 듣는다고 비난하는 사람은 없다. 경청의 능력은 근육과도 같아서 훈련을 통해 얼마든지 배양될 수 있다. 훈련을 반복하면 습관이 되고 그때부터는 특별히 마음먹지 않아도 자연스럽게 저절로 경청할 수 있게 된다. 지금 당장 시작할 수 있다. 판소리의 추임새처럼 상대의 힘을 북돋워주는 말을 중간 중간 넣어 맞장구를 쳐주어라. 경청은 수동태가 아니라 능동태다. 한 발 물러서서 지켜보고 듣기만 하는 것이 아니라 대화에 적극 개입해 주체적으로 이야기하는 방법이다.

많은 사람들이 남의 말에 귀를 기울이는 것이 설득하는 과정에서 가장 효과적인 도구가 된다는 것을 모르고 있다. 세계적 경영컨설턴트인 톰 피터스는 경청과 관련하여 "타인을 만족시키는 가장 탁월한 방법은 그들의 말을 경청하는 것이다. 말하고 명령하는 것이 지난 세기의 방법이었다면, 귀 기울여 경청하는 것은 21세기의 방법이라 할 수 있다."고 충고했다.

우리 모두 '파워Power 청취자'가 되기까지 노력해야 한다. 커뮤니케이션의 대상을 향해 예리하며Perceptive, 주의 깊게Observant, 자진하는 마음으로Willing, 집중하며Engaged, 정중한Respectful 자세로 들어주는 자들이 되어야 한다는 것이다. 이 말을 한 마디로 정리해 보면 '커뮤니케이션의 대상에 눈높이를 맞추는 것'이라 할 수 있다.

상대방의 눈높이에 맞춰라

인간은 누구나 자신을 중심으로 모든 상황을 해석하며 평가하게 된다. 누구라도 예외 없이 자기 중심적인 '프레임'을 통해 세상을 바라본다. 따라서 어떤 프레임으로 세상에 접근하냐에 따라 그 결과물이 달라지게 되는 것이다.

한 TV 프로그램 중 아이들이 주어진 단어를 설명하면 어른 출연자들이 이를 맞히는 코너가 있었는데 모두가 각자의 시선으로 사물을 본다는 것을 알 수 있었다. '손님'을 "이 사람이 가고 나면 막 혼나요."라고 설명하거나, '만세'를 "엄마랑 목욕하면 이걸 꼭 해야 돼요." '콧구멍'을 "이건 딱 손가락만해요." 등으로 설명했다. 아이들이 가지고 있는 자기 프레임으로 설명한 것이었다. 어른의 프레임을 가지고 답을 알게 되면 기발한 설명에 고개를 끄떡이거나 폭소를 자아내게 했다.

'현재 프레임'이라는 것은 과거와 미래를 해석하는 핵심 프레임으로 작동한다고 한다. 대형 사고가 나면 모든 매체들이 이구동성으로 '예고된 인재'였다고 보도하는 것을 종종 보게 된다. 사람들이 많이 쓰는 '그럴 줄 알았어'라는 말도 같은 의미이다. 과거는 현재의 시각으로 볼 때만 질서정연한 것이며 예측 가능한 것이다.

『프레임』의 저자 최인철 교수는 이에 대해 "과거엔 없고 현재에만 존재하는 것 중 대표적인 것이 현재 자기 모습이다. 우리는 현재의 모습이 과거의 자신에게도 있었다고 착각하는 경향이 있다."라고 설명했다. 어른들이 자신이 어렸을 때와 비교하며 현재 젊은이들이 부족하다고 탓하는 모습에 대한 설득력 있는 설명이다.

이는 비단 현대인들에게만 해당되는 이야기는 아니다. 함무라비법전에도 '요즘 어린 것들은 버릇이 없다'는 구절이 있다고 한다. 어느 시대, 어느 나라든 윗세대에게 신세대는 자유분방함의 결정체로 보이게 마련이다. 바로 우리가 가지고 있는 이러한 고정 '프레임' 때문이다. '프레임을 바꾸면 인생이 바뀐다'는 최인철 교수의 말이 마음에 와 닿는 이유다.

커뮤니케이션에서도 마찬가지이다. 상대방의 눈높이를 맞추는 것이 중요하다고는 하지만 그리 쉽지 않다. 각자가 지닌 프레임에 너무나 익숙하기에 그렇다. 특별한 관심과 노력을 기울이기 전에는 우리의 눈높이를 상대방에게 맞추기가 쉽지 않다.

요즈음 한국 교회는 '세상과 소통하지 못하고 있다'는 소리를 자주 듣는다. 무엇이 문제인가? 실제로는 기독교가 다른 어떤 종교보다도 복지와 나눔에 앞장서고 있음에도 인색한 평가를 받고 있다. 심지어 기독교인들과 교회를 향하여 '무례하다'고 할 뿐만 아니라 '집단 이기주의'라는 평가까지 함부로 쏟아지고 있다. 어떻게 이런 상황이 벌어진 것일까? 다양한 분석과 설명이 가능하겠으나 핵심은 '그리스도인들이 세상과 눈높이를 맞추지 못해 소통에 실패했다'고 생각된다. 통하지 못하면서 어떻게 좋은 평가를 받을 수 있겠는가? 상대방의 눈높이에 맞추기보다 그들로 하여금 우리의 눈높이에 맞추도록 일방적으로 요구하지는 않았는지 반성해 보아야 한다.

하나님도 다양한 소통의 도구를 사용하신다

성경을 통해 하나님께서는 인간과 끊임없이 소통해 오셨으며 그 방법 또한 지속적으로 변화시켜 오셨다는 사실을 알 수 있다. 가장 먼저 사용하신 방법은 '대면하는 것'이었다. 물론 이것은 에덴동산에서 아담과 이브에게만 적용되는 것이었다. 가장 자연스럽고도 이상적인 커뮤니케이션이 가능한 상황이었다. 그러나 죄로 인해 인간이 에덴동산에서 쫓겨난 이후 이러한 방법은 불가능해졌다. 그와 함께 하나님은 인간에게 두려운 존재로 변해 버렸다.

그 이후로는 '목소리'만으로 커뮤니케이션이 이루어졌다. 하나님이 모세를 불렀을 때 모세는 하나님 뵈옵기를 두려워하여 얼굴을 가렸다. 출애굽기 3장 6절 시내산 밑에 있던 이스라엘 백성들도 마찬가지였다. 하나님의 목소리를 듣는 것 자체를 무서워하며 모세에게 요청했다.

> 당신이 우리에게 말씀하소서 우리가 들으리이다 하나님이 우리에게 말씀하시지 말게 하소서 우리가 죽을까 하나이다 출애굽기 20장 19절

그들에게 두려움을 자아내는 무서운 목소리였던 것이 분명하다. 일방적인 커뮤니케이션만이 가능한 형태의 매우 제한적인 방법이었던 것이다.

그 이후 하나님께서는 선지자prophets들을 통하여 말씀하시는 방법을 선택하셨다. 그들은 특별한 이상과 환상을 보거나 하나님의 영을 통해 주시는 메시지를 받았다. 그러나 어디까지나 환상과 이상이었기에 전달될 수 있는 메시지는 상징적일 수밖에 없었다. 다르게 표현하자면 하늘의 메시지를 인간의 언어로 표현한다는 것에 한계가 있었던 것이다. 십차원 이상이라는 하나님과 삼차원인

인간 간의 커뮤니케이션은 당연히 제한적일 수밖에 없었다. 결과적으로 은유와 비유로 가득한 예언서는 많은 부분, 해석의 수수께끼를 가질 수밖에 없었다.

클라이막스로 등장한 커뮤니케이션의 다음 방법은 바로 메시아^{신약의 '그리스도'}를 보내신 것이었다. 여기서 분명히 할 것은 다른 방법이 실패했기에 이 방법을 택한 것은 아니라는 사실이다. 원래부터 의도된 것이었다. 신명기 18장 16~18절을 보면 모세와의 대화 속에서도 이미 말씀하시는 것을 볼 수 있다.

> 네(이스라엘 백성들)가 말하기를 내가 다시는 내 하나님 여호와의 음성을 듣지 않게 하시고 다시는 이 큰 불을 보지 않게 하소서 두렵건대 내가 죽을까 하나이다 하매 여호와께서 내게 이르시되 그들의 말이 옳도다 내가 그들의 형제 중에서 너와 같은 선지자 하나를 그들을 위하여 일으키고 내 말을 그 입에 두리니 내가 그에게 명령하는 것을 그가 무리에게 다 말하리라

여기서 말하는 선지자는 단순한 인간 선지자를 나타내는 것이 아니라 신명기 34장 10~12절에 나타난 특별한 선지자, 즉 메시아를 말하는 것임을 알 수 있다.

> 그 후에는 이스라엘에 모세와 같은 선지자가 일어나지 못하였나니 모세는 여호와께서 대면하여 아시던 자요 여호와께서 그를 애굽 땅에 보내사 바로와 그의 모든 신하와 그의 온 땅에 모든 이적과 기사와 모든 큰 권능과 위엄을 행하게 하시매 온 이스라엘의 목전에서 그것을 행한 자이더라

모세와 같은 선지자의 등장은 다가올 새로운 시대를 예견한 것이었다. 갈라디아서 4장 4절은 "때가 차매 하나님이 그 아들을 보내사"라고 말하고 있다.

하나님의 계획 속에서 하나님의 시간을 좇아 가장 적절한 때에 예수 그리스도를 이 땅에 보내셨다는 것이다. 히브리서 1장 1~2절은 그분의 오심에 관해 다음과 같이 말한다.

> 옛적에 선지자들을 통하여 여러 부분과 여러 모양으로 우리 조상들에게 말씀하신 하나님이 이 모든 날 마지막에는 아들을 통하여 우리에게 말씀하셨으니

새로운 시대를 위해 선택하신 방법이 바로 하나님이 인간의 모습을 입고 오신 '성육신'이라는 것이다. 빌립보서 2장 6~7절에서는 이것을 "그는 근본 하나님의 본체시나 하나님과 동등 됨을 취할 것으로 여기지 아니하시고 오히려 자기를 비워 종의 형체를 가지사 사람들과 같이 되셨고"라고 말하고 있다. 인간과의 커뮤니케이션을 위해 스스로 인간이 되심으로 무지한 자들의 눈높이에 맞춰주신 하나님의 놀라운 선택이었다.

예수 그리스도는 우리와 같은 모습으로 오셔서 하나님과의 커뮤니케이션을 여는 통로가 되셨다. 삼 년의 사역을 통한 가르침은 성경을 통해 우리에게 전달되고 있다. 인간의 모습으로 이 땅에서 살아가셨기에 인간을 온전히 이해할 수 있게 되었다. 히브리서 2장 17~18절에서는 이것에 대해 다음과 같이 말한다.

> 그러므로 그가 범사에 형제들과 같이 되심이 마땅하도다 이는 하나님의 일에 자비하고 신실한 대제사장이 되어 백성의 죄를 속량하려 하심이라 그가 시험을 받아 고난을 당하셨은즉 시험 받는 자들을 능히 도우실 수 있느니라

어려움과 환난을 직접 경험하신 분이기에 같은 처지의 우리를 도울 수 있다는 것이다. 또한 우리의 모습을 경험하셨기에 우리의 연약함 또한 도울 분이시

기도 하다.

> 우리에게 있는 대제사장은 우리의 연약함을 동정하지 못하실 이가 아니요 모든 일에 우리와 똑같이 시험을 받으신 이로되 죄는 없으시니라 그러므로 우리는 긍휼하심을 받고 때를 따라 돕는 은혜를 얻기 위하여 은혜의 보좌 앞에 담대히 나아갈 것이니라 히브리서 4장 15~16절

예수 그리스도는 단순히 하나님의 일방적인 메시지를 전하러 오신 커뮤니케이션의 도구가 아니었다. 하나님과의 온전한 소통을 가능하게 하기 위해 오신 것이다. 그것은 그 분이 십자가의 죽음으로 이 세상을 떠나신 후에도 지속되고 있다. 약속대로 '또 다른 보혜사'인 성령을 통해 하나님과 이심전심의 소통을 가능하게 하고 있는 것이다.

소통의 달인, 예수 그리스도

하나님과의 온전한 소통을 위해 오신 예수 그리스도의 사역을 보면 효과적인 커뮤니케이션에 대해 많은 것을 배울 수 있다. 그 특징 중의 하나가 '공감과 감정이입'을 소통의 마스터키로 사용하셨다는 것이다. 예수님의 사역을 보면 그가 다른 이들을 향해 '불쌍히 여겼다'라는 표현이 수없이 나온다. 예를 들어 시각장애인 마태복음 20장 34절이나 나병환자 마가복음 1장 41절뿐 아니라 다양한 육체적 고통 하에 있는 자들을 불쌍히 여기셨다. 그 뿐 아니다. 아들을 잃어버려 실의에 빠진 과부 누가복음 7장 13절와 자신을 좇아 다니는 허기에 찬 무리들 마가복음 8장 2절을

향해서도 불쌍히 여기는 마음을 품으셨다. 그러한 긍휼하신 마음을 병자들을 고치시고 죽은 자를 살리시며 물고기 두 마리와 떡 다섯 개로 10,000명 이상을 먹이는 기적으로 자연스럽게 표현하셨다. 그러나 그분의 초점은 단순히 그들의 육체의 고통을 덜어주는 것에 있지 않았다. 하나님과의 소통이 끊겨 있기에 방황하는 모습을 특별히 불쌍히 여기신 것이다.

> 무리를 보시고 불쌍히 여기시니 이는 그들이 목자 없는 양과 같이 고생하며 기진함이라 이에 제자들에게 이르시되 추수할 것이 많되 일꾼이 적으니 그러므로 추수하는 주인에게 청하여 추수할 일꾼들을 보내 주소서 하라 하시니라 마태복음 9장 36~38절

하나님과 온전한 소통을 이루게 할 '작은 예수'들이 많이 필요하다는 사실을 강조하신 것이다.

예수님은 창조적인 방법들을 통해 커뮤니케이션을 열어 갔다. 한 예로 요한복음의 3장과 4장의 경우만 보아도 사람에 따라 접근법이 달랐음을 볼 수 있다. 요한복음 3장에 나오는 니고데모라는 사람은 유대인 성경 전문가였다. 그가 남의 눈을 피해 밤에 찾아 왔을 때 예수님은 그를 대하시며 그의 수준에 맞는 가르침을 주신다. 그가 친숙하게 여기는 구약 말씀을 통해 거듭나야 함을 가르치신 것이다. 물론 그는 예수님의 말씀에 당황했지만 결국, 예수님을 통해 말씀에 대한 이해의 폭이 깊어지며 예수님의 편에 서게 되었다.

4장에 나오는 사마리아 여인에게는 완전히 다른 방법을 사용하셨는데 니고데모의 경우와는 대조적으로 예수님께서 먼저 그녀를 찾아가신다. 그것도 유대인들이 피해 다녔던 사마리아를 통과하는 길을 의도적으로 선택하셨다. 그리고 물을 길러 온 그녀를 향해 목이 마르니 물을 좀 달라고 요청하신다. 사람

들의 손가락질을 피해 뙤약볕을 맞으며 우물을 길러 온 여인에게 도움을 구하는 사람의 입장으로 다가가신 것이다. 마을에서 조롱과 회피의 대상이었기에 마음이 꽉 닫혀 있던 그녀와의 대화를 통해 결국 자신을 메시아로 인정하게 하신 것이다. 예수님께서는 이처럼 사람들에 따라 다양한 창조적 접근을 하신다는 것을 알 수 있다.

때로는 핵심 메시지로 정곡을 찌르는 커뮤니케이션을 사용하기도 하셨다. 자신을 좇는 사람들 중에는 그의 제자가 된다는 것에 대해 정확한 이해가 없는 이들이 많았다. 대부분 기적을 행하며 많은 이들의 존경을 받는 그의 제자가 된다는 것은 곧 영광만 가득한 길이라고 생각했을 것이다. 그러나 그 길은 쉬운 길이 아니었다. 예수님은 말씀하셨다.

> 누구든지 나를 따라오려거든 자기를 부인하고 자기 십자가를 지고 나를 따를 것이니라
> 마가복음 8장 34절

더 나아가 "무릇 내게 오는 자가 자기 부모와 처자와 형제와 자매와 더욱이 자기 목숨까지 미워하지 아니하면 능히 내 제자가 되지 못하고"누가복음 14장 26절라고 말씀하셨다. 이것은 우선순위의 문제였다. 그만큼 예수님이 하고자 하신 일은 시급하며 중대하다는 사실을 부각시키는 것이다. 심지어 한번은 제자 중의 한 사람이 "주여 내가 먼저 가서 내 아버지를 장사하게 허락하옵소서"마태복음 8장 21절라는 요청을 했다. 이러한 요청에 대해 예수님은 다음과 같이 답했다.

> 죽은 자들이 그들의 죽은 자들을 장사하게 하고 너는 나를 따르라 마태복음 8장 22절

이 말씀은 인륜이 중요하지 않다는 것이 아니다. 해야 하는 일들이 중요하고 시

급하여 이 세상 그 어떤 것과도 비교될 수 없다는 것을 강조하신 것이다.

한 부자 청년을 향해서는 그의 커다란 약점을 정확히 지적하시기도 했다. 누가복음 18장 18절을 보면 부자 청년이 예수님을 찾아와 "무엇을 하여야 영생을 얻으리이까"라고 묻는다. 이 질문에 예수님은 율법의 정수라고 하는 십계명을 말씀하신다. 이 부자는 머뭇거림 없이 "이것은 내가 어려서부터 다 지키었나이다"누가복음 18장 21절라고 답한다. 이에 대해 예수님은 그가 안고 있는 문제의 핵심을 찌른다.

> 네게 아직도 한 가지 부족한 것이 있으니 네게 있는 것을 다 팔아 가난한 자들에게 나눠 주라 그리하면 하늘에서 네게 보화가 있으리라 그리고 와서 나를 따르라 누가복음 18장 22절

그 다음 절을 보면 재물이라는 영역이 그에게는 올무였다는 사실을 알게 한다.

> 그 사람이 큰 부자이므로 이 말씀을 듣고 심히 근심하더라 누가복음 18장 23절

적당히 예수를 좇아 다닐 수 없는지를 엿보던 부자 청년이 핵심을 찔리자 결국 그 마음을 포기하게 되었던 것이다.

또한 예수님은 문화와 인습의 고정된 틀에 구애 받지 않고 커뮤니케이션을 진행하셨다. 그 당시 유대인들에게 혼혈이라 무시 받던 사마리아인들에게도 사역하신 것이다. 자신들을 불쌍히 여겨달라는 문둥병 환자들의 청원을 무시하지 않고 치료해 주셨는데누가복음 17장 11절 이후 그 중에는 사마리아인 문둥병 환자도 포함하고 있었다. 또 사람들로부터 죄인이라고 조롱 받는 이들과 함께 식사하시는 것도 마다하지 않으셨다. 당시 함께 식사를 나눈다는 것은 같은 부류

로 인정한다는 것을 의미하는 것이었다. 그럴 때마다 유대인들은 예수님의 행위에 대해 수군거리며 비판했다. 그러나 예수님에게 그러한 것들은 중요하지 않았다. 그가 이 땅에 오신 것은 잃어버린 자를 찾아 구원하기 위해서 오셨기 때문이다.누가복음 19장 10절 그리고 예수님은 자신을 시험에 빠뜨리려는 자들에게도 항상 지혜롭게 답하셨다. 당시 식민지 하에 있던 유대인들에게는 로마 정부에 세금을 내야 하는가 말아야 하는가가 큰 이슈였다. '내야 한다'고 말하면 유대인들이 문제를 삼을 것이고, '내지 않아도 된다'고 말하면 로마 정부가 가만히 있지 않을 상황이었다. 예수님이 선택한 답은 명답 중의 명답이었다.

가이사의 것은 가이사에게 하나님의 것은 하나님께 바치라 누가복음 20장 25절

원론적인 답을 줌으로 각론적이며 지엽적인 답이 몰고 올 수 있는 불필요한 논쟁을 피한 예수님의 지혜가 엿보인다.

양자택일을 통해 예수님을 시험에 빠뜨리고자 하는 시도도 있었다. 간음의 현장에서 잡힌 여인을 붙잡아 예수님 앞으로 끌고 온 유대인들은 모세의 율법을 들먹이며 '돌로 쳐야 하지 않는가'라고 유도심문 하였다. 율법대로 하자니 사랑과 용서가 아닌 잔인한 처벌을 내려야 할 상황이고, 용서해 주라고 한다면 모세의 율법을 범하는 자로 낙인이 찍혀버릴 상황이었다. 예수님은 몸을 굽혀 손가락으로 땅에 무언가를 쓰기 시작했다. 무엇을 썼는지는 전혀 알 수 없다. 그리고 빨리 답을 달라고 종용하는 그들에게 예수님은 짧은 한마디로 모든 이들의 입을 막아 버린다.

너희 중에 죄 없는 자가 먼저 돌로 치라 요한복음 8장 7절

그 어느 누구도 그 여인을 정죄할 수 없도록 하신 것이다.

자신을 함정에 빠뜨리려는 질문을 향해 예수님이 취하신 방법에는 공통적인 특징이 있다. 그들의 방식이 아닌 자신의 방식으로 대답하신 것이었다. 다르게 표현하면 예수님은 그들의 전형적인 사고 방식에 말려들지 않았던 것이다. 올바른 동기와 목적을 분명히 세우고 그 기준 속에서 순간순간 지혜롭게 살아가는 것이 얼마나 중요한가를 깊이 생각하게 만든다.

전도도 결국 소통이다

그리스도인들은 끊겼던 하나님과의 온전한 소통을 회복한 자들이다. 이들을 향해 예수님은 유언이라 할 말씀을 남겼다.

> 너희는 온 천하에 다니며 만민에게 복음을 전파하라 마가복음 16장 15절

복음의 핵심은 '예수 그리스도의 대속적 죽음을 통해 인간과 하나님과의 온전한 소통이 회복될 길이 열렸다'는 것이다. 모든 인류를 향해 다음의 약속이 주어졌다.

> 네가 만일 네 입으로 예수를 주로 시인하며 또 하나님께서 그를 죽은 자 가운데서 살리신 것을 네 마음에 믿으면 구원을 받으리라 사람이 마음으로 믿어 의에 이르고 입으로 시인하여 구원에 이르느니라 로마서 10장 9~10절

문제는 누군가는 그것을 알려야 한다는 것이다.

한 분이신 주께서 모든 사람의 주가 되사 그를 부르는 모든 사람에게 부요하시도다 누구든지 주의 이름을 부르는 자는 구원을 받으리라 그런즉 그들이 믿지 아니하는 이를 어찌 부르리요 듣지도 못한 이를 어찌 믿으리요 전파하는 자가 없이 어찌 들으리요 로마서 10장 12~14절

모든 그리스도인들은 복음을 전하는 이들이 되어야 한다. 죽음을 눈앞에 둔 상황에서도 복음 전파를 강조하는 사도 바울의 모습에서 다시금 전도의 중대성을 도전 받는다.

너는 말씀을 전파하라 때를 얻든지 못 얻든지 항상 힘쓰라 범사에 오래 참음과 가르침으로 경책하며 경계하며 권하라 디모데후서 4장 2절

무엇을 하던지 관계없이 모든 그리스도인들은 이 준엄한 명령을 받은 '하나님의 군사'들이다. 디모데후서 2장 3~4절

한국 교회는 전반적으로 전도에 열심인 교회로 알려져 왔다. 그와 더불어 교회에 대한 평가도 그리 나쁘지 않았다. 동네에 교회가 세워지면 땅값과 집값이 올라간다는 말이 돌던 때도 있었다. 그런데 최근에 와서는 부정적 평가가 주를 이루고 있는 듯하여 매우 염려스럽다. 주일날 주차 문제 때문에 민원이 제기되는 경우가 적지 않다고 한다. 이와 더불어 전도의 열정도 과거에 비해 많이 식었다. 전도하는 신앙생활보다는 점점 더 개인 중심의 신앙이 만연해지고 있다. 소위 말하는 '서구형' 교회로 변하고 있는 것이다. 예수님이 우리 앞에 나타난다면 분명, 맡겨 놓으신 전도 사역의 긴급성과 중요성에 대해 따끔하게 지적하실 것이다. 차갑지도 뜨겁지도 않은 미지근한 물 같아서 토해버리고 싶은 라오디게아교회를 향한 경고를 기억해야 한다. 요한계시록 3장 16절 만약 앞으로

도 이와 같은 추세가 계속된다면 한국 교회의 미래는 어두울 수밖에 없다. 세계에 복음을 전파하던 서유럽 교회들의 현재 모습을 보며 반드시 변화를 추구해야 할 때이다.

많은 이들이 전도에 대한 두려움을 갖고 있다. 그리고 잘못된 전도 방법으로 세상 사람들에게 '무례하다'는 평까지 들으며 상당히 위축되어 있다. 전도의 전략을 재정비 할 때가 된 것이다. 그런 의미에서 전도에 온전한 소통을 이루는 원리들을 적용해 보고자 한다. 하나님께서 눈높이를 맞추며 소통하셨듯 우리도 세상 사람들과 눈높이를 맞출 전략이 필요한 때이다.

역사를 통해 볼 때 전도는 문화, 언어, 정치적 흐름에 맞추어 계속 변화되어 왔다. 물론 메시지가 바뀐 것이 아니라, 전도 대상의 눈높이에 맞춰 전달 체계가 바뀌어 온 것이다. 사도 바울이 고린도전서 9장 22절 이후에서 말하듯 '대상들과 같이 되었다'는 것이다. 마치 예수 그리스도가 하나님이심에도 불구하고 인간과 같이 되신 것과 마찬가지다. 여기서 '되었다'는 것은 타협이나 정체성을 포기했다는 것을 의미하는 것은 아니다. 예수님이 온전한 인간이었으며 동시에 온전한 하나님이셨던 것과 비교할 수 있다.

또한 대상의 눈높이에 맞추어 겸손하게 다가가는 태도라 말할 수 있다. 이것은 결코 쉬운 일이 아니다. 그저 만들어지기보다는 수많은 자기 훈련과 노력을 필요로 하는 일이기 때문이다.

사도 바울은 이러한 자신의 모습을 "내가 내 몸을 쳐 복종하게 함"[고린도전서 9장 27절]이라고 표현했다. '몸을 친다'는 표현은 '자신을 심하게 다룬다'는 의미를 지니고 있다. 또한 '복종하게 함'이라는 단어는 '종으로 만들어 버린다'는 의미이다. 이러한 표현은 사도 바울이 얼마나 철저하게 자신을 다스리며 맡겨진 일에 충성을 다했는지를 알 수 있게 해준다. 사도 바울은 예수님과 같이 의사소통의 달인이었다. 예수님처럼 사도 바울도 자신의 스타일을, 자신의 능력을, 자신의 메시지를 낯설어 하는 사람들을 끌어 모았고, 창조적인 방법으로 그들에게 다가섰다. 예를 들어 아테네라는 곳에 가서는 당시의 에피쿠로스와 스토아 철학자들과의 변론을 통해 사람들과의 소통을 시도했다. 또 고린도교회를 향해서는 철학과 같은 '인간의 지혜'를 통하기 보다는 복음의 정수인 '예수 그리스도와 십자가'에 초점을 맞췄다.^{고린도전서 2장 1~2절} 한번도 얼굴을 보지 못한 이들을 향해서 그의 신학대전이라 할 수 있는 로마서를 보냄으로 자신의 방문을 준비시키기도 했다.^{로마서 1장 13절}

물론 우리 모두가 사도 바울과 같은 소통의 달인이 될 수는 없을 것이다. 그러나 그로부터 배워야 하는 한 가지가 있다. 바로 믿지 않는 자들을 향해 뜨겁게 뛰는 그의 마음이다. 그의 소통의 핵심은 기술이 아니라 태도였으며 진심에서 우러난 마음이었음을 기억해야 한다.

"어떻게 하면 저도 당신처럼 될 수 있을까요?"

어떤 이가 열정이 가득한 수도자 테레사 수녀에게 물었다. 테레사 수녀의 답은 의외로 간단했다.

"당신만의 캘커타를 찾아 보세요."

테레사 수녀는 그리스도인의 삶의 본질을 정확히 꿰뚫고 있었다. 진정한 지식이란 실천을 통해서 완벽하게 얻을 수 있는 것이다. 전도도 잃어버린 영혼들을 향한 안타까운 마음이 있을 때만 가능하다.

한국 교회가 지금의 이미지를 바꾸고 전도의 열정을 회복하기 위해서 반드시 필요한 기도가 있다. 우리 모두에게 관점의 변화가 일어나야 하는 것이다. 은혜가 우리의 시야를 치료하고 그래서 하나님의 시선으로 사람들을 바라보며 그들을 사랑할 수 있도록 도와야 한다. 사랑하는 마음이 있으면 눈높이를 맞출 수 있게 되며 눈높이가 맞으면 비로소 소통이 시작된다. 결국, 하나님과의 소통이 단절된 이들을 하나님께로 인도하는 전도는 성공적인 소통을 통해서만이 가능한 것이다.

Relationship
인생은 관계다

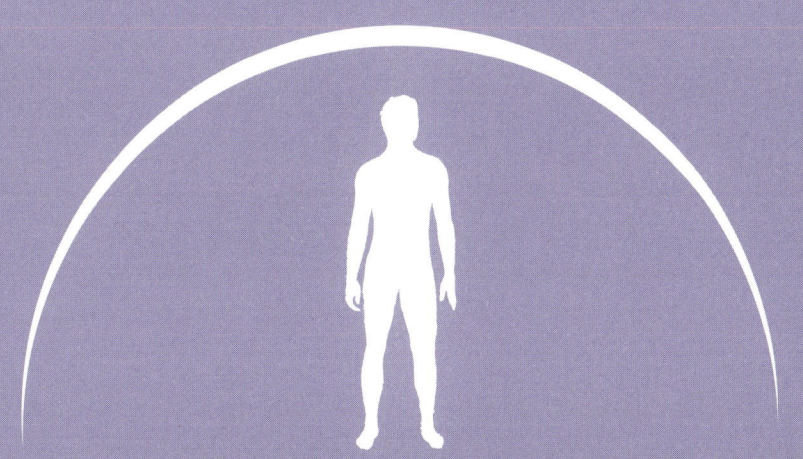

몇 달 전, 친구 목사님이 암으로 아내를 떠나보냈다. 긴 투병이었지만 중간에 호전되는 기미가 있어 치유의 소망으로 함께 기뻐하기도 했었는데 말이다. 그의 아내가 세상을 떠나기 전, 친한 친구들이 부부 동반하여 기도하며 교제하는 시간을 가질 수 있었다. 그런 소중한 시간을 가질 수 있었던 것이 그나마 조금 위안이 되기도 한다. 그 후 수개월 동안 참 잘 견디고 있는 듯 보이던 그 목사님이 얼마 전 자신의 속내를 털어놨다.

그는 뒤늦게 목회의 길로 들어선 사람이다. 이 길을 선택하기까지 그는 세상에서 '노는 것'을 즐기고 방탕한 삶을 살며 기도하는 아내를 무시하던 사람이었다. 그런 방탕한 삶이 그의 건강을 상하게 만들었고, 병을 고치려고 신앙을 가진 후 하나님께 간절히 매달린 덕분에 건강을 회복할 수 있었다. 이 일을 계기로 그는 목회의 길을 선택하고 아내와 함께 교회 개척을 시작했다.

가진 것이라곤 하나 없이 오직 하나님을 향한 믿음만으로 시작한 교회 개척은 그들 삶의 전부가 되었다. 컨테이너를 개조한 집에 사는 것도 그들에겐 문제가 되지 않았다. 두 딸아이를 낳고 중고등학생이 될 때까지 네 식구가 그렇게 살았다. 집이 불편해서 그런지 집보다 교회 강단 밑에서 기도하고 설교 준비한 시간이 더 많았다. 그야말로 부부생활과 가족과의 관계보다는 교회에 전부를 올인한 것이다. 모든 것을 희생했고 기도와 섬김이 그들 삶의 전부였던 것이다.

그런 헌신적인 삶과 하나님의 은혜 덕택에 교회 하나가 잘 서게 되었고, 지속적으로 성장했다. 그렇다고 가족들과 보내는 시간이 풍족해진 것은 전혀 아니었다. 그 전보다는 더 나은 삶을 누릴 수 있었지만 여전히 가족과의 삶은 뒷전이었다.

얼마 후, 교인수가 늘면서 교회 건물이 너무 좁아 성장의 한계에 부딪혔다.

결국 멀지 않은 곳에 형성되는 신도시에 제2의 교회를 개척하기로 결정했다. 신도시 형성 지역에 교회 부지를 매입하고 다시 기도로 매달렸다. 새로운 개척에 또 다시 삶의 모든 것을 드리게 된 것이다. 그렇게 제2교회를 세워가는 도중에 그의 아내에게는 말기 암이 선고되었다. 그러나 중도 하차를 할 수 없는 상황이었기에 암 치료를 받으면서도 교회 건축에 매달려야 했고, 결국 그의 아내는 교회 완공을 한 달 앞두고 세상을 떠나 버리고 말았다.

아내를 보낸 후에도 목사님은 겉으로 보기에 꿋꿋해 보여서 '역시 믿음으로 잘 이겨내는 사람은 다르구나'라고 생각했다. 그런 목사님이 입을 연 것이다. 자신의 삶을 돌아보니 아내와 좀 더 개인적 관계를 갖지 못한 것이 너무나 아쉽다고 했다. 차마 아내를 그대로 떠나 보낼 수 없어, 화장한 재를 집의 장롱 속에 넣어 놓고 단지를 만지며 그리워했다고.

힘든 마음을 나눈 후 그 목사님은 외국에서 집회를 하며 안식의 시간을 가졌다. 자신의 인생을 돌아보며 분석할 기회를 가진 후에 그가 내린 결론은 결국 인생에서 가장 중요한 것은 '관계'임을 뼈저리게 느꼈다고 고백했다. 이제부터는 자신과 연결되는 모든 관계를 더 소중하게 다루겠다고 결심했고 우리 친구 목사님들과의 만남도 더 소중한 관계로 남기를 원한다고 했다.

관계의 소중함에 대한 그의 이야기를 듣고 최근에 급작스럽게 바로 아래 여동생을 병으로 떠나 보낸 한 목사님도 자신의 마음을 토로했다. 어렸을 때 싸우기도 하며 항상 함께 성장한 여동생을 너무나 갑자기 떠나 보내게 되어 그 허전함에 힘들었다고 했다. 같은 교회에서 권사로 섬겼기에 항상 함께 있을 줄 알았던 동생의 부재가 커다란 충격으로 다가왔다고. 그날 저녁식사를 하면서 시작된 대화는 찻집으로 이어져 자정이 지나서야 끝이 났다. '인생이 불행한 것은 짧다는 것에 있지 않고, 소중한 것을 너무나 뒤늦게 깨닫는 것에 있다.'는 격언이 생각나는 밤이었다.

'관계'로 시작해서 '관계'로 끝나는 인생

베스트셀러 작가이자 관계 전문가인 개리 스몰리는 『관계 DNA』에서 "인생은 관계이고, 나머지 모든 것은 부수적인 것이다. 이것은 가장 위대한 진리이다. 인생에서 정말 중요한 것은 관계다."라고 말했다. 인간의 삶을 평가해 볼 때 너무나 적절하며 중요한 결론이다.

이 세상을 향한 커다란 울음으로 자신의 등장을 알리는 순간부터 인간의 관계는 시작된다. 제일 먼저 시작하는 것은 부모와의 관계이다. 심리학에서는 '본딩bonding'이라는 표현으로 부모와의 특별하게 '접착된' 관계의 소중함을 강조한다. 이것을 통해 심리적 안정감을 얻게 되며, 사랑 받는 존재임을 알게 된다. 그리고 그 가운데 성장하면서 서서히 한 개인으로의 독립성을 찾아가게 된다. 이러한 과정을 통해 '바운더리boundary'라고 하는, 부모와의 적절한 '경계'가 형성된다. 독립적 개체로서의 책임 및 의무 또한 함께 형성되어 가는 과정이다. '본딩'과 '바운더리' 모두 건강한 한 인간을 만들어 가는 데 있어 필수적이다.

둘 중 하나가 결핍되거나 과잉으로 균형이 깨지면 문제가 일어나게 된다. '본딩'이 부족하면 애정결핍증과 같은 현상이 생긴다. 성장해가면서 채우지 못한 것에 대한 '갈증'과 '허기'를 느끼는 것이다. 또한 '바운더리'가 부족하면 철딱서니 없는 성인이 될 가능성이 있다. 어른이 된 후에도 사회에 적응하지 못한 채

어린아이와 같은 행동을 하는 피터팬증후군Peter Pan syndrome을 지닌 사람, 즉 책임감이 없고, 항상 불안해하며 현실에서 도망쳐 자기만의 세계에 빠져드는 경향을 가진 사람이 될 수 있다.

우리는 살아가며 수많은 관계를 맺는다. 그 가운데서 때로는 좋은 관계를 만들기도 하고, 때로는 상처의 피해자 혹은 가해자가 되는 '악연'을 만들기도 한다. 관계를 시작하기도 하며, 끝내기도 한다. 또 다른 이와 관계를 가까이 하기도 하며, 때론 멀리하기도 한다. 관계가 소원해지기도 하며, 회복되기도 한다. 관계가 좋은 경우도 있고, 나쁜 경우도 허다하다. 이러한 것들이 쌓여 우리의 인생을 만들어 가고 있는 것이다. 어떤 경험을 했느냐에 따라 울고 웃으며 살아가는 것이 바로 인생이다. 그렇다고 살아있는 동안의 관계만이 중요한 것은 아니다. 삶을 마치는 순간까지도 관계는 여전히 소중하다.

흔히 '눈을 못 감는다'는 표현을 하는데 죽으면서 눈을 못 감는 이유는 '사랑하는 사람을 두고 떠나는 안타까움'이든 '철천지한을 해결하지 못한 원통함'이든 결국 '관계' 때문이다. 건강한 의존dependence관계의 형성을 통해, 건강한 독립independence적 인격체로 설 수 있으며, 그럴 때 다른 이들과의 건강한 상호의존interdependence관계가 가능해진다.

인간 관계를 잘하면 성공의 길이 열린다

인생이 관계로 이루어져 있다면 그 인생의 성공 또한 관계에 달려있을 수밖에 없다. 실제 최고의 동기부여 전문가로 꼽히는 브라이언 트레이시 역시 성공의 85퍼센트는 인간관계에 있다고 주장한다.

지적 지능을 우선적인 성공의 척도로 여기던 때가 있었다. 소위 말하는 아이큐 I.Q., Intelligence Quotient를 최우선적으로 따지던 시대였다. 그러나 아무리 지적 능력과 재능이 뛰어나다고 해도 인간관계에서 삐걱거린 사람은 결국 성공의 한계에 부딪혔다. 무언가 다른 기준과 설명이 필요했을 90년대 초, 다니엘 골만의 저서인 『감성지능 Emotional Intelligence』이 베스트셀러가 되면서 새로운 평가 지수로 각광받게 되었다. 이는 일반적으로 이큐 E.Q., Emotional Quotient 또는 Emotional Intelligence Quotient라고 알려진 개념으로 나중에는 사회지능 Social Intelligence 으로 자연스럽게 연결되었다. 자신뿐만 아니라 다른 이들의 감정을 인지하고, 평가하며, 관리하는 정서적인 능력을 재는 척도를 말하는 것이다. 이 능력이 뛰어나면 다른 이들과 관계를 맺고 유지하는 데 탁월하다고 말한다. 엔큐 Network Quotient나 관계통화 Relational Currency 등도 새롭게 등장한 용어들인데 모두 인생 성공 공식에서 가장 중요한 변수는 '관계'임을 말하고 있다.

관계 능력이 인생의 성공을 좌우한다는 말은 결코 과장이 아니다. 길가는 직장인들 아무에게나 물어봐도 직장생활에서의 인간관계는 무엇보다 중요하다고 말할 것이다. 누구든 상사와의 관계, 동료와의 관계, 부하와의 관계, 기타 업무상 관련 있는 모든 사람들과의 관계에서 떠나 존재할 수 없기 때문이다. 신입사원들을 대상으로 '사회초년생으로 가장 어려운 것이 무엇인가'라는 질문을 했는데 가장 많이 나온 답은 58%를 차지한 '상사나 동료와의 대인관계'였다고 한다.

상사의 입장에서도 관계 문제가 그리 쉬운 것은 아니다. 부하는 상사가 어렵고 편하지 않은 반면, 상사는 또 늘 부하가 성에 차지 않는다. 고부관계에 버금가는 영원한 딜레마의 관계다. 아마도 실적에 따라 자신의 리더십이 평가 받게 되기 때문일 것이다. 그것을 위해 상사는 부하직원들과의 관계를 원만하게 유지하기 위해 노력해야 한다. 또한 그들이 가진 역량을 최대한 발휘하도록 해줄 부담을 짊어지고 살아간다. 결국 어느 위치에 있던지 간에 쉬운 입장은 없는 듯하다. 윤활유가 부족하면 기계가 삐걱거리듯 관계 능력이 없으면 생존할 수 없는 세상이다. 성공을 꿈꾸고 있는 사람이라면 필수적으로 갖추어야 할 것이 무엇보다 관계 능력임을 기억하자.

관계마다 켜져 있는 빨간 신호등

관계는 성공을 좌우하는 중요한 잣대일 뿐 아니라 그 자체가 성공한 인생의 결과이기도 하다. 게리 스몰리는 자신의 책에서 "우리는 관계를 위해 창조되었다."고 말했다. '인생관'이 곧 '관계관'으로 요약된다는 것이다. 그만큼 관계가 중요하다는 이야기이다. 이 관계라는 측면으로 세상을 보면 과연 어떤 모습일까. 한 마디로 세상의 관계들은 지금 위기에 놓여 있다고 할 수 있다.

가장 가까워야 할 관계인 가정만 봐도 심각성을 알 수 있다. 먼저 빨간 불이 켜진 부부간의 관계를 보자. 연도별 이혼건수를 백분율로 계산하면 47.4%가 된다는 엄청난 연구 보고까지 나와 있다. 물론 이것을 보며 두 쌍 중에 한 쌍이 이혼한다고 결론내리는 것은 통계적 오류이다. 한 해에 일어난 지난해의 이혼은 그전에 결혼한 커플의 누적 결혼 수에서 나온 건수이기에 그렇다. 실제로 부부 11쌍 중 1쌍이 이혼하는 정도라고 한다. 과거와 비교해 볼 때 엄청난 숫자인 것은 사실이다.

최근에 와서는 이혼율이 약간씩 줄어들고 있다고 하는데 이를 두고 2008년 6월부터 자녀가 있는 부부는 3개월간 숙련기간을 거치도록 하는 '이혼숙려제'의 시행 때문이라는 분석도 있다. 최소한 충동이혼, 홧김이혼은 줄었을 것이기 때문이다. 한편으로는 다행이라고 여길 수 있는 부분이다.

　그러나 깨어진 관계의 심각한 증거는 '황혼이혼'의 통계에서 발견된다. 중년 이상 연령층에서의 이혼율이 지속적으로 상승하고 있다. 최근 평균 이혼연령을 보아도 남자 42.6세, 여자 39.3세로 지속적인 상승을 나타내고 있다고 한다. 왜 이런 일이 일어나는 걸까? 이혼을 요구하는 한 60대 여성의 이혼재판을 맡은 판사는 미혼의 아들을 위해서라도 참으라고 만류했다고 한다. 그러나 그녀는 "이제 약간의 폭언도 받아줄 여력이 없을 만큼 늙고 지쳤다."고 말했다. "남편의 하녀 노릇은 30년이면 충분하다. 제발 이혼시켜달라."고 하며 오히려 판사를 설득했다는 것이다.

　바로 이것이 황혼이혼 상담자들이 가장 많이 하는 하소연이라고 한다. 황혼이혼은 일순간의 감정이 아닌 심사숙고형 이혼에 해당한다. 당연히 이혼숙려제도 큰 도움이 되지 않는다. 황혼이혼의 증가는 노년기 부부의 갈등이 증폭되고 있다는 증거이다. 검은 머리 파뿌리가 되도록 화목한 부부로 늙어간다는 것은 결혼식장의 주례사에서나 듣는 말이 아닐까 심히 걱정스럽다.

　이외에도 관계가 깨어지고 있는 수많은 증거들이 있다. 오랫동안 대화가 끊긴 부모와 자녀의 관계는 그리 낯설지 않다.

　학교폭력도 심각한 수준에 도달했다. 청소년 폭력 예방 재단의 2007년 학교폭력 실태 파악 자료에 의하면 학교폭력 피해 경험율이 16.2%였다고 한다. 그 중에 60% 이상이 신고를 하지 않는다고 하니 알려진 통계보다 훨씬 더 심각한 수준이다.

직장에서는 상사와의 갈등이 표면화되고 있다. 한 설문 결과에 따르면 응답자의 75.7%가 '직장상사 때문에 이직을 결심해 본 적이 있다'고 답했다고 한다. 실제로 기업체 직원들이 회사를 떠나는 이유는 회사나 일 때문이 아니라 주로 자신을 못살게 구는 상사가 싫어서라고 한다. 남아 있는 사람들의 경우에도 "회사는 선택할 수 있어도 상사는 선택할 수 없다."는 자포자기식의 표현으로 위로하고 있다고 할 정도이다.

갈수록 강화되는 공항 보안검색은 지구촌 전체에 심각한 관계 문제가 있음을 보여준다. 한 예로 2009년에 예멘을 관광하던 한국 관광객 4명이 10대의 자살 폭탄으로 인해 사망했다. 이 사건은 우리나라 사람들도 알카에다의 테러 대상이 된다는 사실을 보여주었다.

한마디로 말해 당연하게 여기던 관계가 무너져 가고 있으며, 온통 깨어진 관계가 널려 있는 세상이다.

관계의 소중함을 말해주는 두 가지 이야기

요즘 들어 관계에 대한 관심이 부쩍 높아진 듯 관련된 책이 많이 출판되었고, 그 중 베스트셀러를 차지한 서적도 적지 않다. 카네기멜론대학 랜디 포시 교수의 『마지막 강의 The Last Lecture』도 그 중의 하나이다. 췌장암 말기 상태로 얼마 남지 않은 그가 인생을 아름답게 마무리 함으로써 전 세계의 수많은 이들을 감동시킨 이야기다. 그가 남긴 가장 중요한 교훈 역시 인생에서 가장 중요한 것은 '관계'라는 것이다. 그것과 관련하여 내게 진한 감동을 주었던 이야기가 생각난다.

어느 날 새로 뽑은 그의 폭스바겐 카브리오 컨버터블에 누나가 자신의 두 아이를 태우기 앞서 주의를 주었다.

"랜디 삼촌 새 차니까 조심해라. 타기 전에 발 털고 아무거나 건드리지 마라. 더럽히지도 말고."

엄마가 자녀들에게 흔히 일러주는 말이었다. 그는 그때 이런 생각을 했다고 한다.

"저런 훈계로 아이들의 기를 죽이다니. 당연히 차를 더럽힐 수 있어. 아이들이니까 어쩔 수 없잖아."

그는 그 생각을 행동으로 옮겼다. 누나가 그러한 규칙들을 설명하고 있을 때 그는 음료수 캔을 따서 뒷좌석 천 시트에다가 부어버렸다. 그것을 통해 그가 전하고자 했던 것은 사람이 물건보다 중요하다는 것이었다. 그것을 본 조카들은 입이 떡 벌어지고 눈이 휘둥그래졌을 것이다. 그 주말에 독감에 걸린 조카 하나가 뒷좌석에 먹은 걸 다 토해버렸다. 그는 이 사건을 돌아보며 다음과 같이 말한다.

"그때 그 조카는 죄책감을 갖지 않아도 되었다. 그는 안심했다. 내가 차에 콜라 세례를 주는 모습을 이미 목격했기 때문이다."

'마지막 강의'는 원래 카네기멜론대학에서 매년 특정한 교수를 초청해서 진행하는 강의다. 강사는 '만약 인생에서 마지막으로 강의를 한다면'이라는 가정 하에서 내용을 정한다고 한다. 자연스럽게 자신이 전공한 영역보다는 자신의 인생 경험이나 교훈을 나누는 것이 일반적이다. 다른 이들에게는 '마지막'이라는 말이 가정이었으나 포시 교수에게는 현실이었다. 삶이 얼마 남지 않은 상태에서 강의 요청을 받았을 때 그의 아내가 말했다.

"아주 조금이라 할지라도 당신이 이 강의를 위해 쓰는 시간은 모두 잃어버린 시간이 되는 거예요. 왜냐하면 그 시간은 아이들과 나에게서 빼앗아간 것이니까요."

고민거리는 그 뿐만이 아니었다. 예정된 날짜에 강의를 하려면 전날 집에서 출발해야 하는데, 그날이 하필 아내의 마흔한 번째 생일이었다.

"우리가 함께 보내는 마지막 내 생일이라고요. 그날 나를 떠나 강의를 하러 가겠다는 말이잖아요."

이러한 아내의 만류에도 불구하고 그는 강의를 수락하였다. 부모로서 자녀들에게 삶에 나침반이 될 수 있도록 살아온 이야기를 들려주고 싶었던 것이다. 부모로서의 그런 욕망이 '마지막 강의'를 하게 된 이유였던 것이다. 그는 말한다.

"만약 내가 화가였다면 아이들을 위해 그림을 그렸을 것입니다. 음악가였다면 작곡을 했을 것입니다. 그러나 나는 강의를 하는 교수입니다. 그래서 강의를 했습니다."

그는 강의의 마지막 부분에 이러한 의도를 분명히 밝혔다.

"이 강의는 여기 모인 사람들을 위한 것만은 아니었습니다. 실은 오늘 이 강의는 내 아이들에게 남기는 것입니다."

그 말을 하며 그는 그가 준비한 마지막 슬라이드를 보여 주었다. 마당의 그네 옆에 서서 그의 오른팔과 왼팔 그리고 어깨 위에 각각 한 살, 두 살, 다섯 살인 세 아이들이 올라타 있는 사진이었다. 아이들을 위한 인생 교훈을 남기고자 최선을 다하는 아버지의 모습을 보여주는 순간이었다.

　우리 나라의 경우, 소설가 신경숙의 최근작 『엄마를 부탁해』는 랜디 포시 교수와는 또 다른 각도에서 관계의 소중함을 느끼게 한다. 많은 이들이 그 소설을 읽으며 어머니와의 관계를 생각하고 눈물 흘렸을 것이다.

　소설은 시골에서 올라온 엄마가 서울의 지하철 역에서 실종되면서 시작된다. 남은 가족들이 사라진 엄마의 흔적을 추적하며 기억을 복원해 나가는 과정이 그려져 있다. 가족들 모두 엄마를 잃고서야 그녀가 자신들의 삶에서 얼마나 중요한 존재였던지 뼈저리게 느낀다. 실종되기 전까지 항상 곁을 지키며 무한한 사랑을 줄 것 같은 엄마가 실종되면서 새로운 존재로 다가온 것이다. 엄마를 잃어버리기 이전에 이미 엄마를 거의 '잊고' 살았던 가족들은 엄마의 실종을 통해 '잃다'와 '잊다'와의 연결성을 생각해 보게 한다. 저자는 독자들을 향해 '어머니는 과연 당신에게 어떤 존재입니까'라는 질문을 던지는 듯 하다. 그와 더불어 '엄마가 옆에 있을 때에 잘하라'는 강력한 메시지를 주고 있다.

관계의 실타래가 엉키기 시작하는 이유

　이러한 높은 관심에도 불구하고 관계는 왜 갈수록 꼬이며 엉키는 것일까? 단순히 관계 형성 테크닉을 익힌다고 해결될 수 없는 듯하다. 미국의 경우만 보아도 관계 해결을 위한 전문 상담사 수가 폭발적으로 증가하고 있다고 한다. 그뿐 아니라 관계에 관해 수많은 조언을 담은 책들이 수없이 쏟아지고 있는 것이 현실이다. 그럼에도 불구하고 관계가 점점 더 악화되고 있음을 보며 좀더 근본적인 접근이 필요하다는 결론에 이르게 된다. 인간의 본성에 관한 심리학자들과 철학자들의 분석을 들어볼 필요가 있다.

결론적으로 말하면 인간은 '치명적 결함'을 지닌 채 태어난다는 것이다. 가슴 한 켠에 빈칸을 지니고 태어나며, 그 빈칸은 스스로의 힘으로 채울 수 없다. 의식주가 해결이 되고, 안정이 있고, 사랑할 수 있는 공동체가 있고, 존경을 받고, 자아실현을 하는 등 어떤 것을 좇아가더라도 그 빈칸은 채워지지 않는다. 그 빈칸이 채워지기까지 인간은 '영원한 그리움'을 지닌 존재일 수밖에 없다는 것이다. 또한 실존주의 철학자들이 말하는 '한계상황Grenzsituation'이란 것이 있다. 이는 생로병사처럼 인간의 힘만으로 절대로 넘을 수 없는 벽을 일컫는다.

한계상황에 속하는 것에는 여러 가지가 있는데 '고독'도 그에 속한다고 보았다. 그들은 '인간은 근본적으로 고독한 존재'로 보았으며 혼자 있을 때뿐만 아니라 군중 속에서도 고독하고, 부부간에도 고독하고, 사람과 사람들 간의 만남 속에서도 고독함을 느낀다는 것이다.

물론 인간은 이런 고독함을 채우고자 부단히 노력한다. 그러나 쇼펜하우어의 지적처럼 그것은 마치 고슴도치가 추위를 이겨내기 위해 서로에게 가까이 가는 것과 같다. 어느 정도 지나면 몸에 난 가시로 서로를 찌르기 시작하며 그 아픔 때문에 결국 밖으로 나가 얼어 죽는 것을 택하는 존재가 인간이며, 고독의 문제를 알고 있음에도 불구하고 스스로 해결할 수 없는 존재가 인간이라는 것이다. 왜 그렇게 우리들의 관계가 자꾸 뒤틀리는지를 생각해 보게 된다.

인간관계 회복의 열쇠

그렇다면 인간관계가 지닌 딜레마에 대한 탈출구는 없는 것일까? 인간의 본질적 문제를 연구하는 이들 가운데 해결책을 제시한 이들이 있다. 예를 들어 칼 융은 인간이 지닌 '영원한 그리움'을 '그림자'로 비유하여 설명했다.

인간은 그리움을 채우기 위해 끝없이 방황한다. 그러나 이 세상 그 어떤 곳에서도 그 방황의 끝을 만나지 못한다. 왜냐하면 세상에서 발견하는 '대상'들은 단순한 '그림자'에 불과하기 때문이다. 그는 그림자가 있다는 것은 어딘가에 실재가 존재한다는 것을 뜻하며, 그 실재가 바로 절대자인 하나님이라고 말했다. 하나님과의 진정한 만남을 통해서만이 그 그리움이 해결될 수 있다는 것이다. 프랑스 철학자 파스칼 역시 유사한 주장을 했다. 모든 사람은 평생 더 나은 것을 갈망하는 깊은 욕구를 가지고 태어나며, 그 갈망은 하나님을 아는 것으로만 채울 수 있다고.

실존주의 철학자들이 지적한 한계상황의 해결에 관해 키에르케고르는 '절대자 앞에 발가벗은 채로 서야 한다'고 주장한다. 절대자 앞에 홀로 서서 그분과 실존적 만남을 통할 때만 그런 한계상황을 해결할 수 있다는 것이다. 그는 심지어 자신이 철학을 하는 이유 자체도 '더 좋은 그리스도인이 되기 위해서'라고 했다. 하나님과의 만남이 문제의 해결책일 뿐 아니라 그분과의 함께함이 그의 삶의 목적이라는 것이다.

모든 문제에는 원인이 있기에 그 근본 원인을 다스릴 때만이 온전히 해결할 수 있다. 영어 단어 중에 'radical^{근본적인, 과격한}'이라는 단어가 있다. 이 단어는 '뿌리'라는 의미를 지닌 'radix'라는 라틴어에서 파생했다. 인간이 지닌 근본 문제를 해결하기 위해 이보다 더 적절한 단어가 없어 보인다. 세상에서 제시하는 해결책과는 근본적으로 다르며, 그런 의미에서 과격한 방법 외에는 없다. 더 이상 피상적인 해결책을 찾기보다는 우리의 근본 되신 하나님 앞에 서야 한다.

성경을 보면 인간이 경험하는 모든 문제는 하나님과의 깨어진 관계로부터 시작되었음을 알 수 있다. 창세기 1장과 2장에는 하나님께서 인간을 창조하신 이야기가 기록되어 있다. 인간은 다른 창조물과는 달리 '하나님의 형상'을 좇아 특별하게 만들어진 존재다. 하나님은 그들을 에덴동산이라는 낙원에 두시고 맘껏 자유를 누리며 살도록 하셨다. 그러나 단 한 가지 '선악을 알게 하는 나무의 열매'는 먹지 말도록 명령하셨다. 그 외에는 모든 것이 허락된 삶이었다.

그러나 최초의 인간, 아담과 이브는 뱀으로 변장한 사탄의 시험에 넘어가 그 명령을 어기게 된다. 그 순간부터 하나님의 관계에 금이 가버린 것이다. 명령을 어겼기에 그 죄로 인한 두려움으로 하나님의 낯을 피하기 시작한 것이다.창세기 3장 8절 하나님이 부르는 소리를 향해 "내가 동산에서 하나님의 소리를 듣고 내가 벗었으므로 두려워하여 숨었나이다"창세기 3장 10절라고 아담은 답한다. 풍성한 교제의 관계에서 두려움의 관계로 변질되어 버렸다.

이로 인해 그들은 에덴동산에서 쫓겨나게 되었다. 그 뿐 아니다. 출산의 고통과 함께 고달픈 수고를 하지 않고는 살 수 없게 되었다. 그들은 하나님의 명령을 어긴 대가로 '죽게' 되어 버린 것이다.창세기 2장 17절 여기서 '죽게 되어 버렸다'는 것은 단순히 영원히 살지 못하고 어느 정도 살다가 흙으로 돌아간다는 의미 이상을 지니고 있다. 로마서의 두 구절을 살펴보자.

로마서 3장 23절을 보면 "모든 사람이 죄를 범하였으매 하나님의 영광에 이르지 못하더니"라고 했다. 죄의 결과로 인해 하나님과의 교제가 끊어져 버렸다는 것을 말한다. 또 로마서 6장 23절에서는 "죄의 삯은 사망이요 하나님의 은사는 그리스도 예수 우리 주 안에 있는 영생이니라"고 말하고 있다. 죄를 열심히 섬기면 '삯'을 받게 되는데 그것이 결국 '사망'이라는 얘기다. 이와는 대조적으로 예수를 믿으면 하나님은 '영생'을 선물로 주신다고 말한다. 흙으로 돌아갈 뿐 아니라 하나님과 단절되었던 교제가 회복되고 그 기쁨을 누리며 영원한 삶을 얻을 수 있다는 말이다.

하나님과의 관계 회복으로 삶의 빈칸을 채워라

인간과 하나님과의 관계회복에 있어서 하나님의 입장을 살펴보는 것이 중요하다. 우리가 간절히 원한다고 해도 하나님이 거부하면 이루어질 수 없기 때문이다. 누가복음 15장에 기록되어 있는 '돌아온 탕자'의 비유를 통해 인간을 향한 하나님의 마음을 잘 읽을 수 있다.

사실 '돌아온 탕자'라는 제목은 그리 적절한 것이 못 된다. 전체적으로 살펴볼 때 탕자였던 아들이 돌아왔다는 사실에 초점이 있는 것이 아니라, '배은망덕한 탕자'를 잊지 않고 끝없이 기다리고 있는 아버지의 모습에 초점이 맞추어져 있기 때문이다. 만신창이가 되어 돌아오는 아들을 먼 발치에서 발견하고 벗은 발로 달려가 맞이하는 아버지는 그를 아들 중의 아들로 받아주며 '사랑의 한계가 없는 부모'의 모습을 잘 보여준다. 이 비유를 통해 가르쳐 주시는 교훈은 분명하다.

문제는 어떻게 하나님께로 돌아가 죄로 인해 끊어진 관계를 회복하는 것인가에 있다. 성경은 이에 대해 너무나도 단순한 방법을 친절하게 가르쳐준다.

> 네가 만일 네 입으로 예수를 주로 시인하며 또 하나님께서 그를 죽은 자 가운데서 살리신 것을 네 마음에 믿으면 구원을 받으리라 사람이 마음으로 믿어 의에 이르고 입으로 시인하여 구원에 이르느니라 로마서 10장 9~10절

예수를 믿고 시인하면 구원을 받는다는 것이 복음의 핵심이다. 너무나 단순해서 "그게 정말이야?"라고 반문할 정도이다. 우리의 입장에선 매우 단순하고 간단한 것 같으나 믿음의 대상이 되는 예수님에게는 그리 간단한 것이 아니었다. 자신과는 아무 관계조차 없는 우리 모두의 죄를 짊어지고 십자가라는 극형을 선택하셔야 했기 때문이다. 로마서 3장 25~26절을 보면 이러한 예수님의 죽음과 거기에 담긴 하나님의 뜻이 기록되어 있다.

> 이 예수를 하나님이 그의 피로써 믿음으로 말미암아 화목제물로 세우셨으니 이는 하나님께서 길이 참으시는 중에 전에 지은 죄를 간과하심으로 자기의 의로우심을 나타내려 하심이니

예수를 믿는 것만이 하나님과의 관계를 회복하는 길이다. "그러므로 우리가 믿음으로 의롭다 하심을 받았으니 우리 주 예수 그리스도로 말미암아 하나님과 화평을 누리자"고 로마서 5장 1절은 말하고 있다. 믿음의 행위를 통해 끊어졌던 교제가 회복되는 것이며 하나님이 우리 편이 되시는 것이다. 성경에서 약속하듯 우리와 함께 하며 도움을 주시는 하나님을 개인적으로 경험하며 살 수 있게 되는 것이다. 하나님이 친히 지혜와 능력으로 우리의 삶 속에 세밀하게 역사하시면 우리 앞에는 어떤 삶이 펼쳐지게 될까? 로마서 8장 32절에 그 답이 있다.

> 자기 아들을 아끼지 아니하시고 우리 모든 사람을 위하여 내주신 이가 어찌 그 아들과 함께 모든 것을 우리에게 주시지 아니하겠느냐

더 이상 과거의 치명적 결함의 존재가 아니라 새로운 존재로서의 삶을 누릴 수 있게 되는 것이다. 결국 하나님과의 관계 회복을 통해 우리 모두가 지닌 삶의 빈 칸이 채워지고 한계상황이 극복되며 영원한 그리움이 사라져버릴 수 있게 된다.

예수를 믿은 후 죄를 지으면 다시 부족한 옛모습으로 돌아가는지 질문할 수 있다. 물론 이사야서 59장 1절과 2절에 나와 있듯 죄는 하나님과의 관계에 손상을 미친다.

> 여호와의 손이 짧아 구원하지 못하심도 아니요 귀가 둔하여 듣지 못하심도 아니라 오직 너희 죄악이 너희와 너희 하나님 사이를 갈라 놓았고 너희 죄가 그의 얼굴을 가리어서 너희에게서 듣지 않으시게 함이니라

그러나 한번 회복한 관계를 잃어버리지 않는다고 성경은 약속하고 있다. 죄를 지으면 옛날의 끊어진 관계로 되돌려지는 것이 아니라, 그에 관한 해결책 또한 마련되어 있다.

> 만일 우리가 우리 죄를 자백하면 그는 미쁘시고 의로우사 우리 죄를 사하시며 우리를 모든 불의에서 깨끗하게 하실 것이요 요한일서 1장 9절

인격적인 하나님께서 죄때문에 관계가 막힐 수 있는 경우까지 고려하여 해결책을 마련해주고 계신 것이다. 하나님이 어떤 성품을 가진 분인가를 다시금 깨닫게 한다.

건강한 자아가 건강한 관계를 형성한다

하나님과의 관계가 회복될 때 인간이 지닌 치명적 결점이 고쳐지기 시작한다. 그 중에 가장 큰 변화는 시각 및 관점의 변화이다. 무엇보다도 자신을 바라보는 자아상에서 변화가 일어나기 시작하는 것이다. 관계와 관련된 자아상은 매우 중요한 요소이다.

탈무드에 "사람은 사물을 있는 그대로 보지 않는다. 자신의 모습 그대로 본다."는 말이 있다. 정체성이 시각과 관점에 영향을 준다는 얘기다. 따라서 정체성의 변화가 자아상에도 영향을 주게 된다. 건강한 자아상을 가지고 있을 때 비로소 관계 형성에 있어서 가장 중요한 요소인 '신뢰'를 얻을 수 있다. 다른 이를 신뢰할 수 있으며 또한 다른 이들로부터 신뢰를 받을 수도 있다. 리더십 훈련 전문가인 스티븐 코비는 관계와 신뢰에 대해 이렇게 말했다.

"신뢰의 속도만큼 빠른 것은 없다. 신뢰의 속도는 인터넷보다도 빠르다. 신뢰는 삶의 접착제이다. 조직, 문화, 관계를 이어 주는 접착제이다. 모순되게도 신뢰는 느림에서 나온다. 사람들과의 관계에서는 빠른 것이 느린 것이고, 느린 것이 빠른 것이다."

인내하는 마음으로 신뢰를 가지고 천천히 형성해 갈 때 건강한 관계가 만들어질 수 있다는 것이다. 또한 그는 건강한 신뢰를 형성하는 데 있어 주도권을 가지는 훈련이 중요하다고 강조했다.

"신뢰는 동사이고 또한 명사이다. 그것은 사람들끼리 나누며 주고받는 것이다. 우리는 신뢰를 줌으로써 신뢰를 받는다. 동사로서의 신뢰는 신뢰를 받는 사람의 잠재적 신뢰성과 신뢰를 보내는 사람의 분명한 신뢰성에서 나온다. 리더는 신뢰를 동사로 만들어야 한다."

주고 받는다$^{give and take}$는 말처럼 먼저 줄 수 있어야 한다. 다른 이로부터 신뢰를 얻어가며 관계를 만들기 위해 주도적인 행동은 필수적이다. 삼성그룹을 창업한 이병철 회장은 사업과 연관한 '신뢰와 관계의 중요성'에 대해 다음과 같이 말했다.

"실력과 재능으로 사업에서 성공하는 것은 전투에서 승리하는 것이지만, 신뢰와 진실된 마음의 휴먼네트워크를 구축하는 것은 전쟁에서 승리하는 것이다."

상술과 상도에서의 차이를 잘 보여주는 말이다.

사람들이 왜 건강한 관계를 맺지 못하는가에 대해 분석해 놓은 연구자료를 살펴보면 하나의 공통점을 발견할 수 있다. 사람들마다 정도 차이는 있겠지만 일반적으로 사람들은 두 가지의 두려움을 가지고 있다고 한다.

첫째는 남에게 지배를 받는 것에 대한 두려움이다. 이것은 자신의 권력이라고 생각한 부분을 잃어버리는 것에 대한 두려움이기도 하다.

둘째는 분리에 대한 두려움이다. 이것은 사람들로부터 소외되어 외톨이가 되는 것에 대한 두려움이라고 할 수 있다. 예를 들어 사람들이 나를 따돌리고 있다는 거절감, 아무도 나를 사랑하지 않는 것 같고 사랑 받지 못하고 있다는 느낌, 나에게 뭔가 문제가 있다거나 내가 문제라는 느낌, 위선적인 느낌, 다른 사람보다 가치가 없는 듯한 열등감, 말과 행동이 무시당하거나 내가 쓸모 없게 느껴지는 기분, 자신이 존귀하지 않다는 굴욕감, 다른 사람이 나를 속이거나 조종하고 있다는 느낌 등이 그것이다. 한마디로 말해 사람들은 남에게 종속되는 것을 두려워하면서 동시에 남으로부터 소외될까도 두려워한다는 것이다.

좋은 관계를 형성하는 데 있어 필요한 두 가지 요소 또한 건강한 자아상과 연관되어 있다.

첫째는 선입견과 편견을 버려야 한다는 것이다. 특별히 다른 사람의 의견이 나와 다를 때 그것은 틀린 것이 아니라 다른 것일 뿐이라는 사실을 명심해야 한다. 자신과 다르다고 해서 그것이 틀린 것이 아님에도 우리는 나와 다른 것을 '다름'이 아니라 '틀림'으로 간주하는 경우가 많다.

또 사람들이 흔히 사용하는 잘못된 표현 중에 '합리적이다'라는 말이 있다. 합리적이란 말은 '나와 생각이 같다'는 말로도 흔히 사용된다. 왜냐하면 어떤 이에게는 합리적인 것이 다른 이에게는 매우 비합리적일 수도 있기 때문이다. '제 눈에 안경'이라는 말처럼 다른 안경을 끼었기 때문에 다르게 볼 수 있으며, 때로 비슷한 안경을 끼었기에 비슷한 판단을 할 뿐이다.

둘째는 첫인상이 갈수록 중요하다는 것이다. 현대인들의 삶은 점점 더 분주해지고 있으며 활동반경도 지속적으로 넓어지고 있다. 관계라는 측면에서 만나야 하는 사람들은 점점 늘어가는 반면 만날 수 있는 시간은 제한되었음을 의미한다. 이것은 첫인상이 갈수록 중요해지는 이유이기도 하다. 좋은 첫인상을 남기는 사람들에게서 발견되는 공통점은 (외적인 요소들을 생략하고 말하자면) 상대방을 배려하는 마음과 교만하지 않은 자신감이다. 마음의 여유가 있는 사람들만이 상대방의 입장에 서서 배려할 수 있다. 또한 일반적으로 건강한 자아상은 자신감으로 표출되며 건강한 자아상이 건강한 관계로 자연스럽게 연관되어짐을 쉽게 볼 수 있다. 그것이 다른 이들에게 남겨지는 자신의 이미지이다.

포드의 전설적인 최고경영자 리 아이아코카는 "성공은 당신의 능력이나 지식에서 오는 것이 아니라 당신이 아는 사람들과 그들에게 비치는 당신의 이미지를 통해 찾아 온다." 라는 말로 이미지의 중요성을 강조했다.

에너지를 재충전 해주는 관계를 만들라

인터넷을 서핑하다가 '만남'에 대해 분류해 놓은 흥미로운 글을 읽었다.

- 가장 잘못된 만남은 생선과 같은 만남이다. 만날수록 비린내가 묻어 오니까.
- 가장 조심해야 할 만남은 꽃송이 같은 만남이다. 피어 있을 때는 환호해도 곧 시들면 버리니까.
- 가장 비천한 만남은 건전지와 같은 만남이다. 힘이 있을 때는 간직하고 힘이 다 닳았을 때는 던져 버리니까.
- 가장 시간이 아까운 만남은 지우개 같은 만남이다. 잠깐의 만남이 순식간에 지워져 버리니까.
- 가장 아름다운 만남은 손수건과 같은 만남이다. 힘이 들 때 땀을 닦아 주고 슬플 때는 눈물을 닦아 주니까.

위의 글은 "당신은 지금 어떤 만남을 가지고 있습니까?"라는 질문으로 끝을 맺는다. 대부분의 사람들은 다양한 관계에 얽혀있다고 대답할 것이다. 하지만 아무리 그 수가 많더라도 공통점을 근거로 분류할 수 있다. 예를 들어 미국 시카고 외각에 있는 월로우크릭 커뮤니티 교회의 '빌 하이벨스' 목사는 다음 세

가지 기준으로 관계를 분류했다.

첫째는 '에너지를 빼앗아가는 관계Draining Relationship'이다. 맡겨진 일을 처리하는 과정에서 우리가 자주 경험하는 관계이다. 지치게 만들지만 그래도 피할 수 없는 관계가 여기에 속한다.

둘째는 '중립적 관계Neutral relationship'이다. 사소하거나 그저 그런 만남이라고 말할 수 있는 것들이 여기에 속한다.

그리고 마지막이 '재충전하는 관계Replenishing Relationship'이다. 세 가지 관계 중에서 이것이 가장 중요한 요소라고 그는 주장한다.

사람들은 일반적으로 위 세 가지의 관계를 모두 가지고 있다. '에너지를 빼앗아가는 관계'로 스트레스를 받으며, '에너지를 재충전하는 관계'를 통해 힘을 공급받는다. 또 빼앗긴 것을 어디에선가는 채워 넣어야 하기에 재충전 해주는 관계가 중요하다. 그것이 부족해 질 때 다른 것을 통해서라도 채우려 하기에 자칫 시험에 빠질 수 있는 것이다.

물론 '에너지를 빼앗아가는 관계'를 일체 허용하지 말라고 조언하는 경우도 있다. 존 고든은 『에너지버스』라는 책에서 그러한 관계를 만드는 사람들을 에너지 뱀파이어라고 지칭한다. 이들은 힘과 용기를 북돋아 주는 '재충전하는 관계'와는 달리 한마디로 김빠지게 만드는 사람들이다. 그는 이처럼 김새게 만드는 사람들을 인생의 버스에 태우지 말라고 말한다. 그러나 과연 우리가 그들을 향해 나의 인생 버스에서 내려 달라고 당당히 거부 의사를 밝힐 수 있을까? 차라리 하이벨스 목사와 같이 재충전하는 관계로부터 에너지를 지속적으로 공급받으며 살아야 하는 경우가 더 쉬울 것이다.

실존주의 철학자 칼 야스퍼스Karl Jaspers는 사람들의 만남을 두 가지로 구분했다. 겉 사람과 겉 사람끼리의 피상적 만남과 인격과 인격끼리의 깊은 실존적 만남이 그것이다. 그가 사용한 용어 중에 실존적 교제란 말이 있다. 실존적 교제는 순수한 혼과 혼이 아무런 이권이나 거래 관계가 없이 깨끗하고 투명한 관계로 만나는 것을 일컫는다. 서로를 치유하게 만들어 주고 행복하게 이끌어 주는 만남이다. 하이벨스가 말하는 재충전하는 관계가 바로 이런 만남일 것이다. 이렇듯 '재충전하는 관계'가 많은 사람이 행복한 사람이다.

통념을 뛰어넘는 넓은 관점으로 보라

예수님의 가르침을 보면 당시 통념이라고 여기던 사실을 절묘하게 뒤집은 경우가 적지 않다. 관계라는 측면에서 볼 때 특별히 두 가지 경우를 볼 수 있다. 하나는 마태복음 7장 12절에 나오는 말씀이다. 사람들이 당시 존경 받던 랍비 힐렐에게 그들의 정경인 구약을 간략하게 요약해 달라고 간청하자, 그는 "남이 너에게 했을 때 싫은 것들을 남에게도 하지 말라."고 답했다.

여기에 대해 예수님은 "무엇이든 남에게 대접을 받고자 하는 대로 너희도 남을 대접하라"고 말씀하셨다.

언뜻 보기에 비슷한 말 같지만 실은 엄청난 차이가 있다. 강조점이 다르다. 힐렐의 표현은 피동적이며, 대응적일 뿐 아니라 소극적이다. 내가 당해서 싫은 것은 남에게 하지 말라는 것이다. 이와 대조적으로 예수님의 가르침은 능동적이며, 주도적일 뿐 아니라 적극적이다. 남이 나에게 해주었을 때 좋을 만한 것을 남에게 행하라고 가르치고 있다는 점에서 엄청난 차이가 있다.

다른 하나는 누가복음 9장 50절에 기록되어 있는 "너희를 반대하지 않는 자는 너희를 위하는 자니라 Whoever is not against you is for you"는 표현이다.

이 말씀은 제자가 아닌 자들이 '예수의 이름'으로 귀신을 내쫓는 것에 대한 제자들의 견해에 예수님이 대응하는 상황에서 하신 것이다. 여기에서도 통념을 좇던 제자들과 그것을 뒤집는 예수님의 모습을 발견할 수 있다. 한마디로 세상적 통념으로서의 '우리 편'에 대한 차이를 나타낸다. 일반적인 우리 편의 정의는 '우리를 위하지 않으면 우리를 반대하는 이들이다 Whoever is not for us is against us'라는 논리에 근거한다. 이 기준으로 우리 편에 속하지 않은 이들을 따돌림시키며 더 나아가 같은 생각으로 '담 쌓기' 또는 '텃밭 싸움'을 하는 게 세상의 이치다. 예수님은 '우리를 반대하지 않으면 우리를 위하는 자'라고 말씀하시며 우리의 편협한 시각을 부수고 넓히신다.

영어의 '반대하는 against'이라는 단어와 '위하는 for'이라는 단어가 서로 뒤바뀌었을 뿐인데 의미의 차이는 매우 크다. 제자들이 생각한 '우리 편'은 예수님이 말씀하신 '우리 편'에 비해 너무 좁다. '우리 편'이라고 생각하는가 그렇지 않은가 하는 흑백논리에 따라 태도가 달라지기에 이러한 관점은 중요하다. 우리 편이라고 생각하면 조금 더 자신감이 생기며 편하게 대할 수 있게 된다. 왜 넓은 관점으로 '우리 편'을 보는 것이 중요한지를 생각해 볼 수 있다.

그리스도인은 관계 사명을 받은 자다

예수님의 사역 스타일을 보면 관계를 얼마나 소중하게 여기셨는지 알 수 있다. 하나님을 언급할 때마다 관계에 관한 용어를 사용했다. 우주의 창조자며 주관자인 하나님을 '하늘에 계신 아버지'라고 부르셨다. 그 뿐 아니다. 제자들을 향하여 '친구'라는 표현을 쓰기도 하셨다. 요한복음 15장 14절 때로는 목자와 양의 비유를 통해 그와 그를 좇는 자들의 특별한 관계를 설명하기도 했다. 또 십자가의 죽음을 눈앞에 두고 그는 우리들에게 '성찬'이라는 전통을 남겨 놓았다. 가까운 친구들과 식사를 나눔에서 기인한 '코이노니아'의 의미가 담긴 성찬은 몸과 피를 상징하는 떡과 포도주를 통해 정체성을 확인할 뿐 아니라 사명을 다지기 위한 것이었다.

초대교회는 성찬에 더해 '애찬love feast'을 하며 공동체 의식을 다지기도 했다. 단순히 누구와 식사 한끼를 하는 것이 아니라 삶을 나누는 동질의 부류라는 것을 확인하고자 함이었다. 이것을 위해 함께 하는 것이 중요했다. 이러한 의미를 잃어버리고 있는 고린도교회를 향해 사도 바울은 "내 형제들아 먹으러 모일 때에 서로 기다리라 만일 누구든지 시장하거든 집에서 먹을지니"고린도전서 11장 33~34절라고 권면했다. 함께 식탁을 같이 함으로 관계의 소중함을 나누며 발전시키려는 의도를 담았던 것이다. 예수님은 관계를 토대로 교회의 터를 닦았으며 초대교회는 그것을 전통화시킨 것이다.

강조된 관계는 그리스도인들 가운데만 존재하도록 의도된 것이 아니었다. 성찬에 참여한다는 것은 '예수 그리스도의 죽으심을 전한다'는 의미 또한 담고 있다.고린도 전서 11장 26절 믿는 이들에게만 해당되도록 디자인된 관계가 아니었다. 그를 통한 하나님과의 관계 회복을 기뻐할 뿐 아니라 다른 이들에게도 회복의 기회를 주어야 함을 의도하고 있다. 제자들을 향한 예수님의 마지막 당부에도 이러한 의도가 분명히 드러나 있다. 소위 지상명령이라고 알려진 부분이다.

너희는 가서 모든 족속을 제자로 삼아 아버지와 아들과 성령의 이름으로 세례를 베풀고 내가 너희에게 분부한 모든 것을 가르쳐 지키게 하라 볼지어다 내가 세상 끝날까지 너희와 항상 함께 있으리라 하시니라 마태복음 28장 19~20절

예수님은 자신이 제자들과 가졌던 관계를 제자들 또한 동일하게 다른 이들과 갖기를 요구하고 있다. 단순히 외치며 전하는 것이 아닌 '제자로 삼으라'고 말한다. 그러한 관계 속에서 예수님이 제자들에게 가르친 것들을 제자들도 가르쳐 지키게 해야 한다는 것이다. 보이지는 않지만 지속적으로 함께 하는 예수님과의 특별한 관계 속에서 말이다. 결국 지상명령 성취의 핵심 또한 우리가 어떻게 관계를 맺느냐에 달려 있다. 믿지 않는 이들을 단순히 전도의 대상이 아닌 영적 여행을 함께 할 동반자의 관계로 보아야 하는 이유이다. 그런 면에서 모든 그리스도인들은 관계 사명을 받았다고 말할 수 있다. 전도가 궁극적으로 관계에 근거하고 있기 때문이다.

주어진 관계 사명을 효과적으로 감당하기 위해 사도 바울의 고백을 살펴볼 필요가 있다. 고린도전서 9장 19절부터 23절에서 그가 전도라는 관점에서 어떻게 다른 이들과 관계를 맺었는지 말해 주고 있다. 그는 대상을 염두에 두고 대상에 걸맞도록 다양한 모습으로 다가갔다. 핵심은 "내가 여러 사람에게 여러 모습이 된 것은 아무쪼록 몇 사람이라도 구원하고자 함이니"고린도전서 9장 22절라는 표현에 있다. 복음 전파를 위한 열정과 타인을 향한 배려를 동시에 볼 수 있다. 그가 지닌 열정이 그로 하여금 관계의 달인이 되도록 한 것이다. 우리 모두가 배워야 할 점이다. 유난히 관계에 있어 갈증을 호소하는 세상은 관계 사명을 받은 자들에게 열린 기회의 장이다. 관계 회복을 먼저 경험한 자들로서

본을 보이며 다른 이들 또한 관계 회복의 기쁨을 누리도록 만들어야 한다.

SECRETS@change

Ethics
도덕성이 마케팅 전략 핵심에 자리잡다

"중소기업들을 대출해 줄 때 어떤 기준으로 대출 액수를 결정하나요?"
복잡한 질문에 시중은행의 한 은행장이 단순한 답을 한다.
"아 네, 세 개의 C로 시작하는 단어로 간략하게 요약할 수 있습니다."
'세 개의 C, CCC라고? 흥미롭군. 어떤 C일까?'
CCC^{Campus Crusade for Christ}라는 단체에 몸담고 있는 필자의 귀가 번쩍 뜨이며 동시에 궁금증이 발동했다.

"첫째로 회사의 Capacity에 근거합니다. 회사의 규모가 중요할 테니까요."
'당연하겠지. 생산 규모라던가, 매출 등은 회사 평가 기준의 기초일 테니 말이야.'

"둘째는요, 회사의 Competence를 참고합니다. 회사가 가지고 있는 능력 중의 하나인 기술력 등이 매우 중요한 참고 자료지요."
'인수합병^{M&A}하는 사람들이 가장 중요하게 보는 것이 회사의 기술력이라고 하던데, 은행도 역시 그것을 보는군. 회사의 미래 발전 가능성을 예측할 수 있을 테니 그것 또한 당연하겠지.'

여기까지는 그리 놀라운 것이 없었다. '그래 타당성 있는 대답이야'라는 느낌이었다. '그렇다면 세 번째 C는 뭘까?'

"마지막으로 사장^{CEO}의 Character를 봅니다. 사장이 어떤 사람인가가 회사를 평가하는 데 매우 중요합니다. 회사의 책임자를 보면 그 회사의 미래를 예측할 수 있기 때문입니다. 우리 사회가 신용사회로 발전해 감에 따라 마지막 C가 더욱 중요해지고 있습니다."

그의 말은 내게 신선한 충격으로 다가왔다. 사장이 어떤 사람인지가 가장 중요한 요소이며, 이것이 점점 더 중요해지고 있다는 점은 나에게 긴 여운을 남겨주었다. 규모와 기술력은 회사를 평가하는 데 있어 당연한 요소라고 여기고 있었지만 사장의 됨됨이를 의미하는 Character^{인격}가 가장 중요한 핵심이라는 점이 놀라웠다. 물론 자세히 들여다 보면 지극히 당연한 논리라고 할 수 있다. 믿을 만한 사람이 책임자라면 그 회사 또한 당연히 믿을 수 있지 않겠는가? 하지만 매우 추상적이며 주관적이라 할 수 있는 책임자의 윤리와 도덕의 영역이 회사의 대출 규모를 정하는 중요한 역할이라는 것은 꽤나 의외였다.

그 후 벤처 캐피털^{VC, Venture Capital} 회사의 CEO 한 분과 위에서 말한 세 개의 C에 대해 나눌 기회가 있었다. 그는 자신 회사의 경우에도 동일한데, 순서를 매기자면 단연 Character가 가장 먼저라고 했다. 은행이야 담보를 근거로 대출을 해주지만 벤처 회사의 경우에는 뛰어난 아이디어에 근거하여 대출이 결정되기 때문에 그 회사 사장이 어떤 사람인가가 중요한 이유가 된다는 것이다. 도덕과 윤리가 중요시 될 뿐 아니라 핵심적인 요소로 평가되는 새로운 시대가 열린 것이다.

정보화 시대에는 비밀이 없다

위에서 말한 '인격'이라는 단어는 윤리와 도덕이라는 좀더 포괄적인 개념의 중요한 단면이다. 잠깐 윤리와 도덕이라는 단어를 살펴보자. 어원상 윤리^{ethics}라는 영어 단어는 희랍어 ethos^{품성}와 ethica^{풍습}로부터, 그리고 도덕^{moral}이라는 단어는 라틴어 mos^{풍습, 복수는 mores}에서 유래한다. 도덕은 주어진 사회에서의 보편적인 원칙이다. 그 반면 윤리는 구체적인 상황 판단에 따른 옳고 그름을 의미한다.

그렇기에 윤리는 도덕으로 규정되며, 도덕은 윤리를 통해 실현된다고 말할 수 있다. 상식적으로 시대가 변함에 따라 풍습도 변하기에 함께 변화하기도 하지만 크게 보자면 시대와 문화를 초월해서 존재하는 요소들이 주를 이룬다.

우리나라의 경우, 새로운 천 년이 시작되면서 부패와의 전쟁을 선포했다. 각 기관마다 부패지수에 예민하게 반응했고, 매스컴에서도 투명성, 청렴지수에 더해 윤리 및 도덕성과 같은 단어들을 대거 등장시켰다. 이는 특별히 사회의 지도급 인사들을 뽑는 데 있어 필수불가결한 개념들이 되었다. 표절 의혹, 땅투기 의혹, 경력위조 의혹, 위장전입 등을 포함해 저런 사실을 어떻게 알았을까 할 정도의 정보까지 이제 모두 공개가 되고 있다. 물론 윤리와 도덕성은 과거에도 중요한 개념이었다. 하지만 최근에 와서는 일반인들까지 윤리와 도덕성을 들먹이며 사회 지도층을 평가할 정도가 되어 버렸다. '하늘을 우러러 한 점 부끄러움이 없을 정도'는 아닐지라도 '털어서 먼지도 나지 말아야 한다'는 분위기가 형성되고 있는 것 같다.

한편에선 아직도 이 사회가 갈 길은 멀다고 말하기도 한다. 여전히 사회 곳곳에 잔재되어 있는 부도덕함을 반증하고 있는 것이다. 그렇기에 최소한 사회 지도자층은 일반인과는 차별화된 고차원의 도덕성을 지니길 바라는 것이다. 그러나 다른 한편으로 보면 과거와는 분명히 달라진 것이 있다. 지금 시대에 우리가 경험하고 있는 정보의 접촉 방법과 정보의 확산 속도에서 특별히 그렇다. 과거에는 많은 정보들이 소수의 기득권층에 의해 관리되었다. 그러다 보니 관심 있는 소수의 그룹만이 제한된 매체를 통해서 정보를 얻을 수 있었다. 이러던 상황이 인터넷과 휴대폰을 포함한 무선 단말기의 확산을 통해 완전히 바뀌어 버렸다. 더 이상 우리가 정보를 찾아다니는 것이 아니라, 정보가 우리를 찾아오는 세상이 되어 버린 것이다.

한 예로 인터넷이라는 매체는 엄청난 양의 정보 창구이며 정보를 확산시키는 도구이기도 하다. 그로 인해 많은 이들이 정보의 주인이 되게 한다. 이런 문화 속에서 한 개인의 정보와 평가는 전체 관람이 가능한 파일과 같이 되었다. 개인의 도덕성이나 윤리의식을 평범한 사람도 어렵지 않게 접할 수 있게 된 것이다. 검색엔진을 동원하면 인터넷에 떠있는 거대한 정보의 바다에서 원하는 것을 쉽게 찾아낼 수 있다. 미국에서는 심지어 "I googled it.^{나 인터넷에서 검색했어.}"이라는 신조어까지 만들어졌다. 구글^{Google}이라는 인터넷 검색 엔진 업체가 그만큼 친숙하게 된 것이다. 구글이라는 단어 자체가 문자적으로 10의 100승이라는 숫자를 의미하고 있는 것을 보면 정말 엄청난 정보의 시대를 실감하게 한다. 모든 것이 검색·검증 가능한 시대가 되었다. 뉴욕타임즈의 저명한 컬럼리스트인 토머스 프리드먼의 말을 빌리자면 '정보의 민주화'가 이루어진 것이다.

정보의 생성 및 확산은 이미 통제 불가능한 시대가 되었다. 물론 여기에는 사실에 근거하지 않은 명예훼손과 같은 부작용도 포함된다. 이에 대응하기 위해 '실명제' 도입이 활성화되고 있다. 심지어 저자의 얼굴을 함께 밝혀야 한다는 '실안제'까지 언급되고 있는 상황이다. 그러나 이것은 '정보의 민주화'가 온전히 정착하는 데 있어서의 과도기적 성격에 불과하다. 정보기술 발전에 있어서 딸꾹질과 같다고도 말할 수 있다. 결국에 어떤 모습으로든지 자정능력을 갖추게 될 것이다. 이것과는 별개로 한 가지 분명한 것은 더 이상 정보를 숨길 수 없는 세상이 다가올 것이라는 것이다. 한마디로 '어느 누구나' 원하는 것을 손쉽게 얻는 세상이 열리고 있다는 이야기이다.

결국 도덕성과 윤리성의 중요성은 시간이 감에 따라 필연적으로 더욱 부각될 것이 자명하다. 리더의 자질에 있어서도 윤리와 도덕성은 더 이상 말로만 요구되는 시대가 아니다. 이제는 평범한 사람들에 의해서도 쉽게 도덕성이 검증될 수 있는 시대가 되었기 때문이다. 이런 시대의 흐름은 누구도 거스를 수 없는 대세로 자리잡고 있다. 밀착 취재하는 파파라치가 늘 따라붙고, CCTV가 항상 나를 찍고 있다고 여기며 사는 사람들만이 대중의 검증에서 '무사히' 통과하게 되지 않을까?

착한 기업이 성공한다

"착한 기업이 성공한다!" 이 말은 '착하다'는 단어와 '기업'이라는 단어가 어울릴 것 같지 않다는 선입견 때문에 어색하게 들릴 수 있다. 이것은 노스웨스턴대학에 있는 켈로그 경영대학원 교수이며 현대 마케팅의 대부라고 불리는 필립 코틀러의 『Corporate Social Responsibility 기업 사회 책임』이라는 저서의 한국판 제목이다. 그는 이 책에서 사업의 성공을 위해 기업이 '선행'을 해야 하는 것은 더 이상 선택사항이 아니라 필수사항이 되었다고 주장한다. 책의 한국판 제목이 그것을 잘 반영하고 있다.

"이제 기업의 사회참여 사업은 단순한 자선 활동 그 이상의 의미를 갖게 됐다. 즉 자선, 공익, 이타주의를 실현하면서 동시에 비즈니스 상의 실리도 거둘 수 있는 훌륭한 방법이 되고 있다."

이와 같이 코틀러 교수가 말하는 기업의 선행은 단순한 자선적 차원을 뛰어넘는다. 일반적으로 생각하듯 기업이 취한 이득의 일부를 사회의 필요한 곳에 사용하여야 한다는 논리를 뛰어 넘는다는 말이다.

그가 그렇게 확신하는 이유는 크게 세 가지다.

첫째는 소비자 측면에서 그 이유를 찾는다. '기술의 민주화' 덕택에 많은 기업들이 유사한 제품을 시장에 쏟아놓고 있다. 제품이 비슷하기 때문에 가격도 비슷하다. 그렇다면 이 같은 상황에서 소비자들은 어떤 회사 제품을 선택할 것인가? 만약 어떤 기업이 눈에 띄는 공익 활동을 통해 지역사회의 존경을 많이 받고 있다면 소비자들의 선택은 이 기업에게로 옮겨갈 가능성이 크다는 것이다.

둘째는 인재 확보의 측면에서 매우 유리한 고지를 선점할 수 있다. 여러 기업을 놓고 고민하고 있는 인재의 경우를 생각해 보자. 공익을 위해 기업의 자산을 기꺼이 나눠 주는 '착한 기업'에서 일한다는 사실은 그에게 자부심을 주기 때문에 회사를 선택함에 있어서 이 점을 고려하는 것은 당연하다.

마지막으로 유통업체, 납품업체, 투자자, 미디어 등과 같은 기업의 외부 고객들 역시 다르지 않다. 그들 역시 사회참여 사업을 활발하게 하는 기업에게 호의적인 시선을 보내게 된다는 것이다. 결국 사회참여 사업을 활발히 펼치는 기업과 조직이 '선행'과 '이익'이라는 두 마리 토끼를 모두 성공적으로 잡을 수 있다고 그는 주장하고 있다.

전 HP 회장인 칼리 피오리나도 유사한 주장을 펼치고 있다.

"오늘날 성공적인 기업들은 비즈니스 전략에 사회, 환경적인 배려를 가미할 때 과감한 혁신과 경쟁 우위가 가능하다는 사실을 깨닫고 있다. 그리고 그런 전략을 통해 기업들은 차세대 사업 아이디어, 시장, 직원들을 확보하는 데 있어 유리한 고지를 점령하고 있다."

이러한 주장을 뒷받침하는 예가 2002년 4월 쇼셜펀드닷컴SocialFunds.com에 실린 기사에 있다. 미국 시카고에 소재한 드폴DePaul 대학교에서 실시한 연구 결과 '비즈니스 에틱스'가 선정한 '기업시민 정신이 뛰어난 100대 기업'이 S&P스탠다드앤드푸어스가 선정한 500대 기업들보다 우수한 경제적 성과를 거뒀다는 것이다. 이를 두고 비즈니스 에틱스의 편집장이자 발행인인 마조리 켈리는 "엄밀한 재정 평가 결과, 기업시민 정신이 뛰어난 100대 기업들이 S&P 500대 기업들보다 사실상 더 나은 이윤을 거두었음이 드러났다."고 말했다.

코틀러와 같은 마케팅 대부의 말에 기업이 귀를 기울이면서 기업의 사회참여에 관한 관점과 생각이 변하기 시작했다. 기업의 사회참여 사업이 비즈니스의 목표와는 크게 관계 없었던 시절이 지나가고 있는 것이다. 경영을 잘하는 것과 선행을 하는 것은 별개라는 생각 또한 사라지고 있다. 최근 많은 기업들의 사회참여 사업이 결정되고 실행되는 것을 보면 비즈니스도 잘하고 선행도 잘하려는 욕구가 매우 커져가고 있음을 알 수 있다.

최근 일어나고 있는 미 명문대 'MBA 서약oath'의 도입 바람도 같은 맥락에 있다고 볼 수 있다. 예를 들어 하버드 MBA 서약의 "내 좁은 야망을 추구함으로써 기업과 사회를 해롭게 하는 행동을 하지 않겠다."라던가 "내 직업이 사회의 웰빙에 계속 기여할 수 있도록 나 자신과 내가 관리하는 다른 이들을 발전시켜 나간다."는 문구는 참으로 신선하게 다가온다. 이런 현상은 미국 금융위기에 대한 반성으로 해석할 수도 있을 것이다. 끝없는 탐욕과 비윤리성으로 지탄받는 월 스트리트를 염두에 둔 사회적 윤리와 책임에 대한 강조의 산물로 보는 견해이다. 어떤 것이 진정한 속마음이건 간에 중요한 것은 미 명문대 경영대학원에서 일어나고 있는 변화이다. 학생들이 주도하는 이러한 선서와 윤리학 교수의 수가 지속적으로 증가하는 현상은 커다란 변화라고 보아야 한다.

그 뿐 아니다. 세계적으로 유명한 U. Penn.의 와튼스쿨은 윤리 과목을 담당하는 교수의 수를 10년 전 한두 명에서 현재는 일곱명으로 늘렸다. 단순히 착한 기업만 성공하는 것이 아니라 '착한' 비즈니스 리더가 성공한다는 세상의 단면을 보여주는 것은 아닐까.

성공의 길과 윤리경영과의 등식

기업의 사회적 책임CSR, Corporate Social Responsibility이라는 개념은 우리나라에선 범위가 조금은 축소된 '윤리경영'이라는 이름으로 확산되고 있다. 윤리경영이란 기업이 시장의 윤리를 준수할 뿐 아니라 권리와 의무를 다하는 경영이라고 말할 수 있다. 그것을 위해서는 다양한 책임이 수반되어야 한다. 무엇보다 먼저 경제적 책임이 있다. 이윤 추구가 없는 기업은 존재 가치가 없다. 이윤을 통해 더 많은 사람들을 고용할 수 있고 또한 성장해갈 수 있어야 한다. 이 책임을 위해 기업은 고객이 필요로 하는 제품이나 서비스를 적절한 가격에 제공해야 한다. 또한 그와 동시에 지속 성장이 가능한 이윤을 창조해야 할 책임이 있다. 이 경제적 책임은 사회가 만들어 놓은 '공정한 규칙' 안에서 기업을 경영해야 하는 '법적 책임'으로 이어진다.

이 두 가지의 책임과 함께 최근 새로운 것이 추가되고 있다. 윤리경영 핵심이 그것이다. 기업은 이익 실현을 통해 지속 가능한 생명체가 되어야 하며, 그 이익은 과거와 같이 주주나 종업원 등과 같은 직접 이해자의 몫에 국한될 수 없다. 이제는 기업도 지역과 시민사회의 구성원으로서 제 역할을 다해야 한다. 비록 법적으로 공식화되어 있지 않을지라도 사회가 기대하고 요구하는 것을 충족해야 할 '윤리적' 또한 '자선적' 책임이 요구되고 있는 것이다.

이들간에 공통점이 있다면 법률이나 윤리적 기준에 의해 강제성을 띤 것이 아니라 기업 스스로가 자발적으로 실천한다는 것이 전제된다. 우리나라의 경우를 보자면 경제가 발전해 가면서 시간이 갈수록 기업을 향한 기대치가 경제적 책임으로부터 노동문제, 환경문제를 담고 있는 법적 책임으로 무게중심이 옮겨가고 있다. 또한 시민사회가 발달하고, 자선문화가 확산되어감에 따라 기업의 윤리적, 자선적 책임이 더욱 요구되고 있다.

신세계는 1999년, 우리나라 최초로 윤리경영을 도입하여 적극적으로 실천한 회사로 알려져 있다. 상담실에 '금품수수나 향응을 요구하는 직원을 고발하라'는 안내문을 붙였다. 명절 같은 때 직원에게 선물을 제공하는 협력업체와는 거래중단을 선언할 것이고, 부하 직원에게 폭언을 가하는 상사는 경고 조치하겠다는 내용이 포함된 안내문이다. 또한 사회봉사 등 윤리경영을 실천한 모범사원에게 '윤리경영 대상'을 수여하고 있다. 윤리경영을 단순한 구호가 아닌 시스템화시켜 조직 내에 뿌리를 내리고자 하는 것이다. 이러한 윤리경영을 신세계에 도입한 구학서 신세계 부회장은 "기업은 윤리를 본령으로 삼는 교회나 사찰이 아니다. 윤리경영은 기업의 이윤추구를 전제로 한 것이다."라고 말하고 있다. 이는 위에서 살펴본 코틀러의 주장과도 일치함을 알 수 있다.

실제로 신세계는 1999년 윤리경영을 도입한 이후 경영실적이 좋아진 것은 물론, 신용평가에서도 꾸준한 상승세를 타고 있다. 우리나라에서 사업을 접고 철수한 세계 최대의 유통업체 월마트가 이마트에 기업을 넘긴 것은 이마트가 윤리경영을 실천하는 믿을 만한 기업이라는 인식 때문이었다고 한다. 만약 월마트를 인수합병M&A시장에 내놓았으면 신세계 인수가보다 1000억, 2000억 원 정도 더 받을 수 있었음에도 불구하고 월마트가 그런 선택을 한 것은 이마트라면 직원들 고용 승계는 물론 마무리 작업까지 깨끗하게 매듭지어줄 것이라고 믿었던 것이다. 윤리경영으로 얻은 신세계의 경쟁력이 예상치 않은 이득으로까지 이어진 경우다.

포드의 창업 4세대이자 포드자동차의 전 회장인 윌리엄 클래이 포드 주니어는 기업의 사회적 책임에 대해 이렇게 말했다.

"좋은 기업과 위대한 기업 사이에는 한 가지 차이가 있다. 좋은 기업은 훌륭한 상품과 서비스를 제공한다. 위대한 기업은 훌륭한 상품과 서비스를 제공할 뿐만 아니라, 세상을 더 나은 곳으로 만들기 위해 노력한다."

기업의 사회적 책임에 대한 미래 방향성을 엿볼 수 있게 하는 말이다.

글로벌 스탠다드가 된 윤리경영

기업들의 홍보물을 보면 국제기구의 인증, 즉 품질경영인증 ISO 9000과 환경경영인증 ISO 14000을 받은 사실을 상당히 부각시키고 있다. 여기에 더해 새로운 '윤리라운드'가 열리고 있다. 구체적으로 국제표준기구ISO는 2009년 11월부터 기업의 사회책임 활동 인증을 위한 국제표준 ISO 26000을 도입한다. 환경, 인권, 노동, 지배구조, 공정한 업무 관행, 소비자 이슈, 지역사회 참여 등의 7개 분야를 토대로 한 가이드라인이 만들어진다. 물론 여기에 강제성은 없지만 이 지수가 국제 상거래 표준으로 자리 잡게 되면 기업 경영 평가에 있어서 중요한 잣대가 될 것이다. 이에 발맞추어 덴마크 같은 나라에서는 2009년부터 자국 내 주요 기업들이 매년 제출하는 재무보고서에 기업의 사회적 책임 활동 정보를 포함할 것을 의무화했다. 이러한 결정은 기업에 많은 부담을 줄 것이 자명하다. 비록 강제성은 없다고 해도 ISO 26000은 각국의 이해관계자 그룹이 공동으로 만든 지침일 뿐 아니라, 기업이 국제 입찰 심사 등을 받을 때 고려되는 중요한 요소가 될 것이기 때문이다.

기업의 사회적 책임의 중요성은 여기서 멈추지 않는다. 기업의 CSR 공헌도를 기준으로 공헌도가 큰 기업에게만 투자하는 'CSR펀드'가 지속적으로 늘어나고 있다는 것도 주목해야 한다. 다시 말하자면 CSR을 소홀히 했다가는 자금조달에도 차질을 빚게 될 수 있음을 의미하는 것이며 '착한 기업이 성공한다'는 말을 더욱 실감케 하는 부분이기도 하다.

국가브랜드 가치를 높여라

DJ 정부에서 만든 국가이미지위원회가 MB 정부에 와서 국가브랜드위원회로 명칭을 바꿨다. 이 위원회는 대통령 직속기관으로 국가이미지 제고 활동을 총괄할 것이라고 한다. 이와 연결하여 유사한 개념인 '국격'이라는 단어가 언론에 자주 등장하고 있다.

사람의 품격을 인격人格이라고 하듯이, 국가의 품격을 국격國格이라 한다. 국격과 관련하여 국가브랜드위원회 초대 위원장인 어윤대 전 고려대 총장은 이렇게 말했다.

"국가브랜드위원회는 한국의 국격위원회라고 보면 됩니다. 국가의 품격을 높여 한국의 이미지를 개선하고, 한국 상품의 품질을 믿게 하며, 더 나아가 해외 직접 투자를 늘려 나라의 경쟁력을 키우자는 포괄적 의미에서 국가브랜드위원회입니다."

그의 말 속에 국가브랜드위원회가 추구하고자 하는 목표와 취지가 잘 담겨 있다. 문제는 브랜드와 이미지를 어떻게 상승시킬 것인가 하는 방법론에 있다. 우리의 현실은 이렇다. 국가 브랜드 파워를 경제적 측면에서 보면 총 GDP 순위에서 세계 13위를 차지한다. 그에 반하여 국가브랜드 순위는 29위에 머물고 있다. 경제적 규모에 비해 국가브랜드 순위가 이렇게 낮은 것에는 다양한 이유가 있겠지만, 그 중 세계 언론에 비치는 우리나라에 대한 부정적인 기사가 큰 역할을 하지 않았을까 생각해 본다. 예를 들어 과격한 시위를 하고 있는 모습, 싸우고 있는 국회, 강경 노조 등이 실제보다 부풀려져 세계 언론에 방영되는 것을 종종 보게 된다. 물론 그런 모습들이 대한민국 전체의 문제에서 극히 일부일 뿐이라고 변명할 수 있다. 그러나 미디어 측면에서 보면 그보다 '쓸만한(?) 뉴스감'이 또 어디 있겠는가?

돈 많은 사람이 인격자로 평가 받는 것이 아니라 품성·신뢰성·지성·교양 등을 두루 갖춰야 품격 있는 사람으로 인정받는 것처럼 국격 즉 국가브랜드의 가치도 마찬가지다. 대한민국에 대한 부정적인 기사를 통해 독자들은 선입견을 가질 수 밖에 없다. '선입견은 오해가 아니라 현실'이라는 말처럼 사람들은 결국 브랜드라는 렌즈를 통해 모든 것을 바라보고 판단한다. 스타벅스와 나이키 브랜드의 창시자인 스콧 베드베리 Scott Bedbury가 지적한 대로 브랜드란 고객들의 사고 속에 정립된 일단의 이미지perception인 것이다. 결국 브랜드의 가치를 올리지 않는 한 변화와 성장을 가져올 수 없다는 얘기다.

국가브랜드위원회는 대한민국 국가브랜드를 2013년까지 현재의 29위에서 15위로 높이겠다는 야심찬 계획을 가지고 있다고 한다. 이를 위해 '코리안 서포터즈Korean Supporters'라는 통합된 이름의 해외봉사단 파견을 늘려갈 것이라고 했다. 그 뿐 아니라 첨단기술과 우수 제품을 소개하고, 방송통신 기술 및 인프라를 통해 다양한 컨텐츠를 제공하며, 한국에 대한 부정적 인식을 개선하기 위해 글로벌 시민 의식을 높여 가겠다고 당찬 포부를 밝혔다.

이미 정부의 계획 속에 포함되었겠지만 특별히 두 가지 영역에서 많은 변화가 있어야 할 것이라고 생각한다.

첫째는 많은 이들이 지적하듯 무엇보다도 우리의 공적개발원조ODA, Official Development Assistance의 액수를 늘려가는 것이 필요하다. 대한민국 ODA의 현주소는 2007년 기준 총 국민소득 대비 ODA 비율ODA/GNI이 0.07%로 세계 13위 경제규모로 볼 때 지극히 초라한 수준이다. 이것은 프랑스·독일의 12분의 1에 해당하는 것이며, UN의 2015년 목표치인 0.7%의 수준에도 크게 못 미칠 뿐 아니라 경제협력개발기구OECD 국가들의 평균 공여율 0.33%에 비해서도 턱없이 낮은 최하위의 수준이다.

"우리나라에도 가난한 사람이 많은데 왜 다른 나라를 도와야 하는가?"라는 주장이 만만치 않은 것도 사실이다. 이에 대해 한 외교관은 "우리 외교는 경제력에 비춰볼 때 한 개 얻어야 한 개 주는 격으로 굉장히 인색하다."며 "중국의 아프리카 자원외교가 빛을 발하듯 저개발 국가에 아량을 베푸는 덕성외교를 펼칠 때가 왔다."고 지적했다.

도덕성이 마케팅 전략 핵심에 자리잡다

30억 명이 하루 3천원 미만의 수준으로 살아가고, 8억 5천명이 영양실조에 시달리고 있는 지구촌의 참담한 현실을 변화시키는 데 우리도 참여해야 한다. 반기문 UN 사무총장도 대한민국의 경제·정치 발전 위상에 걸맞은 국가적 차원의 지원 확대가 필요함을 언급한 바 있다.

둘째는 경제력에 비해 다소 뒤처진 국민들의 시민의식과 문화 수준을 글로벌 스탠더드에 걸맞게 높여야 한다는 것이다. 압축성장이라는 우리의 독특한 상황이 이러한 불균형을 만들어냈다. 압축적인 경제 성장이 가능할 순 있으나 글로벌 시민의식은 그렇게 될 수 없다는 것을 실감케 한다. 하버드대 조지프 나이 교수는 "군사·경제 등 국력을 가늠하는 전통적인 하드 파워보다는 대외적 이미지와 국가브랜드 등 소프트 파워를 강화할 때 국격이 높아진다."고 주장했다.

일본은 '작은 친절 운동'을 통해 친절한 일본이라는 이미지를 구축했다. 우리도 국가 이미지 개선 차원의 범국민 캠페인을 전개하여 '어글리 코리안'의 이미지를 바꿔가야만 한다. 이제 단순한 경제적 측면의 국가의 브랜드만을 생각할 것이 아니라 거대한 힘, 소프트 파워를 염두에 두고 발전시켜야 할 때이다.

능력보다 도덕성이 우선이다

미국의 한 기관에서 백만장자 100명과 인터뷰를 했다. '성공을 이룬 가장 중요한 요소가 무엇인가'라는 질문에 그들은 조금의 주저함도 없이 '정직'이라고 답했다. 모든 이들에게 정직해야 한다는 것이 그들의 강조점이었다. 위에서 살펴본 것처럼 세상 속에 무언가 변화가 일어나고 있다.

심지어 능력과 도덕성 가운데 하나를 선택해야 한다면 도덕성을 선택하는 시대에 도래했다. 이와 관련하여 한 대기업의 인사담당^{HR} 이사와 대화를 나눈 적이 있다. 그는 자신의 회사의 경우 인재 양성을 위해 15년까지 투자한다고 했다. 그런데 그 기간 동안 능력은 키워 보완할 수 있지만 도덕성은 훈련을 통해 변화시키기 어렵다고 했다. 특히 IT 산업 강국인 우리나라의 상황을 고려해 보면 도덕성이 왜 그리 중요한지 알 수 있다. 유난히 IT 산업이 발달된 우리나라는 산업스파이의 각축장이다. 첨단 기술력에 비해 보안이 취약하다고 알려져 있다. 작은 휴대용 메모리 칩 하나에 담을 수 있는 기술유출은 상상을 초월하는 손해로 이어지기 때문에 당연히 '정직'이 더욱 중요한 덕목으로 여겨지는 것이다.

실제로 산업 기술을 유출한 범인 중 86%가 '한 솥 밥을 먹던 임직원'이었다고 한다. 삼성전자의 한 관계자는 "암세포를 죽이는 항암제가 더 강력한 면역력을 길러내듯이 아무리 보안을 강화해도 이를 뚫으려는 기술이 개발돼 걱정"이라며 "갈수록 기술 유출 수법이 교묘해 지고 있다."고 말한다. 직원 선발의 기준에서도 갈수록 도덕성이 중요하게 부각될 수밖에 없는 이유다. 청렴한 도덕성이 대기업 임원 선발에서 핵심 요소로 언급되는 것도 같은 맥락이다.

잭 웰치는 『위대한 승리^{Winning}』를 통해 직원 고용의 첫 단계에서 다음 세 가지를 심사해야 한다고 주장한다.

첫째는 도덕성^{integrity}이다. 올바른 방식으로 게임에서 승리하려고 하는가를 평가해야 한다는 것이다.

둘째는 지적 능력^{intelligence}을 들었다. 그가 말하고자 하는 것은 일반적으로 생각하는 학벌이나 성적이 아니라 새로운 지식에 대한 강한 지적 호기심을 가지고 있는가를 평가하라는 것이다.

마지막으로 성숙성maturity이 중요하다고 주장했다. 팀워크가 중요한 시대에서 다른 사람의 감정을 존중할 줄 알아야 한다. 그리고 다른 사람의 감정을 존중하기 위해선 우선 자신의 감정 조절이 필수적이라고 할 수 있다. 이 세 가지 모두가 새로운 시대의 요구와 기업의 필요를 잘 반영하고 있는 것들이다.

MB 정권 시작 후 주목 받는 리더십의 롤 모델로 세종대왕이 등장했다. 언제나 존경의 대상이었던 세종대왕, 이제 그의 리더십이 벤치마킹의 대상으로 새롭게 부상하고 있는 것이다. 그의 리더십을 살펴보면 유난히 돋보이는 부분이 있다. 바로 파격적인 용인술이 그것이다. 수많은 발명을 이뤄낸 관청노비 장영실의 등용은 압권이었다. 당시의 신분사회에서 관청노비를 등용한다는 것은 파격 중의 파격이었다. 또한 그는 인재 선발에 있어서 가장 중요한 덕목을 '심성과 도덕성'으로 보았다. 능력이 아무리 탁월해도 도덕성에 문제가 있으면 결국에는 해를 끼친다는 것이다. 처음에 능숙하더라도 나중에는 사리사욕을 좇게 되는 것을 간파했다. 이 시대에 보편화된 도덕의 중요성을 보며 세종대왕의 뛰어난 혜안을 느낄 수 있다.

'노블레스 오블리주'가 뜨고 있다

변화하는 세상은 기업, 국가, 개인 모두에게 일정 수준 이상의 기준을 요구하고 있다. 그래야만 인정을 받거나 리더의 자리에 설 수 있다. 정보기술의 발달이 세계화를 힘입고 과거와는 완전히 다른 세상을 펼쳐가고 있다. 이렇게 변화된 세상이 기독교와 어떤 연관이 있는지 볼 수 있어야 한다. 동시에 그리스도인들 각자의 삶에 어떤 의미가 담겨 있어야 하는지 고민해 보아야 한다. 성경에 그려진 그리스도인의 정체성과 그들에게 요구된 삶을 돌아볼 때 결론은 자명하다. 그리스도인들 앞에 일거양득의 삶이 펼쳐지고 있다는 것이다. 왜 이런 결론에 도달하게 되는지 하나씩 살펴보자.

그리스도인들의 정체성은 예수님과 같이 세상에 속하지 아니한 자들로서 요한복음 17장 16절 세상에 보냄을 받은 자들 요한복음 17절 18절 이다. 또한 하늘나라의 시민권을 가진 자들로서 빌립보서 3장 20절 이 세상의 나그네들이다. 베드로전서 1장 1절과 2장 11절 이 구절들은 그리스도인의 분명한 소속감과 더불어 사명과 소명의 근거가 되기도 한다.

속성상 이중의 갈등 구조가 야기될 수 있는 정체성을 지니고 있기에 삶을 위한 가이드라인들이 주어져 있다. 한 예로 세상의 법에 관한 가르침을 들 수 있다. 세금과 관련하여 예수님이 준 가르침 두 가지를 생각해 보자. 마태복음 22장 15절 이후를 보면 바리새인들이 예수님을 시험하기 위해 로마 정부에게 세금을 바치는 것이 옳은지를 물었다. 그 질문을 향해 예수님은 "가이사Caesar, 로마 황제의 것은 가이사에게 하나님의 것은 하나님께 바치라"마태복음 22장 21절고 명쾌하게 답하셨다. 그 이유에 관해서는 마태복음 17장 24~27절에 암시되어 있다. 예수님의 제자로서 다른 이들과 동일하게 세금을 내야 하는가에 관한 질문이었다. 그 질문에 예수님은 간략하게 말씀하신다. 하나님의 자녀로서 세금을 낼 필요는 없으나 '우리가 그들이 실족하지 않게 하기 위하여' 내야 한다는 것이다. 그리스도인들에게 세상의 법은 할 수 없이 지켜야 하는 의무가 아니라 세상을 염두에 둔 배려의 행위라고 말하고 있다. 세상에 보냄을 받은 자들로서의 '사명과 소명'을 엿볼 수 있는 부분이다.

예수님의 이러한 가르침은 세상의 권세를 하나님이 정하신다는 믿음에 근거하고 있다. 로마서 13장 1~7절과 베드로전서 2장 13~17절 모두 유사한 가르침을 주고 있다. 심지어 로마서 13장 4절에서는 세상에서 직위에 있는 자들을 향하여 '하나님의 사역자'라고 부르기도 한다.

"하나님의 사역자가 되어 악을 행하는 자에게 진노하심을 따라 보응하는 자"라는 것이다. 그러기에 그리스도인들은 "진노 때문에 할 것이 아니라 양심을 따라 할 것"을 주문한다. 세상에서 모범적 시민의 삶을 보여야 한다는 것이다. 그렇다고 해서 세상의 모든 법을 기독교인들이 반드시 좇아야 하는 것은 결코 아니다. 세상의 법이 하나님의 법과 다를 수 있다. 그렇기에 '모범적 시민의 삶'을 살아야 하는 그리스도인들에게는 경계가 존재해야 한다. 하나님의 법을 어기면서까지 세상의 법을 선택하는 것은 거부해야 한다는 것이다. 불합리한 요구를 하는 부패한 권위를 향해 베드로와 요한은 담대하게 답을 했다.

> 베드로와 요한이 대답하여 이르되 하나님 앞에서 너희의 말을 듣는 것이 하나님의 말씀을 듣는 것보다 옳은가 판단하라 사도행전 4장 19절

그리스도인으로서 이 세상에 보냄을 받을 자들이라는 정체성의 강력한 확신을 볼 수 있는 부분이다. 사명과 소명을 이루기 위한 목적이 기도 생활에도 반영되어야 한다. 모든 사람을 위해 기도하되 특별히 "임금들과 높은 지위에 있는 모든 사람을 위하여 하라"디모데전서 2장 2절고 성경은 권하고 있다. 그 이유는 "우리가 모든 경건과 단정함으로 고요하고 평안한 생활을 하려 함이라"디모데전서

² ² ²고 설명하고 있다. 물론 이 땅에서의 고요하고 평안한 생활이 기도의 궁극적인 목적은 아니다. 연이어 4절에 나오듯 "하나님은 모든 사람이 구원을 받으며 진리를 아는 데에 이르기를 원하시기 때문"디모데전서 2장 4절이다. 세상의 직위에 있는 이들이 바른 통치를 할 때에 그리스도인들이 소명과 사명을 행하기에도 유리하다는 것이다. 다르게 표현하자면 복음 전파를 위해 유리한 상황이 만들어지길 기도하라는 것이다.

그리스도인의 삶에서 무엇보다 베푸는 삶이 강조되는 것도 같은 맥락에 있다. 이것을 위해 그리스도인은 인간을 포로로 만드는 재물로부터 자유함을 얻어야 한다.

"돈을 사랑함이 일만 악의 뿌리가 된다"디모데전서 6장 10절는 경고에 귀를 기울여야 한다. 디모데전서 6장 17절과 18절에 특별히 부유한 자들을 향한 권면의 말씀이 있다. 부유함으로 인해 교만해서는 안되며, 잠깐 있다가 사라지는 재물에 소망을 두지 말라고 기록하고 있다. 오히려 선을 행하는 데 재물을 사용해야 하며 나누어 주기를 기뻐하는 자들이 되어야 한다고 말하고 있다. 세상의 권세가 하나님으로부터 오듯 재물 또한 하나님께로부터 온 것이기에 하나님의 것을 맡아 관리하는 청지기로서 선하고 지혜롭게 사용해야 하는 것이다.

이러한 원리는 부자들에게만 적용되는 것이 아니다. 부유한 자들만이 재물의 노예가 아니라 가난한 자들 또한 재물의 덫에 걸릴 수 있다. 예수님은 "내가 너희에게 말하노니 불의의 재물로 친구를 사귀라 그리하면 그 재물이 없어질 때에 그들이 너희를 영주할 처소로 영접하리라"누가복음 16장 9절고 말씀하신다. 여기서 불의하다고 하는 이유는 '재물 자체가 의롭지 못하다'는 것이 아니라 이 땅에 속할 뿐이지 천국으로 가지고 갈 수 없기에 불의하다고 말씀하시는 것이다.

결국 이 세상에서만 가치 있는 재물을 천국 준비에 사용하라는 말씀이다. 그러기에 종말에 대해 가르치며 예수님은 우리 주위에서 우리의 도움을 필요로 하는 자들을 향해 어떤 일을 했는가를 묻겠다고 말씀하신다. 책임을 간과하며 살아갈 때 그것에 대한 결과도 두려워할 줄 알아야 하는 것이다.

물론 많이 가진 자들에게 많이 구하신다는 말씀이 성경에 나온다. 그러나 '사랑을 나눌 수 없는 정도로 가난한 자도 없다'는 것 또한 사실이다. 야고보 사도가 지적한 "사람이 선을 행할 줄 알고도 행하지 아니하면 죄니라"야고보서 4장 17절는 말씀을 모두가 기억해야 한다. 성경은 '선을 행한다'는 것은 기독교인의 창조와 구속의 이유라고까지 말하고 있다. 예를 들어 에베소서 2장 10절에서는 "우리는… 그리스도 예수 안에서 선한 일을 위하여 지으심을 받은 자니… 그 가운데서 행하게 하려 하심이니라"고 기록하고 있다. 우리의 창조 목적 자체가 '선한 일을 행하게 하기 위함'이라고 말하고 있는 것이다. 그 뿐 아니라 디도서 2장 14절을 보면 "그가 우리를 대신하여 자신을 주심은 모든 불법에서 우리를 속량하시고 우리를 깨끗하게 하사 선한 일을 열심히 하는 자기 백성이 되게 하려 하심이라"고 분명히 하고 있다. 창조의 이유와 구원의 이유도 선행과 연관이 되어 있다는 것이다. 물론 여기서 말하는 선이라는 것이 단순히 '재물을 나누는 일'에 국한되는 것은 아니다. '선하다'는 단어가 하나님을 말하며 사용되는 단어이기에 하나님께 영광 돌리는 모든 일을 포함하는 것이다.

요즘 뜨고 있는 말 중, '귀족은 귀족다워야 한다'는 프랑스어 속담 '노블레스 오블리주 noblesse oblige'가 있다. 파스칼 대 백과사전을 보면 노블레스 오블리주는 '고귀한 신분에 따른 윤리적 의무, 사회의 지도적인 지위에 있거나 여론을 주도하는 위치에 있는 사람들이 마땅히 지녀야 할 도덕적·정신적 덕목을 가리킨다'고 정의되어있다. 넓은 의미에서 볼 때 그리스도인들의 새로운 정체성에도 걸맞은 표현인 듯하다. 베드로전서 2장 9절을 보면 하나님 백성의 정체성을 다음과 같이 말한다.

> 너희는 택하신 족속이요 왕 같은 제사장들이요 거룩한 나라요 그의 소유가 된 백성이니 이는 너희를 어두운 데서 불러 내어 그의 기이한 빛에 들어가게 하신 이의 아름다운 덕을 선포하게 하려 하심이라

이러한 각도에서 볼 때 모든 그리스도인들은 한사람도 예외 없이 노블레스 오블리주의 삶을 살아야 한다. 그것이 창조와 구속의 이유이고, 또한 각자를 향한 세상에서의 사명이며 소명인 것이다.

소금과 빛, 성공 방정식

마태복음 5장을 보면 그리스도의 삶을 향한 구체적 비유 두 가지가 기록되어 있다. 먼저 등장하는 것은 소금의 비유이다.

> 너희는 세상의 소금이니 소금이 만일 그 맛을 잃으면 무엇으로 짜게 하리요 후에는 아무 쓸데없어 다만 밖에 버리워 사람에게 밟힐 뿐이니라 마태복음 5장 13절

제자들을 소금에 비유했다. 그러나 소금이 그 맛을 잃는다는 표현이나 그런 일이 일어나면 사람에게 밟힌다는 표현은 좀더 살펴볼 필요가 있다.

온전한 의미 전달을 위해 무엇보다 당시 팔레스타인 지역의 상황을 보아야

한다. 소금을 얻는 과정이 오늘날과는 매우 달랐다. 당시는 염전이 아닌 염성 소택지salt marsh의 윗 부분에 쌓여있는 소금을 걷어 얻었다. 오늘날의 사해는 매우 확장된 것이지만 그 당시에도 유사한 것이 있었을 것이라고 추정한다. 소금이 붙어있는 부분을 파서 윗부분에 쌓여있는 소금을 걷어내었다. 그 다음은 밑에 남아 있는 흙을 어떻게 했는지가 중요하다. 흙 속에는 소금기가 남아 있었다. 그 흙은 입자가 세밀하고 고른 흙이었기에 버리지 않고 흙으로 만들어진 지붕에 뿌려졌다. 미세한 흙 입자와 소금기가 지붕이 새는 것을 막아주었기 때문이다. 이런 과정을 생각해 볼 때 '소금이 만일 그 맛을 잃으면'이라는 표현을 이해할 수 있다. 당시의 지붕은 평평하게 만들어져 사람들이 모이는 장소가 되었다. 그곳에 뿌려진 흙과 소금은 사람들에 의해 자연스럽게 밟힐 수밖에 없다.

그렇다면 소금을 통해서 그리스도인들의 어떤 역할을 강조하는 것인지 생각해 보자. 먼저 염두에 둘 사실은 소금이 화학적으로 매우 안정된 화합물이라는 것이다. 다르게 표현하자면 소금의 짠맛은 결코 쉽게 변하지 않는다. 한번 소금은 영원한 소금이다. 그런데도 성경은 '소금이 그 맛을 잃는다면'이라는 가정법을 사용하고 있다. 이것은 제자들에게는 제자다운 모습이 있어야 함을 의미하는 말씀이다. 소금에 짠맛이 없다면 그것은 더 이상 소금이 아니다. 동일하게 제자에게 제자다운 모습이 없다면 더 이상 제자일 수 없다는 것이다.

소금의 역할과 제자의 역할에는 공통점이 있다. 소금은 음식에 첨가되어 맛을 낼 뿐만 아니라, 방부제 역할도 한다. 음식에서 소금의 역할이 그렇다면 제자들은 세상에서 그러한 소금의 역할을 해야 한다. 점점 더 이기적으로 변해가는 세상에서 '감동을 주는 삶을 통해 사는 맛'을 더하는 역할을 해야 한다. 또한 더욱 더 악해지고 있는 세상에서 도덕적 살균제 또는 방부제 역할을 감당해야 하는 것이다.

소금과 함께 자주 사용되는 비유는 '빛'이다. 성경에서 빛은 여러 가지 상징적 의미를 담아 사용되고 있다. 때로는 더러움과 대조되는 '순수함과 깨끗함'을 상징한다. 또는 오류나 무지와 대조되는 '진리와 지식'을 상징한다. 하나님으로부터 버림받음의 반대 개념인 '계시와 임재'를 상징하기도 한다. 이 모든 것을 종합해 보면 빛이란 '의로움, 옳음 또는 바름' 등을 의미하는 개념이다.

이런 개념들을 판단하는 잣대가 하나님의 계시가 담긴 성경이다. 특별히 '다수가 옳다'는 분위기가 주관하는 세상 속에서 더욱 더 그렇다. 이럴 때 성경이 진정한 의미에서 '정경canon'이 된다. 정경이라는 단어가 가지고 있는 '잣대'라는 의미가 '삶과 믿음'에 적용되는 것이다. 그러기에 "너희는 세상의 빛이라"마태복음 5장 13절는 말씀은 일반적으로 생각하듯 유명한 사람을 일컫는 것이 아니라 세상 속에서 말씀대로 살며 '걸어다니는 성경'이 되어야 함을 의미한다. 성경을 모르는 세상에서 빛의 역할을 하는 이들이 바로 그리스도인이다. 성경의 기준에 근거하여 세상이 잘못 가고 있으면 그 잘못을 지적하고 올바른 방향을 제시할 줄 알아야 한다.

그렇다고 그리스도인들이 비난하는 자, 혹은 비판하는 존재로 인식되어서는 안 된다. 반대하는 자들이기보다는 대안을 제시하는 자들이 되어야 한다.

이같이 너희 빛이 사람 앞에서 비치게 하여 그들로 너희 착한 행실을 보고 하늘에 계신 너희 아버지께 영광을 돌리게 하라 마태복음 5장 16절

여기에 우리가 추구해야 할 방향성이 있다. '빛을 비추게 한다는 것'과 '착한 행실을 보여주는 것'은 같은 것이다. 하나님의 가르침을 분명하게 전하되 세상이

감동할 착한 행실로 해야 한다는 것이다. 노벨 평화상을 받은 슈바이처는 "모범이란 타인에게 영향력을 끼치기 위해 주요한 도구가 아니며 유일한 도구"라고 했다. 따라서 세상을 향해 모범을 보임으로 하나님께 영광을 돌리는 삶을 살아가야 한다.

평생의 행복을 원한다면 남을 도우라

지금 우리가 사는 세상은 '감동'을 원하고 있다. 영화, 광고 등의 상업성 매체뿐 아니라 언론조차 감동적 이야기와 사건에 목말라 한다. 이것은 갈수록 이기적으로 변하는 세상의 세태와도 연관이 있다. 점점 더 이기적인 세상의 모습에 매력을 잃어감으로 이와 반대되는 트렌드에 갈증을 느끼게 되는 것이 아닐까 생각한다. 이런 세상에서 자신보다 타인에게 초점을 맞추며 살 때 감동이 일어난다. 희생과 섬김의 삶에 감동의 근원이 있는 것이다. 하나님께서는 그의 백성들이 그렇게 살기를 원하신다. 그리고 그때 그들의 삶은 궁극적으로 하나님께 영광을 돌리게 된다. 위에서 이미 언급하였듯이 그것이 '창조와 구속'에 담긴 의도다.

남은 질문은 '과연 그러한 삶을 사는 이들에게 어떤 유익이 있는가'일 것이다. 유익이 존재하지 않는다면 어떻게 하나님 백성으로서의 부름이 축복이 될 수 있겠는가? 이 질문에 대한 답을 찾기 위해 실례를 들어보자.

착한 행실이라는 아름다운 열매로 잔잔한 감동을 선사한 그리스도인들은 수없이 많다. 그 중에 테레사 수녀의 이야기는 우리 모두를 숙연하게 만든다.

그녀는 1910년, 당시 오스만제국의 알바니아현재는 마케도니아 지역에서 세 아이 중 막내로 태어났다. 그녀의 집은 부유한 축에 속하여 그녀는 경제적 어려움 없이 유년기를 보냈다. 한 가지 특징을 꼽자면 대부분이 회교도였던 이웃과는 달리 그녀의 가족은 가톨릭 신앙을 가진 소수에 속했다는 것이다. 이렇게 상대적으로 평범하게 자란 그녀가 선교의 부르심을 받게 되었다. 거대한 꿈으로 시작한 것은 아니었다. 그냥 섬김의 삶을 살기 위해 1929년, 인도의 캘커타로 간 것이다.

한동안 수녀원에 머물며 학생들을 가르치는 교사로 활동했으나 그녀는 그것으로 만족할 수 없었다. 좀 더 도움이 필요한 사람들에게 도움이 되는 삶을 살고 싶었다. 그런 마음을 가지고 그녀는 1949년, 더 이상 비참할 수 없는 캘커타의 빈민가인 모티질을 방문한다. 그곳에서 그녀는 약국에서 약을 얻어 필요한 사람들에게 나눠주는 일을 하기 시작했다. 더러운 곳을 청소하고 무지한 자들을 가르치고 잊혀진 자들을 사랑해 주는 일도 했다. 죽어가는 자를 돌보는 것이 가장 순수한 사랑의 표현이라고 그녀는 생각한 것이다. 그 중에는 나병환자들도 있었다. 그들은 신의 진노를 받은 자들이라고 여겨지며 인도 사회에서 가장 천시되던 이들이었다.

얼마 후 그녀는 태어날 때부터 장애나 심각한 질병을 앓고 있는 이들을 위한 보육원을 열었다. 그들 대부분은 그들을 낳은 가난한 엄마들이 쓰레기더미나 뒷골목, 현관문 앞에 버린 아이들이었다.

모티질에서 고통 받는 수많은 낙오자들은 저주 받은 자의 표상이었다. 그러나 그녀에게는 달랐다. 그녀는 이들이 '고통 받는 자로 변장한 예수의 얼굴'이라고 고백했다. 그들을 향한 테레사 수녀의 사랑이 어느 정도였는지 짐작하게 하는 말이다. 1979년, 그녀는 노벨상 수상 연설에서 청중을 향해 말했다.

"당신이 볼 수 있고 만질 수 있고 함께 살아가고 있는 이웃을 사랑하지 못한다면 어떻게 보이지도 않는 하나님을 사랑할 수 있습니까? 사랑은 분명 가슴 아픈 것입니다."

노령이 된 그녀는 만성 심장병의 쇠약한 몸이었음에도 불구하고 사랑의 실천을 지속해갔다. 심지어 몇 번이나 심장발작을 일으키는 상황에서도 멈추지 않고 선교회를 이끌었다. 그리고 1997년, 마침내 눈을 감는 그 순간까지 그녀는 최선을 다해 남을 돕는 삶을 살다가 떠났다.

일반 사람들의 눈으로 그녀의 삶을 보자면 두말할 것 없이 매우 힘든 삶이었다. 그녀의 고백에도 담겨 있듯이 그녀에게도 '사랑은 분명 가슴 아픈 것'이었다. 쉬운 삶은 아니었다. 대부분의 그리스도인들은 흉내조차 내기 어려운 삶이었다. 그럼에도 불구하고 그녀는 그런 삶을 선택했다. 이 세상에서 자신이 할 수 있는 역할이라고 여겼기 때문이다.

그런 삶을 통해 그녀는 인간으로 가장 영광스럽다고 하는 노벨 평화상을 수상했으며, 종교를 초월하여 많은 사람들로부터 존경을 받았다. 가장 만나보고 싶은 사람으로 평가 받았으며, 천국에 갈 분명한 사람 1순위로 뽑혔다. 그녀는 진정 세상에서 소금과 빛의 삶을 살다간 사람이다. 그것도 가장 선두에 서서.

바로 여기에 선을 행하는 삶의 비밀이 담겨 있다. '일거양득'이라는 표현이 적절할지는 모르겠으나 결과만을 본다면 가장 간략한 표현일 수 있다. 그리스도인들은 선을 행하는 삶을 통해 하나님께 영광을 돌리게 될 뿐 아니라 세상의 삶에 있어서도 만족을 얻을 수 있다. 이것이냐 저것이냐의 문제가 아니라 둘 다 얻을 수 있다. 그런 삶을 살기 위해 그리스도인들이 지음을 받았으며 구원을 받은 것이다. 중국의 한 속담이 이러한 삶을 잘 묘사하고 있다.

> 한 시간의 행복을 원한다면 낮잠을 자라
> 하루의 행복을 원한다면 낚시를 가라
> 한 달의 행복을 원한다면 결혼을 하라
> 일 년의 행복을 원한다면 돈을 상속 받아라
> 평생의 행복을 원한다면 남을 도우라

머리뿐 아니라 '가슴'으로 신앙생활 하라

'영국의 양심'이라 불리는 윌리엄 윌버포스 역시 삶에서 소금과 빛의 역할이 무엇인지 잘 보여준다. 그는 1785년 성경과 종교서적을 읽던 중 깊은 회심을 체험하게 된다. 체험 이후 그는 기독교적이지 않다고 생각되는 이전의 습관들을 모두 버리기로 작정한다. 그가 28세였던 1787년 10월 28일 자신의 일기에 이런 기록을 남겼다.

"전능하신 하나님께서는 내 앞에 두 가지의 큰 목표를 두셨다. 하나는 노예무역을 폐지하는 것이고, 다른 하나는 인습을 개혁하는 것이다."

그때는 그가 하원에서 노예문제 개혁 운동의 지휘를 떠맡은 해였다.

노예제도 폐지라는 비전은 분명 당시 영국 사회에 엄청난 파문을 가져올 것이었다. 18세기 말 영국은 막강한 해군력으로 '팍스 브리테니카'의 시대를 누리고 있었다. 상선들은 그런 분위기 속에서 노예무역으로 돈을 벌고 있었다. 아프리카 흑인들을 잡아 프랑스, 스페인, 영국 및 북미 대륙으로 실어 날랐다. 노예무역에 수많은 사람들이 고용되어 있었고, 국가 수입원의 3분의 1을 차지하며 영국 식민지 산업의 근간을 이루고 있었다. 막강한 상인, 식민지 기득권 세력을 포함한 대부분의 왕족 및 귀족들의 지지 하에 공공연히 진행되고 있는 일이었다. 이런 분위기 속에서 노예무역에 대해 반대를 한다는 것은 매국행위로 치부되기로 작정하는 것과 같은 일이었다. 그러나 이것을 폐지하는 것이 하나님께서 그에게 주신 비전 중의 하나였다.

노예무역 폐지에 앞장선 윌버포스에게 암살 위협과 중상모략, 그리고 비방이 쏟아졌다. 그러나 왜소한 체구의 윌버포스는 그런 위협에 결코 굴하지 않았다. 150번이나 되는 의회 논쟁에서 영국이 진정으로 위대한 나라가 되고자 한다면 하나님의 법을 따라야 한다고 꿋꿋이 주장했다. 또한 기독교 국가를 자처하는 영국이 황금에 눈이 멀어 노예제도를 고집하면 멸망할 것이라고 했다. 그 뿐 아니었다. 그는 노예제도의 문제점을 다룬 시와 노래, 사진 등을 확산시켜 반대 여론을 조성해 나갔다. 또한 노예제도를 통해 생산한 설탕불매운동 등 다양한 방식을 동원하기도 했다. 시간이 흐르면서 영국의 수많은 뜻있는 목사들과 다양한 계층의 지도자들도 합세했다.

길고 험난한 싸움이었다. 약 20년이 소요된 힘든 투쟁이었다. 드디어 1807년, 영국 하원에서 '노예무역 폐지법The Abolition Act'이 통과됐다. 그리고 마침내 1833년, '노예 해방 법령The Emancipation Act'을 통해 영국 전역에서 노예제도가 폐지되었다.

이로 인해 대영제국의 식민지였던 교회 문들이 모두 열려 해방된 노예들로 대만원을 이루었다고 한다. 그의 영향으로 영국의 젊은 국회의원 3분의 1이

복음주의 기독교인이 되기도 했다. 그는 총체적 부패 가운데서도 의와 양심을 포기하지 않는 지도자의 모범을 보여주었다.

많은 역사가들은 그가 노예무역 금지라는 인기 없는 투쟁을 하지 않았다면 수상이 되었을 것이라고 평가한다. 실제로 그는 정치가로서 훌륭한 자질을 인정받았을 뿐 아니라 수상이었던 윌리엄 피트와도 절친한 친구관계였다. 또한 대단히 매력적인 목소리의 소유자로서 그의 적들까지도 기꺼이 그의 연설에 귀 기울이게 했다. 그의 역량 및 영향력을 고려했을 때 역사가들의 평가는 결코 과장이 아니다. 그는 그리스도인답게 살기로 작정하던 날 개인적 욕망을 깨끗이 버렸다. 그것의 대가로 모욕과 반대와 수치를 당했다. 그가 비록 영국 수상으로 기억되진 않지만 그는 수많은 사람들로부터 존경받는 지도자로 지금까지 칭송 받고 있다.

많은 그리스도인들이 세상 문제에 대해 자신과는 상관없다는 식으로 살아간다. 개인적 신앙의 게토ghetto 속으로 도피해 버리거나 불신자들과 별반 다를 게 없는 정치적 태도를 취하면서 말이다. 윌버포스는 그리스도인들에게 머리로만 신앙생활을 하지 말고 삶의 모든 부분에서 가슴으로 신앙생활을 해야 함을 자신의 삶을 통해 보여주었다. 특히 그는 선한 일을 함에 있어서 때론 실패하고 넘어지더라도 포기하지 않고 끝까지 인내하여 결국엔 목적을 이루어내는 모범사례를 잘 보여주었다. 무엇보다 그는 자신이 가진 것을 최대한 모든 사람들의 유익을 위해 사용하려고 애썼다. 또한 그는 매일 한 시간 반씩 말씀묵상과 기도로 하루를 시작했다고 한다. 삶에서 진정으로 중요한 우선순위가 무엇인지 뒤돌아보게 한다. 그의 삶은 소금과 빛으로의 삶을 살도록 부름 받은 그리스도인들에게 귀한 모델이 되어 주고 있다.

교회의 정체성을 회복하라

그리스도인들은 소금과 빛이라는 비유에 걸맞는 삶을 살아야 한다. 또한 그리스도인들의 공동체인 교회 역시 그러한 삶을 사는 것은 당연하다.

옥스퍼드대학의 철학과 교수였으며 캔터베리 주교였던 윌리엄 템플 목사는 교회를 다음과 같이 정의했다.

"The Church is the only society that exists for the benefit of those who are not its members. 교회는 회원이 아닌 사람들에게 혜택을 주기 위해 존재하는 유일한 공동체이다."

그는 교회란 매우 독특하다는 의미에서 '유일한 공동체only society'임을 강조하고 있다. 인간 사이에 존재하는 모든 조직과 공동체는 공통점을 가지고 있다. 그들 모두는 회원 또는 멤버 중심이며 그들의 혜택을 위해 존재한다는 사실이다. 오직 하나의 공동체만이 예외인데 그것이 바로 '교회'라는 것이다.

현재 한국 교회는 성장 둔화를 뛰어 넘어 쇠퇴의 길로 접어들었다는 자조 섞인 말을 듣고 있다. 통계청 자료에 따르면, 1995년부터 2005년까지 10년 동안 인구는 5.6% 증가하는 반면 기독교인은 14만 4천명 즉 1.6%가 감소했다. 더 심각한 문제는 통계적 자료 뒤에 담긴 실제 상황이다. 기독교인이 1.6%나 감소된 주 원인은 10대와 20대 연령층이 대폭 감소했기 때문이라고 한다. 40대, 50대의 수는 소폭 증가했는데 반해 10대 후반에서 20대 후반의 연령대가 두드러지게 감소했기 때문에 전체적 감소로 이어졌다는 것이다. 성인 중심의 목회자들은 교인 감소에 관해 크게 실감하지 못할 수도 있을 것이다. 그러나 이대로 진행된다면 한국 교회의 미래는 매우 어두울 수밖에 없다.

마하트마 간디는 "희생이 없는 종교는 인간을 파멸로 이끈다."고 했다. 한국 교회를 향한 비판을 보면 '희생의 부족'이 핵심에 있음을 알 수 있다. 여기에 한국 교회가 처한 트렌드의 방향성을 바꿀 방법이 있다. 그것은 윌리엄 템플이 말한 교회의 정체성을 다시 회복하는 것이다. 이에 한국 교회 역시 최근 다양한 모습으로 세상에서 소금과 빛의 역할을 감당하고자 시도하고 있다.

한국교회봉사단, 한국교회희망연대 등 새로운 연합운동이 일어나고 있는 것은 매우 고무적이라 할 수 있다. 그러나 아직도 세상에 감동을 주기에는 부족하다. 좀 더 혁신적인 모습으로의 변화가 필요하다. 언제부턴가 교회가 영향력을 잃어버리기 시작한 원인을 생각해 보아야 한다. 또한 초대교회에 대한 연구와 기독교가 로마제국에 공인되기 전, 모든 손해를 감수하면서까지 그리스도인이 되기를 선택했던 이유들도 다시 되새겨 보아야 한다. 그럴 때 현대 교회가 잃어버린 중요한 요소를 재발견할 수 있을 것이다. 물론 단순히 과거의 모델만을 본받자는 것은 아니다. 우리는 변화하는 문화와 세상 속에서 살아가고 있기 때문이다.

17세기 에도 시대의 일본 하이쿠 시인인 마쓰오 바쇼는 "옛사람의 발자취를 뒤따르려 애쓰지 마라. 그들이 추구하던 것을 추구하라."고 했다. 또한 프랑스 사회주의의 아버지라 불리는 장 조레스는 "과거의 재단에서 불을 취하라. 재를 취하지 말고"라는 말을 했다. 정신과 목적을 다시 한번 회복하는 것이 중요하다는 말이다. 그리스도인들이 부름 받은 대로 행할 때 세상에서의 영향력 또한 커지는 시대가 열렸다. 일거양득의 시대가 활짝 열리고 있는 것을 분명히 보며 본분대로 살아가는 그리스도인들이 되어야 할 것이다.

SECRETS@change

Long-Term Life Planning
인생 게임의 룰이 바뀌다

2050:05:06

2043:12:28

2037:07:14

2032:09:05

2024:04:18

2017:11:21

2013:03:16

70대 중반의 할머니들이 찜질방에 갔다고 한다. 할머니들은 사우나도 하고 목욕도 하고 계란도 사 먹으며 즐거운 하루를 보냈다. 그리고 집으로 돌아가려고 탈의실에서 옷을 갈아입는데 한 할머니가 옆에 있던 친구 할머니를 보고 깜짝 놀라며 말했다.

"아니, 언제 여기 왔어?"

옷을 다 갈아입은 할머니는 "다음 주 금요일 11시에 여기서 또 만나자."며 다음 모임을 약속했고 옆 할머니가 "그러자"고 대답하며 혹시 잊어버릴까봐 수첩에 메모를 했다.

문 밖에서 헤어질 때 "다음 주 금요일 11시야."라고 재차 점검을 하자, 그 할머니가 수첩을 꺼내 보더니 이렇게 대답했다.

"이걸 어쩌지 선약이 있네~"

이런 유머를 대하면 웃어야 할지 안타까워해야 할지 잘 판단이 서지 않는다. 왜냐하면 이런 유머를 전하며 낄낄 웃는 우리도 곧 이 유머의 주인공이 될 수 있기 때문이다. 실제로 우리 국민의 평균 수명은 이제 80세를 웃돌게 되었다. 2001년 76.4세 이후 해마다 거의 0.5세씩 증가해 온 결과다. 20세기 초와 비교해 보면 평균 수명이 거의 2배 이상이나 늘어난 셈이다.

평균 수명이 늘어남에 따라 노인층 역시 급격하게 증가했다. UN은 65세 이상 노인이 전체 인구에서 차지하는 비율을 기준으로 고령화사회 Aging society, 고령사회 Aged society, 초고령사회 Post-aged society로 구분하고 있다. 노인 인구가 7%가 넘으면 고령화사회, 14%에 이르면 고령사회라고 하며, 20%를 넘는 경우는 초고령사회라고 말한다. 이 기준에 의하면 이미 우리는 2000년에 고령화사회에 진입했으며 2019년 즈음이면 고령사회에 들어설 것으로 보고 있다. 같은 추세로 가면 2026년에는 초고령사회가 될 전망이다.

우리의 경우 출산율의 급격한 저하와도 맞물려 노인층의 확산이 더욱 빨리 진행될 것이라고 한다. 2030년에는 24% 정도이며, 2050년에는 37%를 상회할 것으로 예측하고 있다. 이러한 수치는 전 세계에서 가장 높은 것으로 다음 세대가 짊어져야 할 부담을 걱정해야 할 수준이다. 그래서 그런지 요즘에는 환갑잔치가 사라져 버렸다. 잔치의 주인공이 될 대상들이 '아저씨'라는 표현에 걸맞도록 '팔팔'하니 당연하다. 주름살을 펴준다는 보톡스 주사와 비아그라 같은 의약품도 노익장을 부각시키는 데 한몫하고 있다. 이런 분위기 때문인지 '나이는 숫자에 불과하다'는 표현은 더 이상 큰 감흥조차 불러일으키지 않는다.

새로운 인생공식

평균 수명이 급격하게 늘어났다는 것은 인생 공식이 바뀌었다는 것을 의미한다. 전 통계청장 오종남 박사는 새로운 인생 공식을 내놓았다.

"과거의 인생 공식은 '30+30+알파'였습니다. 그러나 이제는 '30+30+30+알파'가 되어버렸지요. '트리플 30 플러스 알파'입니다."

처음 30년은 부모 밑에서 보내는 30년을 말하고, 그 후 30년은 부모로서의 30년을 의미한다. 그때까지 살아있으면 환갑잔치를 했다. 60세 이후의 플러스 알파는 자식 덕을 기대했다. 자식은 일종의 투자 대상인 셈이었다.

이제 인생 공식이 바뀌었다. 처음 두 번의 30년은 과거와 동일한데 평균수명이 늘어나면서 또 다른 30년이 더해졌다. 60세가 되어서도 건강할 뿐만 아니라 자식 덕은 기대하지 못하게 되었다. 그들의 코가 석자가 되어버렸기 때문에 오히려 자식들이 부모에게 기대지 않으면 바랄 것이 없다는 새로운 넋두리가 등장했다. 결국 자식들을 출가시킨 후에도 30년이 더 있는 셈이다. 그리고도 상당수는 또 알파라는 기간을 살 것으로 예상된다.

축구를 예로 이 변화를 설명해 보면 과거에는 전반전, 후반전, 승부차기로 승패를 갈랐다. 그런데 이제는 전반전, 후반전, 연장전에 이어 골 넣을 때까지 계속하는 룰로 변했다. 게임의 양상이 완전히 달라지다 보니 인생의 새로운 '삼대 비극'까지 등장했다. '청년출세, 중년상처, 노년무전'이 바로 그것이다. 너무 일찍 출세하면 그 이후론 내리막길을 경험할 가능성이 많으니 청년출세는 비극이 될 수 있다. 또한 중년에 배우자를 잃으면 길게 남은 나머지 삶이 불행해질 수 있기에 또 비극이다. 그리고 나이 들어서 돈이 없으면 그 삶 또한 비극이기에 노후 준비를 잘해야 한다는 것이다. 과거와는 완전히 달라졌음을 알 수 있다.

인생이라는 경기의 상황이 바뀌었기에 그것을 운영하는 전략도 바뀌어야 한다. 청년들은 실패할 수 있는 여유(?)가 생겼다. 그러기에 적당한 곳에 쉽고 빠르게 안착하기보다는 더 높은 목표를 향해 도전할 수 있어야 한다. 중년들은 서로의 건강을 챙겨주며 잘 살아야 한다. 부부 모두가 건강할 때 둘 다 더 장수할 수 있다는 통계가 있다. 나이가 들어가며 노년 또한 잘 준비해야 할 때가 되었다. 과거에는 자녀들이 최고의 미래 투자처였다. 노후 보험을 들듯 자녀에게 올인했다. 만약 그것이 이유였다면 더 이상 그렇게 해서는 안 된다. 스스로 노후 준비를 철저히 하지 않으면 불행한 노년을 보낼 수밖에 없는 세상으로 변해 버렸기 때문이다.

나는 여전히 일하고 싶다

세상에서 회자되는 한 이야기가 현재의 시대상을 잘 보여주고 있다.

- 10대들이 가장 부러워하는 대상은 공부 잘하는 사람이고
- 20대들이 가장 부러워하는 대상은 애인 많은 사람이고
- 30대들이 가장 부러워하는 대상은 좋은 직장에 다니는 사람이고
- 40대들이 가장 부러워하는 대상은 직장에서 승승장구하는 사람이고
- 50대들이 가장 부러워하는 대상은 친구들끼리 만났을 때 거침없이 회식비를 지불할 수 있는 사람이고
- 60대들이 가장 부러워하는 대상은 놀러 가자고 전화했는데, 출근해야 한다고 말하는 사람이다.

10대와 20대의 경우는 쉽게 이해할 수 있다. 그러나 그 후의 세대는 가슴 아픈 현실을 반영하고 있다. 취직의 어려움과 실직 그리고 조기 명퇴의 아픔을 느끼게 한다. 이십 대의 태반이 백수라는 '이태백', 서른 여덟의 나이에 직장을 잃어버렸다는 '삼팔선', 사십 오세가 정년퇴직이라는 '사오정', 쉰 여섯인데도 일하고 있으면 도둑이라는 '오륙도' 등의 자조 섞인 표현을 떠오르게 한다.

그 중에서도 특별히 60대에 관한 이야기는 노인층의 증가와 깊은 관련이 있다. 노인 일자리 박람회에 오는 노인들이 일자리를 찾는 가장 큰 이유는 재정적인 이유보다 단순히 '일하고 싶다'는 것이라고 한다. 우리 사회는 일반적으로 60살 전후의 정년이라는 개념을 가지고 있다. 최근 실시한 정년에 관한 설문

조사에서 원하는 정년과 실제로 실행되는 정년과의 차이가 무려 6년이나 되는 것으로 나타났다. 원하는 정년은 63세인데 실제로 시행되는 정년은 57세였다. 이 통계만 보아도 노인들이 얼마나 일하고 싶어하는지 잘 알 수 있다.

다른 나라와 비교해 볼 때 한국은 유난히 진통이 심한 것 같다. 노인 문제에 관해 준비되어 있지 못한 탓도 있겠지만 더 큰 이유는 우리의 특수한 경제발전 역사에 있지 않을까 한다. '한강의 기적'이라 불리는 경제의 '압축 성장'이 말해 주듯 우리는 농경사회에서 산업사회로 압축 성장하였고, 정보사회로의 변화 또한 압축되어 일어났다. 서구의 여러 나라들이 비교적 큰 시간차를 두고 성장한 반면 우리나라는 단시간에 성장하면서 압축 성장에 따르는 고통을 수반하게 된 것이다.

'60세 정년'이라는 개념에 대해서도 이해가 필요하다. 이것은 19세기 말 평균 수명이 지금보다 훨씬 낮을 때 만들어졌다. 더 중요한 사실은 그 당시의 시대 흐름은 농경사회에서 산업사회로 진입하는 단계였다는 것이다. 현재는 이 두 가지 모두가 바뀐 상황이다. 평균 수명이 비교할 수 없을 정도로 증가했을 뿐 아니라, 산업사회에서 지식·정보사회로 탈바꿈했다. 이러한 변화에도 불구하고 정년에 대한 개념은 여전히 과거의 패러다임에 묶여있다.

현대 경영학의 아버지라 불리는 피터 드러커는 '지식근로자'라는 표현을 사용했다. '제품의 생산'이라는 개념에서 갈수록 '정보와 지식의 생산'이라는 개념으로 바뀌고 있음을 의미한다. 실제로 빌 게이츠의 마이크로 소프트사가 생산하는 것은 실상 무게가 전혀 나가지 않는다. 흔히 IT, BT, NT를 미래형 산업을 주도할 대표 분야로 꼽는다. 이 세 분야의 공통점은 물질성이 거의 없다는 것이다. 우리나라 최고의 기업인 삼성 또한 "우리는 더 이상 제조업체가 아니다."라고 선언했다. 이 말은 물건을 만들지 않겠다는 뜻이 아니라 앞으로 생산에 대한 관념 자체를 바꾸겠다는 의지의 표현이다. 이제 시대가 변했다. 과거 육체노동자의 개념과 연결된 '정년과 은퇴' 역시 변화된 지식근로자의 시대에 맞게 바뀌어야 한다.

물론 단순히 정년이 늘어나야 한다고 말하는 것은 아니다. 직職과 업業이 구분되어야 함을 말한다. 직은 삶을 영위하기 위해 돈을 버는 수단이기에 정년과 은퇴가 있을 수밖에 없다. 그와는 달리 업은 '소명'이기에 죽을 때까지 멈출 수 없는 개념이다. 평균 수명이 증가함에 따라 노인층의 노동 기여의 장을 열어야 하는 시대에 도래했다. 그들의 삶을 통해 축적된 지식과 경험을 끌어낼 수 있는 분위기와 실제적 방법이 필요한 시대인 것이다.

인간 수명은 얼마나 더 늘어날까

사람들의 평균 수명이 늘어감에 따라 '노화'에 대한 연구가 활발히 진행되고 있다. 한 가지 특이한 변화를 지적하자면 '노화 자체'에 대한 이해라고 할 수 있다. 이제 노화는 단순한 자연 현상을 넘어 '질병'으로 인식되기 시작했다. 이는 노화를 향한 인간의 접근법이 바뀌었다는 것을 의미한다. 노화는 더 이상 실존주의자들이 말하는 한계상황에 속하지 않는다. 인간이 인간의 힘으로 어쩔 수 없는 영역으로부터 노화를 끄집어내기 시작한 것이다. 오히려 질병이라 여기며 이를 치료하려고 부단히 노력하고 있다. 이러한 생각은 미래 학자들의 주장 속에 폭넓게 반영되어 있다. 다음 몇 사람들의 생각을 보면 그런 분위기를 잘 읽을 수 있다.

'에디슨의 진정한 후계자'라는 평을 받고 있는 미국의 미래학자, 레이 커즈와 일은 인간이 질병을 이기고 무병장수할 수 있는 방법을 제시했다.

"질병과 싸우고 수명과 활력을 증진하는 노력을 전쟁이라고 한다면, 이 전쟁에서 가장 먼저 물리쳐야 할 적은 게으르고 건강에 무관심한 나 자신입니다. 지금까지의 과학적 발견만으로도 인류는 건강과 장수의 비결을 이미 잘 알고 있습니다. 아는 것을 실천만 한다면 현재 상태에서도 수 년, 수십 년의 생명을 연장할 수 있습니다."

그 역시 개인적으로 하루 약 250정의 영양 보충제를 복용한다고 한다.

세계미래학회 회장이었던 '파비엔 구-보디망'이라는 미래학자는 인간 수명이 지속적으로 늘어날 것으로 예측했다. 그녀의 말에 의하면 2040년 즈음엔 인류의 평균 수명이 120세가 넘을 것이라고 한다. 그러기에 그 시대의 60대는 지금과는 매우 다를 것이라고 말한다.

"미래의 60세 이상 노인은 지금의 노년 세대보다 훨씬 긍정적이고 건강하며 에너지가 넘치는 노년이 될 것입니다. 과거 노인 세대는 세상과 단절됐지만 지금의 인터넷 세대들은 30년 후 노인이 되어도 끊임없이 세상과 소통할 것입니다. 그러니까 60~80세는 노인이 아니라 '또 다른 나이', 말하자면 '제3의 인생'이라고 표현할 수 있죠. '늙었다'고 표현할 수 있는, 스스로 문을 닫으며 세상과 단절하는 나이는 80세나 85세가 지나고 나서부터일 것입니다."

이 말은 곧 인간의 평균 수명이 늘어남에 따라 달라질 사회상을 잘 나타내고 있다.

베네수엘라 미래학자, 호세 코르데이로는 『2020 트랜스휴먼과 미래경제』에서 트랜스휴먼trans-human의 등장을 예견했다. 그가 말하는 트랜스휴먼은 현생 인류와 미래에 새롭게 나타날 포스트휴먼post-human의 중간 형태를 말한다. 이들은 기계를 몸 속에 이식하여 향상된 능력을 가질 수 있게 된다. 터미네이터라는 영화에서 등장한 일종의 사이보그 같은 존재와도 비슷하다. 기계를 몸 속에 넣고 줄기세포로 배양된 인공심장, 인공안구 등의 인공장기를 이식한 존재를 말한다. 자신의 세포로 자신의 장기를 만들어 쓰기 때문에 부작용이 없다. 인공심장은 2020년 정도면 이식 가능할 것이라고 주장한다. 심지어 2050년 즈음이면 인류의 60%는 인공두뇌를 가지고 있을 것이라고 예견한다. 그는 이미 인공심장 박동기나 자동인슐린 공급기를 몸에 이식한 환자들을 예로 들며 설득력 있게 주장하고 있다. 또한 그는 기술의 발전은 이런 것들을 다른 영역으로 확산시킬 것이며 결국 인간은 진화를 통해 포스트휴먼 단계에 돌입할 것이라고 이야기 한다. 이러한 신인류의 탄생이 50년 내에 이루어질 것이며 그때가 되면 더 이상 늙지 않는 몸과 마음의 상태를 얻어 '영생(?)하게 될 것'이라고 그는 말하고 있다.

또한 그는 노화를 결정하는 유전 인자를 발견함으로써 인류는 수명 연장의 가능성에 한발 더 바짝 다가섰다고 말한다. 영국 캠브리지대학에서 실시한 쥐의 수명 연장에 관한 연구 결과를 언급했는데 참고로 쥐의 유전자는 인간과 90%가 일치한다. 쥐의 수명은 2년인데 현재 5년까지 사는 쥐가 나왔다고 한다. 불과 2년 전에 시작한 연구를 통해 이 정도의 성과를 거둔 것이다.

인체 세포 중에서 죽지 않는 세포라는 생식세포와 암세포에 대한 연구도 한창 진행 중이다. 정자와 난자는 나이를 먹지 않는다. 보관해 뒀다가 언제든지 사용할 수 있다. 인체에 치명적인 암세포 역시 죽지 않는다. 다른 장기에 들어

가면서까지 끝없이 자기 증식을 한다. 이런 세포들이 늙지 않는 원인이 무엇인지에 대한 연구가 한창이다. 이에 더해 바다가재나 바다거북, 상어의 어떤 종들은 죽을 때까지 계속 성장한다고 한다. 이런 연구를 통해 노화의 비밀이 하나 둘 풀리고 있다고 그는 주장하고 있다. 그의 주장에 있어서 영생이라는 부분은 물론 터무니없게 들린다. 그러나 다른 영역에 있어서는 단순히 믿거나 말거나의 수준이라고 치부할 수만은 없을 듯하다.

물론 이런 주장을 통해 그들이 올바른 미래를 예측하고 있다고 믿어서는 안 된다. 미래학을 개척한 선구자 중 짐 데이토라는 학자가 있다. 엘빈 토플러와 함께 미래협회를 만들기도 한 그녀는 미래학에 관해 이런 말을 남겼다.

"미래학은 '미래는 예측할 수 없다'는 데서 출발한다. 미래학은 미래를 예측하는 것이 아니라 발명하는 것이다. 곧 자신들에게 맞는 미래를 발명하기 위한 것이 미래학이다. 그러기에 미래future는 하나가 아니라 여러 개다. 미래학이라는 말은 영어로 'future study미래 연구'가 아니라 복수인 'futures study미래들 연구'라고 해야 한다."

그녀의 말에 따르면 미래학자들은 미래에 대한 자신의 꿈을 가지고 그것을 이루어가는 이들이라고 말할 수 있다. 물론 터무니없는 것에 근거하여 미래를 만드는 것은 전혀 아니다. 그들은 현존하는 기술을 바탕으로 발전 정도를 예측하여 사람들이 원하는 것을 만드는 사람들이다. 그러기에 그들의 주장은 현대인들이 원하는 것이 무엇인지 알 수 있게 할 뿐만 아니라, 앞으로 어떠한 미래가 다가올 것인가를 짐작할 수 있게 한다.

수명과 행복지수는 비례하는 것일까?

"오래 사는 것 자체가 우리를 행복하게 할 수 있을까?" 이 질문에 답하기 전에 미래학자들이 꿈꾸는 세상을 먼저 평가해 보자. 인간의 수명 연장을 위한 다양한 연구가 활발히 진행되는 만큼 우려의 목소리 또한 높다. 인공장기를 만들기 위해 줄기세포 연구를 허용한 것만 해도 그 파장이 만만치 않다. 한 마디로 말해 인간 존엄성의 상실이라고 할 수 있다.

첫째는 줄기세포 연구의 발전이 인간복제로까지 이어질까 두렵다. 만약 인간복제가 현실화되면 인간은 더 이상 고귀한 존재가 아니라 공장에서 수없이 복제할 수 있는 공산품으로 전락할 것이다. '아일랜드'라는 영화가 현실이 될 수도 있다.

둘째는 복제인간이 인간을 위한 착취 수단으로 악용될 수 있다. 복제인간들은 소모품의 용도로 생산되는 것이기 때문이다.

마지막으로 복제한 배아의 매매 행위를 들 수 있다. 특별히 배아의 우수성에 따라 가격을 매기고 상업화할 수 있다. 사람들은 이러한 기술을 통해 궁극적인 유토피아가 건설될 것이라는 기대를 가지고 있는 듯하다. 그러나 우리 스스로 판도라의 상자를 열어 정반대의 디스토피아를 만들어낼 수도 있다. 올더스 헉슬리의 『멋진 신세계』에서 그려진 것처럼 인간이 가지고 있는 모든 아름다운 감정과 생각이 말살된 채 기계처럼 살아갈 수 있다.

더 근본적인 질문을 던질 수도 있다. "인간은 과연 수명이 짧아서 불행한 것인가? 그렇기 때문에 수명이 늘어나면 정말 행복해질 수 있는가?"라는 질문이다. 공동묘지에 가면 묘석들이 있다. 우리의 경우 묘석에 태어난 해와 떠난 해를 명기하지는 않는다. 그러나 서양의 묘비를 보면 둘 사이를 잇는 선(-)이 있다. 사람의 삶이 그곳에 모두 압축되어 있다. 인생은 탄생으로 시작한다. 그 탄생은 자신 스스로 결정할 수 없다. 죽음도 마찬가지다. 어느 누구도 자신의 운명을 예측할 수 없다. 그런 상황을 염두에 두고 볼 때 인생의 길고 짧음을 기준으로 행복을 이유 삼는 것은 무의미하다. 더 중요한 것은 그 인생을 어떻게 사느냐 하는 것이기 때문이다.

시인이며 철학자인 랄프 왈도 에머슨의 '성공이란' 시에 이런 구절이 나온다.

"무엇이든 자신이 태어나기 전보다 조금이라도 나은 세상을 만들어 놓고 가는 것, 자네가 이곳에 살다 간 덕분에 단 한 사람의 삶이라도 더 풍요로워지는 것, 이것이 바로 성공이라네."

이 시를 통해 많은 이들이 성공의 관념을 바꾸었다고 한다.

어느 기자가 이어령 박사에게 물었다.

"진짜 성공적인 인생은 무엇일까요?"

그의 대답은 에머슨의 시와 비슷한 맥락이다.

"우린 모두 태어날 때 울게 됩니다. 대신 곁에 있는 사람들은 다들 좋아하고 축하하지요. 반대로 세상을 떠날 때 나는 편안하게 웃고, 남들이 모두 보내기 싫어 슬피 우는 인생, 이것이 바로 성공적인 인생이지요."

평균 수명의 증가로 인생을 사는 시간이 늘어나고 있다. 따라서 건강식품, 운동, 삶의 질 등은 유난히 부각되고 있는 반면 삶의 의미를 묻는 질문들은 사라지고 있다. 삶의 의미에 대한 질문은 철학자들이나 하는 '골치 아픈' 영역으로 치부되어 버리고 있는 것은 아닌지 염려스럽다. 시간 속에 삶의 의미를 부여하는 법을 회복해야 한다. 오래 사는 것과 의미 있게 살아가는 것이 모두 중요하기 때문이다. 장기적 안목을 가지고 의미 있는 인생을 계획하고 만들어 가야 한다.

분명한 목적지를 정하라

"표적 없이 쏘는 화살은 백발백중이다."라는 말이 있다. 분명한 목표 없이 적당히 얻은 결과를 정당화함을 우회적으로 비꼬는 말이다. 이런 모습으로 사는 사람들이 우리 주위에 적지 않다. 또 한가지의 치명적인 약점은 장기적 안목으로 삶을 보지 못하는 것이다.

르네상스 시대의 정치사상가인 마키아벨리는 『정략론』이라는 그의 저서에서 "인간이란 맹금류가 노리는 것도 모른 채 눈 앞에 떨어져 있는 곡식 몇 알에 눈이 팔려 있는 참새와 같다."고 말했다. 인간의 약점을 잘 간파한 말이다. 둘 중에 한 가지 약점만 가지고 있어도 문제가 될 수 있다. 그러나 이 두 가지 약점을 동시에 갖고 있다면 비극 중의 비극이 된다. '우왕좌왕, 갈팡질팡, 그럭저럭, 어영부영' 등의 표현으로 점철되는 삶이 되어 버린다.

성공에 관한 서적 중 현대판 고전으로 여겨지는 스티븐 코비의 『성공하는 사람들의 7가지 습관』은 19세기 말과 20세기 초 미국을 이끌었던 리더들의 삶을 연구한 결과를 담고 있다. 그는 '분명한 목적지를 정하고 시작하라 Begin with the End in mind'는 것을 성공으로 가는 두 번째 습관으로 꼽았다. 종착역이 분명히 정해질 때 우리 여정의 이유도 확실해진다. 목적지가 분명해야 일의 우선순위를 잘 결정하게 되는 것이다. 우선순위가 결정되면 순간순간의 결정은 그리 어렵지 않다. 수많은 선택에서 어떤 것을 택할 것인가 하는 것도 더 이상 어려운 문제가 아니다. 비로소 '목적이 이끄는 삶'을 살 수 있게 되는 것이다.

성경의 많은 이들이 이러한 삶을 살았음을 보게 된다. 그 중에서도 예수님과 사도 바울은 모든 것이 목적에 맞춰진 삶이었음을 잘 보여주고 있다. 예수님의 삶은 성경의 사복음서에 잘 나와 있다. 그 중에서도 요한복음을 보면 목적이 이끄는 삶을 산 예수님의 분명한 모습을 만날 수 있다. 무엇보다 특정한 '때' 또는 '시간'이 반복되어 나온다. 어떤 때는 흐름과 연결이 안 되게 여겨지는 경우도 있다. 예를 들어 2장에서 '물을 포도주로 바꾸는 기적'을 다루는 부분이 그렇다. "내 때가 아직 이르지 아니하였다"요한복음 2장 4절라고 말하고는 조금 있다가 물을 포도주로 바꾸어 버린다. 또 7장을 보면 믿지 않는 형제들이 예수님으로 하여금 '자신을 세상에 나타내라'며 예루살렘으로 갈 것을 권한다. 그들의 요청에 예수님은 '내 때는 아직 이르지 아니하였다'고 답을 한다. 그리고는 조금 있다가 예루살렘으로 향한다. 전체를 보지 못하는 이들에게는 쉽게 이해가 되지 않는 부분이다.

하지만 내용이 전개되며 '때'와 '시간'은 조금씩 구체화된다. 4장의 사마리아 여인과의 대화에서 그 힌트가 시작된다. "(하나님) 아버지께 참되게 예배하는 자들은 영과 진리로 예배할 때"요한복음 4장 23절가 다가오고 있다고 한다. 무언가 달라질 세상에 대한 예언적 발언이다. 그 때가 곧 올 것임을 알려주고 있다. 8장에 가면 새로운 중요 요소가 등장한다. 예수님이 성전에서 자신이 하나님의 아들이라고 밝히는 상황이 벌어진 것이다. 그것은 유대인들에 있어 심각한 신성모독적 발언이었다. 돌로 쳐 죽이고도 남을 사건이었다. 그러나 "잡는 사람이 없으니 이는 그의 때가 아직 이르지 아니하였음이러라"요한복음 8장 20절고 기록하고 있다. 그 때가 언제인지는 모르지만 그 시간이 오지 않았기에 누구도 그를 건드릴 수 없었다고 말하는 것이다. 그의 때는 어떤 모습이든 그가 잡히는 것과 관련이 있을 것임을 시사한다.

마침내 12장에서 '때'와 '시간'에 대한 궁금증이 풀린다. 헬라인 몇 명이 제자인 빌립과 안드레와 함께 예수님을 찾아온다. 그것은 예수님의 인생 마지막 순간을 타오르게 만들 점화의 순간이었다. 예수님은 "인자가 영광을 얻을 때가 왔도다"요한복음 12장 23절라고 말한다. 연이어 죽음에 대한 예견적 발언이 비유로 나온다.

> 내가 진실로 진실로 너희에게 이르노니 한 알의 밀이 땅에 떨어져 죽지 아니하면 한 알 그대로 있고 죽으면 많은 열매를 맺느니라 요한복음 12장 24절

지금까지의 '때'와 '시간'이라는 애매한 표현이 명확해지는 순간이다. 다른 이들을 구원하기 위해 대신 죽는 십자가의 죽음의 순간임을 알 수 있게 한다. 그 이후에도 요한복음은 그의 죽음의 순간과 연관된 "세상을 떠나 (하나님) 아버지께로 돌아가실 때"요한복음 13장 1절, "아버지여 때가 이르렀사오니 아들을 영화롭게 하사 아들로 아버지를 영화롭게 하게 하옵소서"요한복음 17장 1절 등의 사건들을 보여주고 있다.

이러한 맥락에서 요한복음을 읽어보면 예수님이 세상에 오신 목적과 그 목적을 이루기 위한 삶을 잘 이해할 수 있다. 예를 들어 4장에서 제자들이 먹을 것을 권하자 예수님은 "내게는 너희가 알지 못하는 먹을 양식이 있느니라"요한복음 4장 32절며 엉뚱한 대답을 하신다. 또 그 양식은 "나를 보내신 이의 뜻을 행하며 그의 일을 온전히 이루는 이것이니라"요한복음 4장 34절고 명확히 말씀하신다. 자신의 삶의 목적에 관한 분명한 자신의 입장이다. 먹어야 사는 것이 인간이라

는 점을 생각해 보면 '삶의 목적'을 '양식'과 연관시켜 말씀하신 것은 깊은 의미가 있어 보인다. 먹지 않고는 살 수 없듯 삶의 목적을 잃고서는 살 수 없다는 것을 말하고 있는 것이다.

그러한 삶은 비록 요한복음에는 기록되어 있지 않지만 죽음을 앞둔 순간에서도 전혀 퇴색되지 않았다. 십자가의 처형은 생각만 해도 끔찍한 것이었다. 원래 이것은 페르시아 사람들이 반역자들을 처형하기 위해 고안한 것으로 모든 사형집행 중에서 가장 고통이 큰 형벌이다. 십자가 위에서의 죽음을 눈앞에 둔 예수님은 이렇게 기도하신다.

아버지여 만일 아버지의 뜻이거든 이 잔을 내게서 옮기시옵소서 그러나 내 원대로 마시옵고 아버지의 원대로 되기를 원하나이다 누가복음 22장 42절

그의 인생의 목적은 하나님 아버지의 뜻을 행하는 것이었음을 볼 수 있다. 마침내 십자가에 달려 죽는 순간에 예수님은 최후의 선언을 하신다.

다 이루었다 요한복음 19장 30절

그의 삶의 목적은 십자가에서의 죽음을 통해 하나님 아버지에게 영광을 돌리는 것이었다. 분명한 목적이 있었기에 분명한 평가를 내릴 수 있었다.

예수님이 기독교를 만들었다면 사도 바울은 기독교를 기독교답게 만든 사람이다. 그가 보낸 13개 편지는 신약성경의 신학적 근간을 이루고 있다. 그는 원래 상당히 유명한 랍비에게 랍비 훈련을 받은 준비된 엘리트였다. 한마디로 실력과 열정을 가진 장래가 촉망받는 젊은이였다. 그 열정은 초기에 예수님을 좇는 이들을 핍박하는 방향으로 발산되었다. 그런 삶이 다메섹이라는 곳으로 가

는 길 위에서 완전히 바뀌게 된다. '부활하신 예수님'를 만나게 된 것이다. 그의 삶의 분수령이 되는 사건이었고 삶의 목적이 새롭게 설정되는 순간이었다. 그는 목적을 논하며 이렇게 말한다.

> 푯대를 향하여 그리스도 예수 안에서 하나님이 위에서 부르신 부름의 상을 위하여 달려가노라 빌립보서 3장 14절

자신의 삶의 목적이 무엇인지 어떻게 살아야 하는지에 대한 그의 결연한 의지를 엿볼 수 있다. 육상선수가 결승점을 향해 전력질주하며 달려가듯 바울의 삶도 그러했다. 자신을 이방인의 사도라 부르며 유대인이 아닌 이방인들에게 복음을 전하기 위해 최선을 다했다. 하나님으로부터 부름을 받은 목적일지라도 결코 쉽지 않았다. 기쁨이 넘치는 것만도 아니었다. 그가 당한 고통은 그의 편지 한 곳만 봐도 짐작할 수 있다.

> 유대인들에게 사십에서 하나 감한 매를 다섯 번 맞았으며 세 번 태장으로 맞고 한 번 돌로 맞고 세 번 파산하고 일 주야를 깊은 바다에서 지냈으며 여러 번 여행하면서 강의 위험과 강도의 위험과 동족의 위험과 이방인의 위험과 시내의 위험과 광야의 위험과 바다의 위험과 거짓 형제 중의 위험을 당하고 또 수고하며 애쓰고 여러 번 자지 못하고 주리며 목마르고 여러 번 굶고 춥고 헐벗었노라 고린도후서 11장 24~27절

보통 사람들은 이 어느 하나도 견디기 힘들 만큼 엄청난 고통이었다. 핍박과 어려움은 단순히 믿지 않는 이들로부터 온 것만은 아니었다. 때로는 오해를 받기도 했으며 심지어 시기와 질시의 대상이 되기도 했다. 빌립보서를 보면 그가 로마 옥에 갇혀 있을 당시의 상황을 설명해 주는 부분이 나온다. 바울이 옥에

갇힌 것으로 인해 어떤 이들은 용기를 얻어 복음을 전파했다. 그러나 그 수가 얼마나 되는 지는 알 수 없으나 왜곡된 의도로 복음을 전하는 이들도 있었다. 옥에 갇힌 그에게 괴로움을 주겠다는 의도였다. 사도 바울을 시기와 미움의 대상으로 여기는 이들의 소행이었다. 인간적으로 보면 참을 수 없고 괘씸하기 짝이 없는 일이다. 그러나 사도 바울은 이런 것으로 섭섭함을 표현하거나 분내지 않았다. 오히려 그는 이렇게 말했다.

> 겉치레로 하나 참으로 하나 무슨 방도로 하든지 전파되는 것은 그리스도니 이로써 나는 기뻐하고 또한 기뻐하리라 빌립보서 1장 18절

그는 분명한 목적을 가지고 있었기에 모든 것을 목적의 관점으로 볼 수 있었던 것이다. 사도 바울은 자신의 삶이 무엇을 위해 존재하는지 잘 알고 있었다. 편지마다 자신은 하나님의 명령을 받아 사도가 되었다는 것을 직간접적으로 표현하고 있다. 사도라는 단어 자체가 지닌 '보냄을 받은 자'라는 의미 또한 소명의식을 분명히 해준다. 이러한 정체성과 소명의식은 죽음을 눈앞에 둔 상황에서도 변함없다. 그의 마지막 편지는 디모데후서이다. 이것은 그가 사형선고를 받고 집행을 기다리며 자신이 가장 사랑하는 제자 디모데에게 쓴 편지다. 그 편지를 읽어보면 죽음을 눈앞에 둔 이가 자신의 인생을 돌아보며 나누는 회한이라곤 전혀 찾아볼 수 없다. 오히려 제자를 향한 사랑과 격려와 조언으로 가득하다.

마지막 부분에 가서야 자신의 죽음에 대해 언급한다. 그러나 슬픔이나 후회가 담긴 것이 아니다. 오직 한가지 목적을 향해 쉬지 않고 달려온 한 인간의 진솔한 자평自評이 담겨 있다.

> 나의 떠날 시각이 가까웠도다 나는 선한 싸움을 싸우고 나의 달려갈 길을 마치고 믿음을 지켰으니 디모데후서 4장 6~7절

비록 우리말에는 부각되어 있지 않지만 원어에는 시제를 완료형 동사를 사용하고 있음을 간과해서는 안된다. 자신은 선한 싸움을 '싸워 왔고', 달려갈 길을 '달려 왔으며', 지켜야 할 믿음을 '지켜왔다'고 말하고 있다. 목적에 맞는 삶을 '과거로부터 현재까지' 지속적으로 살아왔다고 고백하고 있는 것이다.

이러한 삶은 결코 쉬운 것이 아니었다. 위에서 지적하였듯이 외적인 숱한 어려움을 겪어야만 했다. 또 끝없이 자신과의 싸움을 해야 했다. 자신을 연단하려는 극단적 표현이 고린도전서 9장 27절에 나온다.

> 내가 내 몸을 쳐 복종하게 함은 내가 남에게 전파한 후에 자신이 도리어 버림을 당할까 두려워함이로다

특별히 여기서 '자신의 몸을 쳐 복종케 한다'는 말을 원어인 헬라어로 표현하면 다음과 같이 해석할 수 있다.

"나는 지속적으로 나의 몸을 거칠게 다루어 나의 종과 같이 나의 말을 따르게 만든다."

철저한 자기 연단에 더해 그것이 습관화되는 삶을 산다는 것이다. 그러한 삶을 성공적으로 살았기에 그는 자신의 묘비명에 "싸우고, 마치고, 지켰다."는 고백을 할 수 있었다. 그에게 참 잘 어울리는 묘비명이다. 행복과 성공을 추구하는 모든 이들이 고백하고 싶어할 표현이기도 하다.

되도록 빨리 인생의 큰 틀을 짜라

빠르면 빠를수록 좋다는 말이 있다. 모든 것에 적용되는 말은 아니지만 행복한 인생을 위해 의미와 목적을 가져야 한다는 데는 이 이상 좋은 말도 없을 것 같다. 젊다고 허송세월을 보내는 것은 안타까운 일이다. 되도록 빨리 인생의 큰 틀을 짜고 그 안에서 바른 삶을 살아가야 한다. 어떤 이들은 '젊음'을 무언가 큰일을 하기에 '부족하다'는 의미로 해석하기도 한다. 젊다는 것을 그저 어린 것과 동일시하는 것이다. 그러나 주의 깊게 살펴보면 젊은 나이부터 두각을 나타내며 사는 사람들도 무수히 많다.

성경에서는 '다니엘과 세 친구들'이라는 소년들을 예로 들 수 있다. 정확한 나이는 알 수 없지만 다니엘 자신이 여러 왕을 섬겼다고 기록한 것을 보면 아마 10대였을 것이다. 이들은 조국을 잃어버리고 '바벨론'이라는 나라에 잡혀간 포로들이었다. 또한 왕족과 귀족 출신이었다고 성경은 말하고 있다. 외적으로 보나 내적인 능력으로 보나 특출한 이들이었다.

이로 인해 이들은 바벨론 왕인 느부갓네살을 보필하기 위해 선발되었다. 정복한 나라의 인물들을 발탁해 바벨론화시켜 사용하겠다는 왕의 의도였다. 아람어로 '창씨개명'을 당하며 특별 대접을 받고 특별한 훈련까지 받게 되었다. 우리 민족이 일제하에 경험한 상황과 유사하다.

그러한 상황 속에서 이들의 마음은 그리 긍정적일 것 같지 않다. 강제로 끌려와 정복자인 바벨론인의 언어와 문학을 강제로 공부하는 이중의 치욕을 겪고 있었기에, 미래에 대한 암울한 생각이 그들을 지배했을 것이다. 충분히 상황과 타협하며 모든 것을 수용해 버릴 수 있었다. 하지만 그들은 어린 나이였음에도 불구하고 패배주의적인 선택을 거부했다. 오히려 하나님을 향한 변치 않는 신뢰를 보여줬다. 비록 현실이 그렇지 않을지라도 하나님이 반드시 조국을 회복시킬 것을 믿었던 것이다.

그들은 왕이 주는 음식을 거부했다. '자신을 더럽히지 않겠다'는 의도였다. 어찌된 일인지 채식만 고집하는 이들의 외모는 그렇지 아니한 이들보다 오히려 더 좋아 보였다. 그 뿐 아니다. 하나님께서는 이 네 소년에게 모든 서적을 깨닫게 할 지혜를 주셨다.^{다니엘서 1장 17절} 그 중에서도 특별히 다니엘에게는 모든 환상과 꿈을 깨달아 알게까지 하신다.

그들의 흔들리지 않는 믿음의 삶은 계속되었다. 금 신상을 만들어 놓고 절하라는 요구를 거부하자 그들은 극렬히 타는 풀무불에 던져지는 징벌을 받게 된다. 그러나 그들은 '죽으면 죽으리라'는 결의로 끝까지 변절하지 않았다. 그 불이 얼마나 뜨거웠는지 그들을 풀무불에 던져 넣은 자들이 타 죽었을 정도였다. 그러나 세 사람은 하나님이 보낸 천사를 통해 보호를 받는다.

다니엘은 하루에 세 번씩 기도하는 사람이었다. 그를 시기하는 자들이 이것을 막기 위해 기도를 금하는 법을 만든다. 다니엘은 그것을 알고도 개의치 않는다. 이로 인해 그를 신뢰하며 아끼는 다리오 왕은 마지못해^{다니엘서 6장 16~18절} 다니엘을 사자 굴에 던지는 형벌에 처한다. 하지만 하나님은 이번에도 다니엘을 특별히 보호하신다. 다니엘과 그의 친구들은 어린 나이임에도 불구하고 꿋꿋한 믿음의 삶을 살아가는 모습을 잘 보여 주고 있다.

또 구약성경에는 어린 나이임에도 불구하고 놀라운 일을 해낸 인물들이 많이 나온다. 요셉은 한창 성적으로 왕성할 시기임에도 불구하고 "내가 어찌 큰 악을 행하여 하나님께 죄를 지으리이까"^{창세기 39장 9절}라고 말하며 여주인의 유혹을 뿌리쳤다. 보복을 두려워하기보다는 그의 신앙에 근거하여 선택하였던 것이다.

또 다윗은 전쟁에 나가지 못할 정도로 어린 아이였다. 그러나 그에게 나이는 아무 문제가 되지 않았다. 믿음의 눈으로 거인 골리앗을 보았고 거침없이 도전했다. 그에게 있어서 골리앗은 물매로 맞춰야 할 거대한 표적일 뿐이었다.

세계 선교의 역사를 보아도 젊은이들의 활약을 쉽게 찾아볼 수 있다. 예를 들어 종교개혁자인 칼뱅은 27살이 되는 해에 그의 불후의 걸작인『기독교 강요』제 1판을 라틴어로 출판했다. 찰스와 요한 웨슬리 형제에게 가장 큰 영향을 준 헨리 스쿠걸이라는 학자는 19살에 이미 애버딘 대학의 철학교수가 되어 활동했다. 조선에 복음을 전하기 위해 들어온 언더우드와 아펜젤러는 각각 26세와 27세의 젊은이들이었다. 이외에도 수많은 젊은 헌신자들이 있다.

미국의 선교 역사도 한 젊은이의 헌신으로부터 시작되었다. 그는 1783년에 태어난 '사무엘 밀스'라는 사람이었다. 그는 자라면서 전 세계를 그리스도께 인도하라는 윌리엄 캐리의 도전에 깊은 인상을 받고 자랐다. 윌리엄스 칼리지에 입학한 그는 자신과 함께 기도할 4명을 모았다. 입학 첫 주부터 매주 수요일과 토요일 오후에 모여 세계 선교를 위해 기도했다. 그들은 1806년 8월, 학교 뒷산 단풍나무 아래에서 기도하는 중에 폭풍우를 만나게 되었다. 비를 피해 슬론 필드의 건초더미 아래로 피신하였다. 그곳에서 밀스와 그의 친구들은 세계 선교에 대한 확신을 가지고 기도했다.

"우리가 곧 올라가서 그 땅을 취하자 능히 이기리라"는 민수기 13장 30절에 기록된 갈렙의 기도에 근거한 것이었다. 그들은 "우리가 (세계 복음화를) 하고자 한다면, 우리는 할 수 있다. If we will, we can."는 믿음으로 기도했다.

이렇게 건초더미 아래에서 행해졌던 그들의 기도는 후에 '건초더미 기도운동'

인생 게임의 룰이 바뀌다

으로 확산되었고, 'If we will, we can'은 이 운동의 표어가 되었다. 이런 신앙고백을 토대로 그들은 자신의 삶 전체를 세계 복음화에 헌신했다. 그 당시 미국은 해외선교사를 한 사람도 파송하지 않은 상황이었다. 어떻게 보면 매우 무모한 기도라고도 할 수 있겠으나 하나님은 그들의 기도를 들으셨다. 이 때부터 주변 대학으로 '형제단The Society of Brethren'이라는 선교운동 조직이 확산되어 갔고 1812년 2월 19일, 마침내 기도의 첫 열매로 미국 최초의 선교사 5명이 인도로 파송되었다.

그로부터 많은 젊은 학생들이 선교운동을 주도하였다. 사무엘 밀스와 그의 친구들의 정신은 D.L. 무디가 주도한 헬몬산 집회[1886]로 그리고 또 다른 스케일로 점차 확대되기 시작했다. 이윽고 해외 선교를 위한 학생자원운동[SVM, The Student Volunteer Movement]이 만들어졌고 이를 통해 약 30여 년 동안 20,500명이나 되는 미국의 젊은이들이 선교사로 세계 곳곳을 향하게 되었다. 다섯 명의 대학 신입생들이 세계 선교를 위해 기도하기로 한 약속이 바로 이 모든 일의 시작이었다. 아무도 알아주지 않았던 '초라한(?)' 시작이 세계 선교를 위해 수만 명을 파송하게 되는 기적을 낳은 것이다.

위의 예들은 우리에게 중요한 사실을 가르쳐준다. 뜻과 원칙을 정해놓고 행하는 데 나이가 문제되지는 않는다는 것이다. 중요한 것은 분명한 목적과 비전을 가지고 있느냐 하는 것이고, 또 그 목적을 향해 적극적으로 행동하느냐 하는 것이다. 큰 일을 이루지 못할 만큼 어린 사람은 없다. 그래서 인생의 큰 틀을 짜는 것은 빠르면 빠를수록 좋다.

크게 꿈꾸고 절대로 포기하지 말라

비록 선교와 사역적 측면에서 예를 들었으나 다른 영역에 있어서도 원리는 동일하다. 되도록 빨리 인생의 틀을 정하는 것은 아무리 강조해도 지나치지 않다. 틀을 세우는 것과 더불어 꿈을 꾸어야 한다. 꿈을 꾸되 큰 꿈을 꾸어야 한다. 경영학에서 말하는 '스트레치 골stretch goal, 버겁게 보이는 목표'을 세워야 한다. 젊음은 무한한 가능성을 지니고 있기에 아름다운 것이다. 충분한 가능성이 있기에 시시한 꿈으로 끝내지 말자.

CCC 초창기에 많은 도움을 준 사람 중 아서 디모스라는 미국 사업가가 있다. 그는 필라델피아의 한 보험회사의 창업자로 상당한 재산가였다. 죽음을 맞이하기 전에 만든 '디모스 재단'을 통해 지금도 많은 곳에서 선교사역을 하고 있다. 그가 남긴 말 중에 꿈을 꾸는 모든 젊은이들이 마음에 담고 닮았으면 하는 것이 있다.

"나는 하나님께서 도와주시지 않으면 실패할 것이 뻔한 그런 불가능한 목표에 도전하고 싶다."

『좋은 기업에서 위대한 기업으로』라는 책에서 '짐 콜린스'도 디모스와 비슷한 말을 했다.

"위대한 기업은 목표를 세우되 '크고, 위험하며, 담대한 목표Big Hairy Audacious Goal'를 세운다."

자신이 처한 상황 때문에, 또는 실패할 두려움 때문에 시도조차 하지 못하는 경우를 종종 보게 된다. 이와 관련하여 한양대 유영만 교수는 이런 말을 했다.

"생生은 소牛가 외나무 다리 위를 건너는 것과 같다. 용기 있게 다리 위에 올라서서 참된 삶生을 향해 도전할 것인가, 머뭇거리다 그냥 주저앉고 말 것인가? 우리가 저지를 수 있는 가장 치명적인 실수는 실수할까 봐 시도조차 하지 않는 거라네."

어렵고 고생스러운 상황에서도 결국 성공을 일구어 낸 그의 개인적 고백과 같은 표현이다.

젊음은 가능성으로 가득한 시절이다. 실패할 가능성도 다른 어느 세대보다 높다. 그러나 과거 그 어느 때의 청년들보다 더 많은 실패의 여유(?)를 지닌 세대라는 것을 기억하자. 실패하더라도 도전해 보자. 아니 실패를 믿지 말고 단순히 '이번에 안 된 것'이라고 여겨 버리라. 인생이 길어졌음을 기억하며 또 다시 도전을 위해 마음의 허리를 동이라. 도전을 멈추지 말라. 그것이 젊음의 증거이며, 젊음을 유지하는 원동력이다. 젊음이란 인생에 한번 밖에 주어져 있지 않다는 사실을 기억하라. 인생에는 리셋 버튼이 없다. NG도 허락되지 않는다. 이왕 하기로 결정했다면 죽기 살기로 도전하라. 적당주의에 빠지지 말고 몰입해 보라. 가지고 있는 역량을 최대한 한 곳에 집중하라. 그냥 하는 것과 최선의 노력을 다하는 것은 결과가 다르다. 자신을 치며 최상의 노력을 경주하라.

'십 년 법칙'이라는 말이 있다. 성공하는 데 적어도 10년의 시간이 필요하다는 말이다. '10,000시간의 법칙'이란 말도 있다. 1만 시간은 하루에 3시간씩 집중할 때 약 10년이 걸리는 시간이다. 어떤 일이든 그 정도의 시간을 투자하면 전문가가 된다는 것이다. 조바심을 내기보다는 실력과 성과에서 변곡점에 이르게 되는 그 때에 인내함으로 도달해야 한다.

자신의 능력이 부족하다고 탓하지도 말라. 어느 정도 아이큐만 있어도 충분하다. 아니 그 이하라도 노력으로 대신할 수 있다.

김득신1604~1684이라는 조선시대의 한 시인이 있다. 당시 조선시대는 대부분 과거 급제를 통해야만 출세가 가능했던 시대다. 과거 시험은 대부분 청년의 때에 도전하는 것이 일반적이었다. 그런데 그는 59세가 되어서야 과거에 급제했다. 그는 명철하지 않은 사람이었다. 아니 매우 미련하다는 것이 솔직한 평가일 것이다.

한양대 정민 교수는 자신의 저서인 『미쳐야 미친다不狂不及』라는 책에서 "아이큐가 절대로 두 자리를 넘지 않았을 것이 분명한 그"라고 김득신을 평가했다. 대기만성의 전형이라고 할 수 있다. 그는 미련한 머리를 노력으로 극복했다. 그가 자신의 독서목록을 기록한 '독수기讀數記'를 보면 실로 엽기적이라고 할 만한 내용들이 담겨있다. 사마천의 사기史記 중에 '백이전'은 11만 3천 번을 읽었다는 기록이 나온다. 만 번 이상 읽은 책과 문장 36편도 언급하고 있다. 그는 자신의 기록 마지막 부분에 "갑술년1634부터 경술년1670 사이에 '장자'와 '사기', '대학'과 '중용'은 많이 읽지 않은 것은 아니나, 읽은 횟수가 만 번을 채우지 못했기 때문에 독수기에 싣지 않았다."고 했다. 그런 노력의 대가로 마침내 59세에 이르러 과거에 급제하게 된 것이다. 당시의 평균 수명이 40세 전후였던 점을 고려하면 때늦은 성공이었다.

이렇게 만년에 꿈을 이룬 그의 노력은 거기서 그치지 않았다. '단순무식'이라는 표현이 어울릴만한 가상한 노력을 계속하여 성균관에 들어간 후에도 글을 외우지 않은 적이 없을 정도였다. 김득신의 이러한 모습은 선비들 가운데서도 오래 회자되며 귀감으로 남게 되었다. 정민 교수는 한 세기가 흐른 뒤에 등장한 황덕길1750~1827이 김득신에 대한 평가를 써 놓은 글을 인용한다.

"부족한 사람은 있어도 부족한 재능은 없다."

역사를 보면 적지 않은 수재와 천재들이 있었다는 사실과 그 이름만이 전해 내려오는 경우가 있으나 그들과 달리 김득신의 시는 효종 임금으로부터 극찬을 받았으며, 1600년대 말 최고 시인의 반열에 올랐다.

길어진 삶에 깊은 의미를 더하라

윤동주 님의 '내 인생의 가을이 오면'이라는 시가 있다. 그의 시는 미래의 관점에서 현재를 돌아보며 순간순간을 어떻게 보내야 하는가를 생각하게 한다.

내 인생에 가을이 오면
나는 나에게
물어볼 이야기들이 있습니다.

내 인생에 가을이 오면
나는 나에게
사람들을 사랑했느냐고 물을 것입니다.

그때 가벼운 마음으로 말할 수 있도록
나는 지금 많은 사람들을 사랑하겠습니다.

내 인생에 가을이 오면
나는 나에게
열심히 살았느냐고 물을 것입니다.

그때 자신 있게 말할 수 있도록
나는 지금 맞이하고 있는 하루하루를
최선을 다하며 살겠습니다.

내 인생에 가을이 오면
나는 나에게
사람들에게 상처를 준 일이
없었냐고 물을 것입니다.

그때 자신 있게 말할 수 있도록
사람들을 상처 주는 말과
행동을 하지 말아야 하겠습니다.

내 인생에 가을이 오면
나는 나에게
삶이 아름다웠느냐고 물을 것입니다.

인생 게임의 룰이 바뀌다

그때 기쁘게 대답할 수 있도록
내 삶의 날들을 기쁨으로 아름답게
가꾸어 가야겠습니다.

내 인생에 가을이 오면
나는 나에게
어떤 열매를 얼마만큼 맺었느냐고
물을 것입니다.

내 마음 밭에 좋은 생각의 씨를
뿌려 좋은 말과 좋은 행동의 열매를
부지런히 키워야 하겠습니다.

  누구나 인생의 어느 시점에 이르면 자신의 삶을 평가하는 순간을 갖게 된다. 그런 의미에서 이 시는 내 인생의 가을 어디쯤에서 자신의 삶을 되돌아 볼 때, 후회하지 않는 삶을 위해 오늘 내가 잊지 말아야 할 소중한 것들을 짚어주고 있다.
  윤동주의 서시에 나오는 '죽는 날까지 하늘을 우러러 한 점 부끄럼이 없기를' 이란 구절은 단순히 그의 신앙고백만은 아니었을 것이다. 자신의 인생을 그만큼 의미 있게 보내고자 하는 그의 마음을 담은 것일 게다. 한 번 사는 인생을 세상 속에 흔적을 남기는데 사용하라는 가르침을 주고 있는 것이리라.
  평균 수명이 늘어나는 현실을 보며 더욱 더 간절하게 다가오는 생각이 있다.

점점 길어지고 있는 삶을 자신만을 위해 살기에는 너무나 아깝다는 것이다. 삶의 시간이 길어졌다면 의미 또한 깊어져야 하지 않을까?

피터 드러커는 『비영리 조직의 경영Managing the Non-Profit Organization』에서 자신의 경험담 하나를 풀어놓는다.

"내가 열세 살이었을 때 종교학을 가르치는 플리에글러 선생님으로부터 깊은 영감을 받았습니다. 어느 날 선생님은 우리 반 학생들에게 '자네들은 어떤 사람으로 기억되고 싶은가?'라는 질문을 던졌습니다. 물론 아무도 대답하지 못했지요. 선생님은 빙긋이 웃으며 '자네들이 대답을 하리라고 기대하지는 않았네. 하지만 오십 세가 되어서도 이 질문에 대해 대답을 하지 못하면 인생을 허비한 걸세.'라고 말씀하셨습니다. 우리가 육십 대에 들어와서 재회할 기회가 있었습니다. 그 친구들 대부분이 살아있었지만 졸업한 후로는 서로 만나지 못했기에 처음에 말을 건넬 때는 다소 거드름을 피우기도 하는 분위기였습니다. 그런데 친구들 중 한 명이 '이봐, 플리에글러 선생님이 우리들에게 던진 질문 기억나니?'라고 물었습니다. 놀랍게도 모두들 그 말을 기억하고 있었고 한결같이 이렇게 말했습니다. '사십 대가 될 때까지도 그 말씀의 참뜻을 전부 이해하지 못했지만 내 인생에 영향을 준 것은 틀림없네'."

남을 도우며 살아가는 사람들에게 물어보라. 그들은 자신의 삶이 얼마나 행복한 것인지 말해줄 것이다. 도움을 받는 것보다 도움을 주는 자가 더 행복하다는 것은 만고의 진리다. 심리학자들은 더 나아가 '테레사 효과'라는 것을 말하기도 한다. 이것은 하버드 의대에서 테레사 수녀의 헌신적인 봉사활동을 연구하던 중에 만들어진 신조어이다. 테레사 수녀처럼 남을 위해 헌신적으로 사는 사람을 보거나 생각하면 자신도 모르게 기분이 좋아지며 마음이 착해지는 것을 느끼는 현상이다. 그 마음은 신체에도 영향을 주어 바이러스와 싸우는 면역 물질 중 하나인 면역 글로블린$^{immunoglobulin, igA}$의 분비를 촉진시킨다고 한다. 직접 봉사하는 사람들의 몸과 마음이 더 건강해질 것은 말할 것도 없을 것이다.

점점 더 이기적으로 변하고 있는 세상에서 역설적인 삶을 사는 데 행복의 비결이 숨어 있다. '다른 이들에게 어떻게 기억되고 싶은가'라는 관점에서 인생을 설계해 보라. '다른 사람들과 세상의 필요를 위해 내가 어떤 일을 할 수 있을까'라는 관점에서 생각하면 길어진 삶에 깊은 의미를 더하는 길이 열리기 시작할 것이다.

영원한 청년의 삶을 살라

이미 '청년의 때'를 놓쳤다고 생각하는 사람들에게도 권할 말이 있다. '늦었다고 생각하는 때가 가장 **빠른** 때'라는 것이다. 매우 상투적으로 들릴 수 있으나 이것은 진리 중의 진리이다. 일반적으로는 물리적인 나이로 젊음을 논하지만 다른 측면에서 젊음을 색다르게 정의하고 있는 사무엘 울만의 'Youth^{젊음}'라는 시가 있다. 이 시는 그가 78세에 썼다고 하는데 맥아더 장군이 좋아했다고 해서 더 유명해진 시이다. 관계되는 몇 구절을 보면 다음과 같다.

> Youth is not a time of life; it is a state of mind;
> It is not a matter of rosy cheeks, red lips and supple knees;

It is a matter of the will, a quality of the imagination, a vigor of the emotions…

젊음이란 인생의 어떤 한 시기가 아니라 마음가짐을 뜻합니다.
장밋빛 볼, 붉은 입술, 부드러운 무릎이 아니라
의지와 풍부한 상상력과 왕성한 감수성을 말합니다.

(중략)
Nobody grows old merely by a number of years.
We grow old by deserting our ideals…

누구도 세월만으로는 늙어가지 않습니다.
이상을 잃어버릴 때 늙어가기 시작합니다.

In the center of your heart and my heart there is a wireless station;
so long as it receives messages of beauty, hope, cheer, courage
and power from men and from the infinite, so long are you young…

당신과 나의 마음의 중심에 있는 무선의 기지국을 통해,
사람들과 하나님으로부터 아름다움, 희망, 격려, 용기,
그리고 능력의 메시지를 받는 한 당신은 언제까지나 젊을 수 있습니다.

인생 게임의 룰이 바뀌다

이 시가 CEO들에게 가장 사랑 받는 시 중의 하나로 선정되었다고 한다. 끊임없이 자신과의 싸움을 벌이며 기업을 이끄는 그들에게 위로와 격려가 되었을 것이다. 그 중에서도 마지막 부분에 나오는 수명이 다해 죽는 그 순간까지 젊을 수 있다는 점이 특별히 그럴 수 있다.

2005년 96세의 나이로 세상을 떠난 피터 드러커는 진정한 의미에서 이런 삶을 산 사람이다. 그가 90세가 넘었을 때 한 기자가 그의 생에 있어서 최고의 전성기는 언제였는지 물었다. 그는 '66세부터 86세까지가 자신의 전성기'라고 답했다고 한다. 남들은 은퇴하고 소일할 나이가 그에게는 '전성기'였던 것이다. 미국이라는 나라였기에 가능한 것이었을까? 소수만이 누릴 수 있는 특권에 속한 것이었을까? 물론 이런 의문에 어느 정도는 동의할 수 있을 것이다. 그러나 혹시라도 선입견과 편견이 만들어낸 덫에 갇혀 있지는 않는지, '늙으면 죽어야지'라는 솔직하지 않은 넋두리에 빠져 지내지는 않는지 질문해 보아야 한다.

인생의 후반전을 잘 계획하라

젊었을 때는 전혀 두각을 나타내지 못하다가 나이가 들어서야 성공을 맛본 이들이 적지 않다. KFC를 창업한 커넬 샌더스는 65세가 되어서야 첫 체인점을 열었다. 또 '쇼생크 탈출'이라는 영화에서 열연한 모건 프리먼이라는 흑인 배우는 비참하고 불행한 젊은 시절을 보냈다. 30년간의 무명 시절과 알코올중독을 경험했을 뿐 아니라, 이혼의 아픔까지도 겪었다고 한다. 그는 58세가 되어서야

'밀리언달러베비'라는 영화에 출연해 오스카 남우조연상을 수상하게 되었다.

지금은 세계적인 햄버거 회사로 알려진 맥도날드는 조그만 드라이브인drive-in 식당이었다. 맥과 딕 맥도날드라는 형제가 햄버거, 감자튀김, 음료만으로 서비스와 메뉴를 간소화시켜 운영하던 곳이었다. 이것의 전국 확장을 제안하며 가맹점 사업을 시작한 이는 바로 '레이 크룩'이라는 사람이었다. 수십 년간 종이컵 판매를 하며 지내던 그가 두 형제를 만나 가능성을 보았던 것이다. 그때 레이 크룩의 나이는 53세였다.

미국의 노예제도를 없애고 흑인의 권리와 인권을 회복시킨 아브라함 링컨의 젊은 시절은 실패와 불행의 연속이었다. 그는 선거란 선거는 다 출마해서 거의 떨어졌다. 불행한 유년기 이후 어려운 삶 속에서 유일한 위로자가 되었던 애인이 죽자 다음 해에는 정신병원에 입원하기도 했다. 그런 사람이 51세가 되어서 미국의 대통령으로 당선되었다.

나이를 핑계로 활동을 중단하지 않는 사람들도 많다. 미켈란젤로가 로마 성 베드로 성당의 수석 건축가로 지명되었을 때 그의 나이는 71세였다. 그 성당을 가본 사람들이라면 노년에 그가 완성한 작품의 위대함에 감탄을 금할 수 없다. 또 발명가 토마스 에디슨은 팔십 대의 나이에 들어서도 발명을 멈추지 않았으며, 무저항주의로 유명한 인도의 간디는 60세의 나이에 영국 정부의 부당한 소금세 부과에 대항하여 200마일 행진을 주도하였다. 위대한 박애주의자 엘버트 슈바이처는 칠십 대에 접어들었을 때 최초의 원자폭탄 투하 사건으로 인한 비참함에 충격을 느끼고 평화에 대한 열정을 불사르게 되었다. 새로 시작한 인생의 후반전을 통해 그는 1952년 노벨 평화상을 수상하였고 84세까지 유럽을 순방하며 강연을 하며 가봉에 있는 환자들을 극진히 보살폈다.

인생 게임의 룰이 바뀌다

피터 드러커는 "많은 사람들이 인생의 후반부를 허비하지만 그 시기를 더욱 의미 있게 받아들이는 사람도 있다."는 말을 했다. 인생의 한 때라는 측면에서 젊음을 놓쳐버렸더라도 마음 먹기에 따라 전반전보다 더 특별한 후반전을 맞이할 수 있다는 얘기다.

원래 성공적인 케이블 텔레비전 회사를 운영하던 밥 버포드는 인생의 후반전에 들어서며 '하프타임'이라는 조직을 설립해서 사람들을 돕고 있다. 그는 조직에 대해 "진정으로 의미 있는 인생을 살도록 함께 지원하며, 격려하며, 배우며, 가속화시키는 개인들이 모인 공동체"라고 말한다.

진정한 의미를 찾아가는 데 가장 핵심적인 요소는 성공 지향적 삶에서 의미 중심적인 삶으로 전환하는 것이다. 물론 이것은 결코 쉬운 일이 아니다. 단순히 직업만 바꾼다고 되는 것이 아니라 생각까지도 완전히 바꾸는 일이기에 그렇다. 밥 버포드가 말하는 의미 있는 후반전을 위해서는 필요한 것들이 있다. 그는 무엇보다 충분한 하프타임을 가지라고 권한다. 철저히 계획할 수 있는 시간과 하나님이 당신에게 어떤 목적지를 주셨는지를 다시 한 번 곰곰이 생각해 보는 시간이기도 하다. 단순히 전반전의 고단함을 위로 받고 재충전하는 휴식시간 이상을 말한다. 인생의 전환점에 서서 자기 스스로를 되돌아보는 과정이기에 최고의 피날레를 위한 작전타임에 비유할 수도 있다. 하프타임을 시간적 개념으로 이해해서는 안 된다. 평균 수명이 80세 정도면 40세가 되었을 때가 하프타임이 아니라는 것이다. 시간의 개념이 아니라 실존적 개념으로 이해해야 한다. 그러기에 어떤 사람은 평생을 살면서도 하프타임을 경험하지 못할 수 있다. 그와 대조로 30세에서도 하프타임을 경험할 수 있는 것이다.

이것을 효과적으로 하려면 다른 이들과 함께 하는 것이 중요하다. 혼자 힘으로는 성공할 수 없다. 성경은 "두 사람이 한 사람보다 나음은 그들이 수고함으로 좋은 상을 얻을 것임이라"전도서 4장 9절고 말하고 있다. 같은 뜻을 가진 여러 사람들과 다양한 도구들을 잘 활용하여 하프타임이라는 과도기를 헤쳐 나가는 것이 가장 효과적이다. 성공 지향에서 의미 지향으로의 전환은 다른 이와 함께할 때 쉬워진다. 점진적으로 시간의 여유를 갖고, 뜻이 맞는 동료들과 함께 할 때 최고의 상승 작용이 일어나기 때문이다.

각자의 꿈에 맞는 조직과 연결되는 것 역시 중요한데 특별히 비영리 조직을 생각해 볼 수 있다. 피터 드러커는 『비영리 조직의 경영』에서 미국의 최대 고용주는 비영리 단체라고 했다. 우리나라의 경우에도 이 분야가 지속적으로 성장하고 있으며 앞으로 더욱 더 확대될 것으로 기대한다.

비영리 단체에서 일하는 사람들이 얻을 수 있는 가장 큰 기쁨은 '보람'일 것이다. 보람이 있다는 것은 일하는 사람들이 행복감을 얻고 있다는 것이다. '미하이 칙센트미하이'는 사람들을 행복하게 만드는 획기적인 개념인 '몰입Flow'과도 연관시키고 있다.

이 주제에 대해 수년 간 조사를 해보니 여가와 자유 시간은 결코 사람들에게 만족이나 행복을 가져다 줄 수 없다는 결론에 도달했다. 결국 진정한 행복은 적절한 목표를 갖고 그 목표에 도달하기 위해 노력할 때 비로소 느낄 수 있는 것이다. 사람이 목표를 잃어버리면 권태에 빠진다. 적지 않은 이들이 중년에 겪는 위기도 여기에 근거한다. 그러나 후반전의 준비를 통해 인생의 분명한 목표를 세우면 삶은 달라진다. '중년의 위기'를 겪는 것이 아니라 버나드 쇼가 말한 '참 기쁨의 맛을 발견하는 시기'가 될 수 있는 것이다.

철저한 계획을 세워야 한다. 성공 지향적 삶을 거부하고 의미 지향적 삶을 산다는 것은 의도와 목적을 중시하는 삶이다. 성공은 대개 권력, 지위, 돈과 같이 외적인 것들로 규정된다. 반면 의미는 완전히 개인적인 선택의 문제이다. 내면의 가치 차원인 것이다. 따라서 누군가에게 의미 있는 것이 다른 삶에게는 전혀 무의미한 것이 될 수도 있다. 결국 자신의 성격, 관심, 탤런트에 맞는 후반전을 계획해야 한다. 계획을 세우되 치밀하게 세워야 한다.

시간은 한정된 자산이다. 돈보다 더욱 한정되어 있다. 치밀한 계획이 필요한 이유다. 그렇지 않다면 후반전의 목표를 효과적으로 달성하지 못하고 낭비하고 말 것이다.

'해서'하는 후회보다 '안 해서' 하는 후회가 더 오래간다

계획을 세웠다면 두려움을 버리고 과감하게 도전해야 한다. 많은 이들이 좋은 계획을 세웠음에도 불구하고 두려움에 둘러싸여 자신의 잠재력을 다 발휘하지 못한다.

구약 성경에 나오는 이스라엘의 리더 갈렙이라는 사람이 있다. 그는 여호수아와 함께 하나님께서 그들에게 허락하신 약속의 땅을 차지하는 데 중요한 역할을 한 리더였다. 아직도 점령해야 할 땅이 많이 남아 있는 상태였다. 그러한 상황에서 그는 가장 강한 군대가 버티고 있는 위험한 곳을 자청하여 선택하였다. 그의 말속에는 나이를 뛰어넘는 자신감이 느껴진다.

오늘 내가 팔십오 세로되 모세가 나를 보내던 날과 같이 오늘도 내가 여전히 강건하니 내 힘이 그 때나 지금이나 같아서 싸움에나 출입에 감당할 수 있으니 그날에 여호와께서 말씀하신 이 산지를 지금 내게 주소서 당신도 그 날에 들으셨거니와 그 곳에는 아낙 사람이 있고 그 성읍들은 크고 견고할지라도 여호와께서 나와 함께 하시면 내가 여호와께서 말씀하신 대로 그들을 쫓아 내리이다 여호수아 14장 10~12절

우리도 계획을 세웠다면 갈렙과 같이 이제 두려움을 버리고 도전해야 한다.

90세 이상의 미국 노인들에게 "지난 인생을 돌아보았을 때 가장 후회가 남는 것이 무엇인가?"라고 묻자 90퍼센트가 "좀더 모험을 해 보았더라면 좋았을 것"이라고 대답했다고 한다. 주위의 연세 드신 분들의 회상을 듣다 보면 동일한 것을 발견할 수 있다.

최인철 교수도 『프레임』에서 심리학적인 측면의 비슷한 조언을 한다.

"대부분 인생의 어느 부분에서 하지 않았던 것들에 대한 후회가 많은 것이 사실이다. 이것과 연결하여 심리학적 연구를 해보면 이유가 발견된다. 인간은 단기적인 관점에서 하지 않은 일에 대한 후회보다 이미 저지른 일에 대해 더 많이 후회하는 특성을 지니고 있다."

그런데 장기적인 관점으로 들어가면 이것이 뒤바뀐다고 한다. 과거에 한 일에 대한 후회보다는 하지 못했던 일에 대한 후회가 더 크게 다가온다는 것이다. 이것을 최인철 교수는 '접근 프레임'이라 부르고 있다.

"다른 사람들에게 다가갈 때, 새로운 일을 접했을 때 늘 접근의 프레임을 견지하라. 그것이 두려울 땐 기억하라. 접근함으로 인한 후회는 시간이 지나면 사라지지만 안주함으로 인한 후회는 시간이 지날수록 더 커진다는 것을!"

기회의 상실로 인한 손해를 피하라는 것이다. 로버트 프로스트의 시 '가지

않은 길'에 나오는 시구를 이와 연결해 볼 수 있다.

훗날에 훗날에 나는 어디선가
한숨을 쉬면서 이야기할 것입니다.
숲 속에 두 갈래 길이 있었다고,
나는 사람이 적게 간 길을 택하였다고,
그리고 그것 때문에 모든 것이 달라졌다고.

되도록 빨리 멋진 후반전을 계획하고 실행하라. 그리고 그 여정을 즐기기 시작하라. 멋진 목표를 향해 나가는 것 자체가 행복이다. 마치 어릴 적 소풍날보다 소풍 가기 전날이 더욱 더 우리의 마음을 들뜨게 했던 것과 마찬가지다. 변호사직을 던져 버리고 명상 및 리더십 전문가의 길을 걷고 있는 로빈 샤르마는 『나를 발견한 하룻밤 인생 수업』에서 다음과 같이 권면한다.

"모든 살아 있는 것들에 깃든 섬세한 아름다움을 놓치지 말라구. 나와 자네가 함께 하는 오늘, 바로 이 순간이 선물이네. 활기와 기쁨과 호기심을 간직하게. 인생을 건 일과 이기심 없이 타인에게 봉사하는 데 집중하게. 나머지는 모든 우주가 알아서 해 줄 걸세."

구약성경에는 인생에 관한 철학적 가르침을 주고 있는 전도서라는 책이 있다. 인생을 충분히 경험한 사람이 들려주는 실존주의 철학 교과서 같은 책이다. 그곳에서 발견한 몇 구절이 'Long-Term Life Planning'^{장기적 안목의 인생 설계}의 결론에 적합할 듯하다.

모든 것에 때가 있다.

범사에 기한이 있고 천하 만사가 다 때가 있나니… 헐 때가 있고 세울 때가 있으며… 지킬 때가 있고 버릴 때가 있나니 전도서 3장 1, 3, 6절

선을 행하며 사는 것이 가장 값진 인생이다.

사람들이 사는 동안에 기뻐하며 선을 행하는 것보다 더 나은 것이 없는 줄을 내가 알았고 전도서 3장 12절

부유함 자체가 만족을 주지 않는다.

두 손에 가득하고 수고하며 바람을 잡는 것보다 한 손에는 가득하고 평온함이 더 나으니라 전도서 4장 6절

그러기에 헛된 것에서 만족을 찾지 말며 살아야 한다.

은을 사랑하는 자는 은으로 만족하지 못하고 풍요를 사랑하는 자는 소득으로 만족하지 아니하나니 이것도 헛되도다 전도서 5장 10절

단순히 오래 살기를 추구하기보다는 행복을 추구하며 살아야 한다.

(어떤 사람이) 비록 천 년의 갑절을 산다 할지라도 행복을 보지 못하면 마침내 다 한 곳으로 돌아가는 것뿐이 아니냐 전도서 6장 6절

특별히 청년의 때에 그들에게 요구되는 삶을 살아야 한다.

인생 게임의 룰이 바뀌다

청년이여 네 어린 때를 즐거워하며 네 청년의 날들을 마음에 기뻐하여 마음에 원하는 길들과 네 눈이 보는 대로 행하라. 그러나 하나님이 이 모든 일로 말미암아 너를 심판하실 줄 알라 전도서 11장 9절

너는 청년의 때에 너의 창조주를 기억하라. 곧 곤고한 날이 이르기 전에, 나는 아무 낙이 없다고 할 해들이 가깝기 전에 해와 빛과 달과 별들이 어둡기 전에 비 뒤에 구름이 다시 일어나기 전에 그리하라 전도서 12장 1절~2절

이러한 모든 것들을 한마디로 표현하면 "하나님의 뜻을 구하며 살아야 한다."는 것이다.

일의 결국을 다 들었으니 하나님을 경외하고 그의 명령들을 지킬지어다 이것이 모든 사람의 본분이니라 전도서 12장 13절

그렇지 않은 삶을 살았을 때 다음과 같은 고백이 나올 수밖에 없다.

헛되고 헛되며 헛되고 헛되니 모든 것이 헛되도다. 해 아래 수고하는 모든 수고가 사람에게 무엇이 유익한가 전도서 1장 2절~3절

'사람이 해 아래서 하는 모든 수고 가운데 무엇이 자기에게 유익한가?' 즉 무슨 이익이 있는가, 게임이 끝났을 때 무엇을 남길 것인가에 관한 말이다. 구약에서 가장 현명한 인물인 솔로몬이 자신의 인생을 돌아보며 나눈 위의 고백에 귀를 기울이며 후회 없는 삶을 살아야 한다.

Serving Scoreboard
섬김에서 길을 찾다

장사나 사업을 하는 사람들 가운데 새롭게 회자되는 우스갯소리 하나가 있다. "'손님은 왕'이라는 말 있죠? 요새는 그 말이 적합하지 않습니다. '신^{god}'이라고 불러야 되는 시대로 바뀌었습니다."

그와 더불어 직원들에 대한 이해도 달라졌다.

"직원들이요? 이제 직원들이 왕의 위치가 되어버렸어요. 왕같이 대접해 줄 때 '신'같은 고객들을 잘 대할 테니 말입니다."

그럼 주인^{사장}의 위치는 어디일까?

"주인은 종^{servant}입니다. 왕과 신을 열심히 섬겨야 하는 종이 된 것입니다."

물론 여기서 말하는 '종'의 의미는 전통적 의미의 종은 결코 아니다. 오히려 리더십이라는 개념이 '거느림 또는 다스림'이라는 측면이 아니라 섬김의 측면으로 변화하고 있음을 보여주고 있는 것이다.

지인 중에 제법 유명한 영어학원 체인을 운영하는 학원장이 있다. 그는 위의 비유에 절대적으로 공감하며 한 걸음 더 나아가 이렇게 말했다.

"교사들은 그냥 정해진 시간 가르치다가 월급만 받으면 되지만 저는 학생 수가 줄게 될까 봐 안절부절 못하며 학원 수업 끝난 후에도 고민합니다. 그뿐 아니라 시간 날 때마다 교실에도 들어가 부족한 것이 없는지 살펴봅니다. 학원 운영 자체도 경쟁자들이 계속 늘어가다 보니 쉽지가 않습니다. 솔직히 고민이 이만 저만 아닙니다. 아마 일하는 시간 당 봉급을 계산해 보면 제가 교사들보다 적게 받을걸요?"

세상에 일어나고 있는 변화의 단면을 볼 수 있다. '섬김^{serving}' 또는 '섬기는 리더십$^{servant\ leadership}$'이라는 단어가 더 이상 성경적 개념 혹은 이상적이라는 관념이 깨어지고 세상 속의 새로운 트렌드로서 확실히 자리매김하며 부상하고 있는

섬김에서 길을 찾다

것이다.

21세기적 훌륭한 자녀를 키우는 비결

모든 것의 시작이라고 할 수 있는 가정교육에서도 섬김은 매우 중요하다. 얼마 전, 버락 오바마 미국 행정부에서 두 사람의 한국계 인물이 등용되어 세간의 관심을 모았다. 한 사람은 미국 정부 내 최고위직에 해당하는 국무부 법률고문차관보급에 임명된 고홍주미국이름: 해럴드 고 박사이고 또 다른 사람은 그의 친형인 고경주미국이름: 하워드 고 박사로 보건담당 차관보로 임명되었다.

이로 인해 미국의 한인사회뿐 아니라 모든 한국인들이 그들의 가정 배경에 뜨거운 관심을 보였다. 특별히 이민 1세대로서 그들을 미국 사회의 리더로 키워낸 어머니 전혜성 박사라는 인물에 더욱 더 주목하게 되었다. 전혜성 박사에게는 이 두 자녀 외에도 네 자녀가 더 있다. 장녀 경신 씨는 중앙대 자연과학대학장을 지냈고, 차녀 경은 씨는 예일대 법률대학원 교수다. 차남 동주 씨는 의사로 일하고 있고, 막내 정주 씨는 삽화가illustrator로 활동하고 있다. 여섯 자녀 모두 예일대와 하버드대를 졸업했으며 한 가족에 박사 학위가 11개나 된다. 자녀 모두가 모든 부모들이 부러워할 만한 위치에서 활동하는 것을 보며 어떤 미디어에서는 그녀를 '전 세계적으로 가장 인정받는 훌륭한 어머니'로 칭하기도 했다.

관심의 초점이 된 전혜성 박사는 예일대 교수를 역임했으며 현재 차세대 리더들을 육성하는 동암문화연구소의 이사장으로 섬기고 있다. 이민 1세대로서 자신뿐 아니라 자녀 모두를 뛰어난 리더로 키워낸 것은 매우 특별한 경우에 속한다. 훌륭한 부모에게서 반드시 훌륭한 자녀가 나오는 것은 아니다. 그렇기 때문에 많은 부모들이 그녀의 자녀 교육법에 특별히 관심을 보이고 있는 것이다.

그녀는 『섬기는 부모가 자녀를 큰 사람으로 키운다』에서 자신의 자녀 교육 노하우를 공개했다. 무엇보다 그녀는 '섬김의 중요성'을 강조했다.

"많은 이들이 궁금해하는 것처럼 우리 가정에 굳이 특별한 자녀교육 비법이 있다면, 나는 그것을 '섬기는 사람'이 되고자 했던 우리 부부의 노력에서 찾으려 한다. 우리 부부는 우선 스스로를 섬기고, 서로를 섬기고, 자녀를 섬기고, 더 나아가 남을 섬기고 사회를 섬기고자 했다."

부모가 리더십을 발휘하는 가정에서 섬김의 모습을 보이는 것이 자녀교육에 얼마나 중요한가를 잘 보여주고 있다. 부모가 타인을 위해 봉사하는 모습을 보임으로써 아이들은 나와 남이 모두 잘되는 공동의 가치를 추구하는 법을 배우게 된다는 것이다. 자녀들을 리더로 키우고 싶은 부모들이 꼭 기억해야 할 중요한 원리이다. 스스로를 섬기고 타인을 섬기고 세상을 섬기는 리더가 진정한 리더이기 때문이다.

섬기는 회사가 잘 나간다

'섬김' 또는 '섬기는 리더십'이라고 하면 적지 않은 이들이 만약 기업이 그랬다가는 당장에 망할 것이라는 근거 없는 추측을 하며 교회와 같은 종교 단체에서나 가능한 것이라고 생각한다. 섬기는 리더십이 이상적이기는 하나 비현실적이라고 쉽게 단정해 버린다. 어떤 이는 심지어 직원을 칭찬했다간 마구 기어올라 위계질서가 무너진다고 주장하기도 한다. 그러나 실제로 섬기는 리더십을 실천한 회사들은 망하기는커녕 더욱더 발전하고 있다는 증거가 많다.

한 예를 보자. 미국의 명망 있는 잡지 포춘지에서는 해마다 '일하기 좋은 회사 100대 기업'을 선정해 발표하고 있다. 선정 기준은 회사의 규모나 매출액과 같은 재무적 기준이 아니라 조직 내부의 '신뢰 자산의 크기'라고 한다. 잡지사의 자체 평가로만 이루어진 결과가 아니다. 더 중요하게 여기는 또 다른 항목은 임직원들의 내부 의견 조사 부분이다. 실제로 최종 평가를 하는 데 있어 전자보다 후자에 2배의 비중을 부여한다. 포춘지의 조사에 따르면 일하기 좋은 100대 기업에 속한 회사의 경영 성과가 업계의 평균을 압도적으로 능가한다고 한다. 어떻게 보면 당연한 결과가 아닐까 한다. 심지어 양계업에 종사하는 사람들까지도 '행복한 닭이 맛 좋은 달걀을 낳는다'고 말하고 있지 않는가. 행복하면 능률도 오른다는 말이다. 이직률에서도 동종업계의 평균에 비해 월등히 낮다고 한다. 일하기 좋은 회사에서 오래 일하고 싶은 당연한 것이다. 결국 조직 안의 신뢰관계가 기업 성과에 큰 영향을 미치고 있음을 여실히 보여주고 있다.

포춘지가 선정한 리스트를 보면 일반적 기대처럼 기업의 규모와 직원들의 만족도와는 특별한 상관관계가 없음을 알 수 있다. 순위에 오른 기업들은 기업의 규모와 상관없이 'Employee Satisfaction 직원 만족'이 Customer Satisfaction 고객 만족 보다 먼저라는 원칙'을 철저히 지킨다는 공통점이 있다. 달리 말하면 섬기는 리더십을 직원들에게 실천하고 있는 기업이다.

회사를 선택하는 데 있어서도 기업의 규모와는 별개로 그 기업이 섬기는 리더십을 가진 회사인지가 중요한 기준이 된다. 일반적으로 대기업을 선호하는 우리나라의 분위기와는 차이가 있다. 그러나 앞으로 우리나라도 점차적으로 변화할 것이라고 어렵지 않게 예상할 수 있다. 경제가 나아짐에 따라 직업을 단순히 먹고 살기 위한 수단으로 여기지 않는 것이 일반적이기 때문이다. 오히려 자기가 맡아서 하는 일이 얼마나 중요하고 가치 있는가를 점점 더 보게 된다. 또 일의 성취를 통해서 고객과 사회에 얼마나 크게 기여하는가를 알고 보람과 긍지를 갖게 된다.

그렇게 된다면 궁극적으로 직장을 찾는 이들에게 가장 중요한 기준은 기업의 확고한 비전과 핵심 가치일 것이다. '직원이 왕이고, 고객은 그 다음'이라는 생각을 기업의 핵심 가치로 가지고 있는 회사는 더 큰 매력으로 다가올 수밖에 없다. 회사가 내부 고객인 직원들을 먼저 존중하고 그들에게 충성을 다한다면 그것이 선순환을 일으켜 직원들이 외부 고객을 더 존중하게 될 뿐 아니라 회사에 대한 충성도도 높아져 결국 경영성과로 이어진다는 것이다.

포춘지의 조사에서 보여주듯 그러한 기업들의 경영 성과가 높은 것은 너무나 자연스러운 결과이다. 결국 섬기는 리더십을 실천하는 회사는 열정적이고 신바람 나는 사람 중심의 문화를 형성하는 회사이다.

섬기는 리더십을 실천하고 있는 회사로 유나이티드 슈퍼마켓사의 예를 들 수 있다. 이 회사의 CEO인 댄 샌더스도 『섬기는 기업 문화가 경쟁력이다』에서 섬기는 리더십의 중요성을 강조하고 있다.

"이 비전을 읽는 직원들은 누구나 우리가 가장 중요하게 여기는 것은 섬김의 정신이라는 것을 잘 알 수 있다."

이 회사의 비전은 겸손과 성실, 우수성과 책임감을 통해 타인을 섬기고 그들의 삶을 풍요롭게 함으로써 하나님의 이름을 높이는 것이라고 한다. 또 샌더스는 다음과 같은 주장을 한다.

"나는 인간을 신뢰한다. 그리고 인간은 기본적으로 다른 이들을 섬기려는 욕구를 가지고 있다고 믿는다."

이런 생각으로 유나이티드 슈퍼마켓사는 섬김의 분위기를 창조하고 있으며, 적극적인 지원을 통해 직원들이 보람을 느끼며 일할 수 있도록 배려하고 있다.

세계적인 IT 회사인 구글Google의 경우도 직원들을 향한 배려의 측면에서 신선한 시도들을 하고 있다. 구글이 지닌 조직문화의 가장 큰 특징은 직원들이 자신의 창의력을 극대화할 수 있도록 자유로운 기업문화를 조성하고자 노력하는 것이다. 그것을 뒷받침하는 가장 좋은 제도가 바로 '20% 프로젝트'다. 20% 프로젝트란 모든 직원이 업무 시간의 20%는 자신이 원하는 창의적인 프로젝트에 쏟을 수 있게 하는 제도다. 바로 이것이 현 구글 성공의 핵심 비결로 평가되고 있다.

구글의 기업 철학 중의 하나는 "명석한 사람들을 고용하고, 그들에게 많은 자유를 주어라."는 것이다. 그 속에도 섬김의 철학을 발견할 수 있다. 이런 이유들로 '가장 일하고 싶은 회사가 어딘가'라는 설문 조사에서 구글이 늘 최상위를 차지하는 것은 그리 놀라운 일이 아니며 앞으로 기업들이 나아갈 방향성을 제시하고 있다.

보스와 리더를 혼돈하지 말라

섬기는 리더십을 논하기 전에 간략하게라도 집고 넘어가야 할 이슈가 있다.

비슷하게 보이지만 명품과 짝퉁이 전혀 다르듯이 '리더와 보스'도 분명 다르다.

홍사중은 『리더와 보스』라는 그의 저서에서 그 차이를 잘 설명하고 있다. 예를 들어 보스가 '나'라고 말한다면 리더는 '우리'라고 말하며, 보스는 남을 믿지 않는 반면 리더는 남을 믿는다. 보스는 겁을 주지만 리더는 희망을 주며, 리더에게는 귀가 여러 개 있는 반면 보스에게는 귀가 없거나 아니 정확히 말하자면 듣기 좋은 말만을 듣는 귀 하나만 가지고 있다고 말한다. 이에 더해 리더는 대중의 눈으로 세상을 보는 반면 보스는 자기 눈으로만 세상을 보며, 리더는 권위마저도 즐기지 않으나 보스는 권력을 즐기며, 리더는 권력이란 하나의 수단에 지나지 않는다고 여기나 보스는 권력이 전부라고 생각하는 등 두 개념 간의 차이를 대조적으로 잘 보여주고 있다. 일반적으로 사람들이 생각하는 리더의 모습들이 실제는 보스라는 개념에 더 적합하다는 사실을 일깨워주고 있다. 이러한 대조는 어떤 면에서 진정한 리더의 모습을 찾는 데 도움을 준다.

그러나 위에서 언급된 대조 외에 비교할 수 없이 중요한 차이점이 있다. 그것은 바로 보스 주위에는 보스가 양성되고 있지 않으나, 리더 주위에는 리더들이 양성되고 있다는 점이다. 이글의 후반부에 자세히 소개할 예수님의 경우가 이에 해당된다. 그분은 다음 세대를 창조하기 위해 리더를 양성하였다. 제자를 리더로 키우셨던 것이다. 결론적으로 진정한 리더는 또 다른 리더를 키운다. 그것을 위해 다른 이들과의 관계에 중점을 두며, 그러기 위해 섬기는 리더십은 당연할 수밖에 없다. 리더라는 개념의 정의 속에 이미 섬김이라는 개념이 담겨 있는 것이다.

섬김에서 길을 찾다

21세기 리더십의 새로운 정의

'섬기는 리더십'에 앞서 '리더십'이라는 개념 자체에 대한 이해가 필요하다. 어떤 한 연구에 따르면 리더십에 관한 정의가 850가지 이상일 정도로 리더십에 대한 이해는 다양하다. 물론 그렇게 수많은 정의들이 모두 다 독립적이고 독자적이라는 것은 아니다. 그 중에는 공통적인 요소들이 많이 있기 때문이다. 공통적 요소들 중에서도 특별히 공감대를 형성하며 확산되고 있는 것은 '영향력'이라는 개념이다. 이와 관련하여 오스왈드 샌더스$^{Oswald\ Sanders}$는 "리더십이란 영향력, 즉 한 사람이 다른 사람들에게 영향을 미치는 능력"이라고 했다. '지위^{position}'라는 개념보다는 '영향력^{influence}'이라는 측면으로 리더십에 대한 이해 자체가 이동하고 있음을 보여준다.

지금 우리가 살고 있는 세상의 화두는 '변화'이다. 그 변화의 한가지 특징으로 '전형^{stereotype}'이 깨어지며 사라지고 있음을 말할 수 있다. 많은 것이 융합^{convergence}되거나 퓨전^{fusion} 또는 ^{hybrid}되어 가기도 한다. 학문에서는 통섭^{consilience}이라는 이름으로 유사한 현상이 일어나고 있다. 이런 가운데 과거의 틀 속에서는 어색할 수 있었던 표현들이 자연스럽게 다가오는 것을 발견한다.

예를 들어 한 영화를 통해 유명해진 '너나 잘하세요'라는 말은 더 이상 어색하게 느껴지지 않는다. 또 어울릴 것 같지 않은 두 단어의 조합인 '부드러운 카리스마' 등도 자주 언급된다. 과거의 틀 속에선 '모순 어법^{oxymoron}'이라고 여겼을 것이다. 섬기는 리더십이라는 표현도 모순 어법으로 느껴질 수 있다. 소위 전통적인 의미의 권위주의적 리더십 개념으로 보면 섬기는 리더십이라는 용어 자체가 모순적으로 들릴 수 있기 때문이다. 분명한 것은 이러한 생각과는 달리 섬기는 리더십이 변화하는 세상 속에서 새로운 트렌드로 자리매김하고 있다는 사실이다.

그런 추세 속에서 리더십을 정의하는 데 있어 관심의 대상이 바뀌었다. 그 동안의 리더십 이론들은 주로 리더의 특성론이나 유형론 등 리더 중심으로 정의되는 것이 일반적이었다. 그러나 새로운 패러다임은 팀원 중심으로 초점이 옮겨지고 있다.

예를 들어 잭 웰치는 『위대한 승리 Winning』에서 (이미 리더가 된 사람들을 향하여) 리더십에 관하여 다음과 같이 설명한다.

"리더십이란 자신만을 위한 것이 아니라 다른 사람을 위한 것… (그러기에) 리더가 되기 전에는 자기 자신이 성장하는 것이 성공의 핵심이었다면 리더가 되면 다른 사람들을 성장시키는 것이 핵심이 된다."

이러한 생각은 심지어 자신보다 뛰어난 사람들을 향해서도 동일해야 한다고 그는 주장한다. 이런 근거 하에서 그는 회사 고위층의 자격 중 하나로 "자신보다 훌륭하고 똑똑한 사람들을 주위에 둘 수 있으며… 자신을 가장 멍청한 사람으로 만들 수 있을 정도로 우수한 사람들을 모으는 용기를 가져야 한다."고 주장한다. 책의 말미에서 그는 이렇게 밝히고 있다.

"나와 관련하여 기억되어지기를 원하는 무엇인가가 있다면 그것은 '리더십이란 다른 사람들이 성장하고 성공하도록 돕는 것이란 점을 사람들이 이해하는 데 내가 도움이 되었다'는 사실이다. 다른 말로 리더십은 자신에 대한 것이 아니라 다른 사람들에 대한 것이라고 말하고 싶다."

스티븐 코비는 『성공하는 사람들의 8번째 습관』에서 리더는 선택된 반응을 통해 스스로 만들어진다고 주장한다. 그는 리더십을 '공식적 지위'가 아닌 '선택'으로 정의하며 "리더십은 사람들이 자신의 가치와 잠재능력을 볼 수 있도록 그 가치와 잠재능력을 아주 분명하게 인식하게 하는 것"이라고 말하고 있다. 그는 또 리더십은 지위나 위치가 아니라 다른 사람이 능력을 발휘할 수 있도록 하는 '행동'이라고 했다.

가구회사 허먼 밀러Herman Miller의 대표이사이기도 했던 맥스 드프리는 이보다 한 걸음 더 나아가 '리더십이란 빚진 자의 자세'라고 말하고 있다. 리더는 자기 밑에서 일하는 사람들에게 무엇인가 제공해야 할 도덕적 의무가 있다는 이야기이다. 이러한 주장 모두는 일관성을 가지며 리더십을 제대로 이해하기 위해서는 섬기는 리더십을 통해서만이 가능하다는 것을 보여준다.

섬기는 리더십이란?

섬기는 리더십에 대한 이해를 돕기 위해 그 개념을 체계화한 로버트 그린리프의 『서번트 리더십』을 고려하지 않을 수 없다. 그는 자신의 저서에서 서번트 리더에 관한 아이디어를 헤르만 헤세의 『동방순례Journey to the East』에서 얻었다고 말한다. 그 책에는 '레오'라는 사람이 등장하는데 그는 식사 준비와 뒷바라지를 하고 지친 순례자들을 위해 노래를 불러주며 격려하는 사람이었다.

문제는 그런 그가 사라지면서 시작된다. 얼마 지나지 않아 순례는 엉망이 되어 지속할 수 없게 되었다. 서번트인 레오가 없이는 여행이 지속될 수 없게 된 것이다. 여행단의 일원이자 이 소설의 화자는 몇 년을 방랑한 끝에 마침내 레오를 만나고, 그 여행단을 후원할 교단을 찾는다. 그는 그때 비로소 서번트로

만 알았던 레오가 실제로는 그 교단의 우두머리이자, 정신적 지도자라는 것을 알게 되며, 사람들도 레오가 그 순례를 이끌었던 진정한 리더였다는 것을 깨닫게 된다.

그린리프는 리더란 '군림하고 지시하는 것'이 아니라 '지원하고 격려하는 것'이라는 사실을 레오를 통해 깨닫게 되었다. 그는 레오라는 사람이 보여 주었듯 서번트 리더는 처음에는 '서번트'라고 주장한다. 진정으로 먼저 섬기고 싶어 하는 마음에서 시작하기에 그렇다는 것이다. 이런 사람은 처음부터 지도자인 사람과는 근본적으로 다를 수밖에 없다고 그는 주장한다. 권위와 물질을 탐내는 지도자에게서 섬기는 자세를 기대하기란 어렵기 때문이다. 섬기는 자세 자체가 리더십을 갖춘 뒤에야 가능한 일이기에 더욱 그러할 것이다.

그의 저서에서도 강조하듯 섬기는 리더십이란 개념을 제대로 이해하는 것은 매우 중요하다. 표현 자체를 보며, 특별히 '섬기는'이라는 면에 지나치게 무게를 두는 오류를 범할 수 있다. '섬긴다'는 의미를 피상적으로 이해하여 다른 이들이 원하는 것을 그저 해주는 '서비스' 정도의 차원으로 이해하기가 쉽기 때문이다. 만약에 리더로서 따르는 자 또는 영향력의 대상을 향해 단순히 그들의 필요를 채워주는 것으로 만족한다면 그것은 리더가 아니라 오히려 '애들을 돌보는 보모'나 '시중드는 자'의 개념에 가까울 것이다.

정답은 종servant이라는 개념과 리더leader라는 두 개념이 서로 긴장감을 가지고 균형을 유지해야 하는 데에 있다. 그러기 위해 '섬기는' 이라는 단어는 다음에 나오는 '리더'라는 단어와 연결하여 생각해야 한다.

다시 말해 리더는 변화를 일으켜야 하는 존재임을 염두에 두어야 한다. 일반적으로 사람들은 자신에게 익숙하고 '편안한 영역comfort zone'을 벗어나려는 마음이 없다. 그러나 변화를 이끌어야 하는 리더는 사람들을 익숙한 영역에 안주하도록 놔둬서는 안 된다. 오히려 벗어나도록 해야 할 뿐 아니라 그로 인한 어려움과 고통까지 관리할 수 있어야 한다.

이런 면에서 섬기는 리더십의 본질에는 현재를 잘 돌보며 미래를 추구하는 균형이 필요하다. 이를 통해 다른 이들을 섬길 뿐 아니라 리더로서의 사명을 다하기 위해 그들이 변화하고 성장할 수 있도록 도와야 하는 것이다. 물론 여기서 말하는 변화에는 '보존의 역할'까지 포함하고 있다. 현재 우리가 가진 것에도 좋은 것은 얼마든지 있기에 그런 것들은 보존되어야 하는 것이 당연하다.

그러나 무엇보다 중요한 것은 '새롭게 세우는 것'이라고 할 수 있다. 아직 꿈조차 꾸지 못한 것을 이룩하는 것이 리더의 몫이다. 물론 자율적인 의지로 시작하여야 하고, 뭇사람에게 용기를 쉼 없이 북돋우면서 나아가야 한다. 결국 섬기는 리더는 신념대로 행동한다는 점에서 마냥 호의적이고 친절한 사람과는 다르다. 지도자로서 자신의 역할이 무엇인지 확실히 깨닫고 주변의 강요에 흔들리지 않으며 확신에 찬 모습으로 자신의 길을 가야 한다. 또한 오랫동안 수많은 좌절을 이겨내면서, 목표를 향해 끈기 있고 당당하게 걸어가는 모습을 보여주어야 한다. 공기와 같은 섬김의 자세로 끊임없이 숨을 쉬면서 전진 해가는 것이 섬기는 리더의 진정한 모습이라고 말할 수 있다.

그린리프는 섬기는 리더가 다른 리더와 구별되는 핵심으로 '양심'에 따라 산다는 것을 부각시킨다. 양심은 옳고 그른 것을 판단하는 내면의 도덕률이다. 이것은 단기적 효과를 기대하는 리더십과 지속적인 리더십, 즉 섬기는 리더십을 구분 짓는 하나의 특징이 된다.

섬기는 리더십이 장기적으로 성공을 이루게 되는 이유가 여기에 있다. 짐 콜린스는 자신의 저서인 『좋은 기업을 넘어서 위대한 기업으로Good to Great』라는 책에서 "사업을 이끄는 데 있어서 겸손한 마음 또는 섬기는 접근은 실제로 성공을 돕는다."고 말하고 있다. 또한 켄 블랜차드는 "섬기는 리더십은 조직의 성공을 재촉한다."고 말한다.

이들이 말하는 '성공'은 결코 하루 아침에 일어날 수 없는 류의 것이다. 이것은 성공을 향한 장기적 안목을 요구하고 있다. 결국 리더의 위치에 있는 사람들이 섬기는 리더십을 행사할 때는 굳건한 확신을 지니고 맡겨진 임무를 수행해야 한다. 시간이 걸리더라도 결국에는 긍정적 효과가 나타날 것이라는 믿음을 가지고서 말이다.

왜 섬기는 리더십이 주목받고 있을까?

섬기는 리더십이 부상하고 있으며 앞으로 대세로 자리를 잡을 것이라는 사실에 많은 이들이 동의하고 있다. 학습조직 이론으로 유명한 피터 셍게Peter Senge MIT 교수는 2002년 그린리프의 저서 『서번트 리더십』 서평에서 "이 책은 지난 25년보다 앞으로의 25년 동안 더 큰 변화를 이뤄내리라고 예상한다."고 말했다. 이러한 트렌드를 보며 '왜 섬기는 리더십이 부상하고 있는가'라는 질문을 던져 볼 수 있다. 이 질문에 대한 답을 찾아 가는 데 있어 아주 분명한 특징 하나는 바로 리더십 훈련 대상이 확대되고 있다는 점이다. 얼마 전까지만 해도 회사나 단체의 임원급에 머물던 리더십 훈련이 이제는 하급 사원들에게까지 확산되고 있다. 이제는 한 사람 또는 소수가 조직을 대표해서 배우던 시대는 지나갔다는 것을 방증하는 것이다. 맨 위에 있는 한 사람이나 소수가 이 세상의 변화의 속도를 감지하고, 그 밑에 있는 나머지 사람들이 그것에 근거한 명령에 따라 움직이는 시대는 지나갔다. 그러한 조직은 금방 한계에 부딪칠 수밖에 없기 때문이다. 오히려 직급을 막론하고 모든 사람의 헌신과 학습 능력을 끌어내어, 그들에게 판단과 결정의 권한을 부여하는 조직이 늘어나고 있는 현실이다.

이러한 현상은 경제의 세계화에 발맞추고자 하는 대응책의 일환이다. 점점 더 적은 비용으로 더 많이 생산해야 하고, 더 빨리 생산해야 하기 때문이다. 이런 요구를 지속적으로 충족시키기 위한 유일한 방법은 '권한 위임'일 수밖에 없다. 권한 위임이 활성화되는 상황이 전개된다는 것은 섬기는 리더십이 앞으로 더욱 중요해질 수밖에 없다는 것을 의미한다. 이것을 위해 서로 신뢰하는 문화를 정착시키고, 보스를 '서번트와 코치'로 전환시키는 것이 필요하다. 그리고 구조와 시스템을 서번트 양성과정으로 바꿔가야 한다. 무엇보다 '위임'을 논하며 '권한'에 초점을 맞춘 것을 유의 깊게 보아야 한다. 책임은 위임할 수 없는 것이므로 위임으로 인한 책임은 리더에게 있다는 것을 기억해야 한다.

이에 더해 섬기는 리더십의 급부상을 설명할 수 있는 이유로 부의 창출원이 돈에서 사람으로 옮겨졌다는 사실을 지적할 수 있다. 수많은 분야에서 산업시대에 속하던 패러다임은 막을 내리고 있다. 과거 산업시대의 패러다임에서는 개인은 '비용'이 되고, 장비나 기술과 같은 물건은 '투자'로 여겨졌었다. 그러나 새롭게 부상하고 있는 '지식노동자 시대'의 패러다임은 그것과 다르다. 제품에 부가되는 3분의 2의 가치가 지식노동에서 나온다. 두 시대 간의 차이는 생산비의 비율만을 보아도 금방 알 수 있다. 과거에는 생산비의 80%를 자재가 차지하고, 20%는 지식이 차지했었다. 그러나 지금은 자재가 30%, 지식이 70%로 역전되었다.

피터 드러커도 90년대부터 "세계는 노동 집약, 자재 집약, 에너지 집약으로 향해가고 있다"고 말해왔다.

같은 관점으로 『경영의 세기』라는 저서에서 스튜어트 크레이너는 "정보 시대는 지식노동을 중시하기에 재능 있는 사람의 채용, 재교육, 양성이 경쟁력의 핵심이라는 인식이 확산되고 있다."고 지적하고 있다. 모든 것이 사람에 관한 것이며, 조직에서 각 사람의 역량을 얼마나 극대화하는지가 관건이라는 것이다. 이러한 패러다임의 변화를 겪는 가운데 가장 효과적인 리더십 스타일로 섬기는 리더십이 부상하고 있는 것은 어떻게 보면 지극히 당연하다고 말할 수 있다. 이는 섬기는 리더십이라는 개념의 중심에 사람이 있기 때문이다. 그 뿐 아니라 성공의 핵심적인 열쇠 또한 사람과 연관이 있기 때문이다.

마지막으로 고려할 수 있는 것은 인간의 한 특성이 아닐까 생각한다. 스티븐 코비가 말한 "우리(인간)의 DNA는 본래 섬기기 위해 만들어졌다."는 주장과 관련이 있다. 섬기는 리더십을 통해 리더뿐 아니라 함께 하는 이들 모두를 만족시킬 수 있는 방법이기에 그렇다는 것이다. 궁극적으로 모두에게 윈-윈이 되는 섬기는 리더십의 확산은 당연한 결과라고 볼 수 있다.

섬기는 리더십은 과거부터 존재해 왔다

최근에 와서 섬기는 리더십이 부상하고 있다 하여 그 자체가 새로운 개념이라고 오해해서는 안 된다. 실제로 섬기는 리더십은 인류 역사 속에서 이미 오래 전부터 존재해 왔다. 단순히 그것이 부각되지 않았던 이유는 다수의 리더들이 섬기는 리더십을 행하지 않았기 때문이다. 그러나 비록 소수가 그것을 행하였을지라도 그러한 리더들의 영향력은 어느 누구와 비할 수 없는 파급효과를 가지고 지금까지도 그 효력을 발휘하고 있다. 결론적으로 말하자면 근간에 섬기는 리더십이 부상하고 있는 것은 단순히 변화의 시대에 새롭게 생겨난 '모순 어법적' 현상이 아니라 이 시대에 가장 필요하며 효과적인 리더십의 형태라는 것을 깨닫기 시작했음을 의미한다.

우리나라의 역사 속에서도 섬기는 리더십의 좋은 모델들을 찾는 것은 그리 어렵지 않다. 그 중 앞에서도 언급되었던 세종대왕의 리더십을 또 만날 수 있다. 조선왕조실록 등을 통해 세종대왕을 연구하던 많은 이들은 오늘날 겨우 시행되고 있는 인권과 관련된 제도들이 약 600년 전, 세종대왕 시절에 이미 만들어졌다는 사실에 놀라움을 금치 못한다. 비근한 예로 관노비에게 출산 전 1개월 휴가, 출산 후 100일 휴가, 출산 후 남편에게 30일의 휴가를 주게 하였고, 죄인들의 인권도 존중하여 감옥의 난방과 냉방, 청결을 항상 유지하도록 했으며, 우리나라에 머물던 외국인들도 동일하게 취급하도록 했다.

세종대왕의 탁월함과 위대함은 인권 문제에만 머물러 있지 않다. 그의 훈민정음 창제는 21세기 IT기술 발전에서 대한민국이 세계 최고가 되는 데 가장 큰 기여를 했다. 또한 신분과 계층을 초월한 인재들을 등용해 온갖 과학 기술 발전을 도모하는 등 수없이 많은 업적이 그의 리더십을 통해 열매 맺었다. 한 임금의 통치 하에 이렇게 엄청난 발명과 발전이 있었다는 것이 믿어지지 않을 정도이다.

과연 무엇이 이처럼 세종대왕을 다른 왕들과는 차별화되도록 한 것일까. 그의 업적을 살펴보면 전무후무할 정도로 다른 왕들과는 확연히 구별된다. 이 질문에 대해 여러 가지 설명이 가능하겠지만 다른 어떤 것보다도 세종대왕이 가지고 있었던 한 가지 돋보이는 개념과 연결시켜 볼 수 있다.

『코리아, 다시 생존의 기로에 서다』라는 저서에서 배기찬은 중국에 천자天子가 있고 일본에 천황天皇이 존재했다면, 세종대왕에게는 '천민天民' 곧 '국민 개개인이 하늘의 백성'이라는 개념이 있었다고 말한다. 모든 이들을 하늘 백성이라 여기는 그의 생각이 국가 운영에 구현되도록 노력했던 것이다. 이것에 대해 배기찬은 이렇게 평가했다.

"천민天民은 단지 배려의 대상, 통치의 대상이 아니다. 천민은 자신自新한다. 스스로 새롭게 되고, 스스로 깨치고, 스스로 높은 문화 수준을 이룰 수 있다. 이렇게 되도록 돕는 것이 왕의 일이고, 관리의 일이다. 훈민정음을 만들고, 온갖 종류의 책을 만들며, 학교를 만든 것은 모두 스스로 혁신해서 자신을 변화시킬 수 있는 천민을 위한 것이다."

세종대왕은 국가 지도자의 섬기는 리더십이 왜 중요하며 더 나아가 그러한 리더가 어떤 일을 행할 수 있는가를 분명하게 보여주고 있다. 오늘날의 국가 지도자들이 고민하며 본받아야 할 좋은 본보기이다. 그는 분명한 원리와 원칙 하에 온갖 반대와 저항을 이겨냈다. 잘 알려져 있듯 훈민정음을 제정하는 데 있어서도 기득권층의 반대가 컸다. '언문'이라 하여 천한 글로 평가절하 하고자 했던 기득권층과 엘리트층의 억지와 저항이 있었다. 최만리가 훈민정음에 반대하며 올렸던 상소문에서 사대주의 사상을 덧입은 비논리적 논조를 찾아볼 수 있다. 그러나 훈민정음이 그가 천민天民이라 여겼던 백성들의 변화와 발전을 위해 반드시 필요했기에 그는 흔들리지 않았다. 노비 신분의 장영실을 과감히 등용해 조선 최고의 발명가로 만든 데에도 얼마나 큰 반대가 있었을지 쉽게 상상할 수 있다. 철저한 신분 사회에서 신분을 뛰어넘어 과학 발명품 개발을 주도하게 만든 것 자체가 변혁의 리더십을 보여주는 좋은 예이다. 그의 전반적인 삶과 찬란한 업적에서 섬기는 리더십의 요소들을 쉽게 발견할 수 있다.

섬기는 리더십의 원조는 예수 그리스도이다

섬기는 리더십에 있어서 가장 훌륭한 모델은 예수 그리스도의 가르침을 통해 찾을 수 있다. 십자가의 죽음을 앞두고 예수님께서는 제자들을 향해 이렇게 말씀하신다.

이방인의 소위 집권자들이 저희를 임의로 주관하고 그 대인들이 저희에게 권세를 부리는 줄을 너희가 알거니와 너희 중에는 그렇지 아니하니 너희 중에 크고자 하는 자는 너희를 섬기는 자가 되고 너희 중에 누구든지 으뜸이 되고자 하는 자는 모든 사람의 종이 되어야 하리라 인자가 온 것은 섬김을 받으려 함이 아니라 도리어 섬기려 하고 자기 목숨을 많은 사람의 대속물로 주려 함이니라 마가복음 10장 42절~45절

이 말씀을 온전히 이해하기 위해서는 앞의 문맥을 살펴보아야 한다. 이 말씀 바로 직전에 열두 제자 중 야고보와 요한이라는 두 제자가 예수님을 향해 자신들을 가장 높은 자리에 앉혀달라고 부탁하는 장면이 나온다. 그들의 그런 태도에 대해 불쾌해 하고 분개하고 있는 다른 제자들의 모습이 이 말씀의 배경이다.

본문에서는 모든 제자들 가운데 한 사람도 예외 없이 리더에 관한 잘못된 개념을 가지고 있었음을 분명히 보여주고 있다. 그들 모두는 리더라는 '지위 또는 자리position'와 그것에 수반되는 영광과 특권에만 관심을 두고 있었던 것이다.

이러한 제자들을 향해 예수님께서는 리더십에 있어서 두 종류의 개념을 대조시키신다. 그것을 통해 새로운 시대에 적합한 리더십을 가르치고자 하신 것이다. 우선적으로 언급된 리더십은 '주관하다to lord over'와 '권세를 부리다to exercise authority over'라고 해석된 두 개의 헬라어 동사로 요약된다. 이 단어들은 그 당시 (물론 그 이후 인류의 역사 속에서) 세상에서 통상적으로 인식되던 리더십의 패러다임을 잘 보여주고 있다. 주인행세를 하며 권력과 함께 권위주의적인 태도로 군림하는 자세이다.

그와 대조가 되는 또 다른 리더십 패러다임은 '섬기는 자servant'와 '종slave,즉 '노예'가 원어의 의미'이라고 해석된 두 개의 헬라어 명사로 대변된다. 위의 두 동사와 비교해 보면 완전히 극과 극으로 대조되는 표현이다. 이러한 대조를 통해 예수님은 제자들에게 이제까지의 이해와는 전혀 다른 새로운 패러다임, 즉 섬기는 리더십을 추구하라고 말씀하시는 것이다. 그리고 예수님 스스로가 섬기려고 오신 것을 온 삶을 통해 직접 보여주셨다. 그것은 십자가에서의 죽음을 통한 희생이었다. 그분은 섬기는 리더십의 완전한 모델로서 모든 인류를 위해 자신의 생명까지 기꺼이 내어주시는 분이었던 것이다.

그분은 죽음을 눈앞에 둔 순간에서도 철저히 섬기었다. 요한복음 13장에는 마지막 만찬을 나누기 전에 제자들의 발을 친히 씻겨주시는 예수님의 모습이 나온다. 이 이야기를 전하며 저자 요한은 "사랑하시되 끝까지 사랑하시니라"요한복음 13장 1절는 표현으로 시작하고 있다. 여기서 '끝까지'라는 표현은 '시간' 또는

'정도'의 측면으로 해석이 가능하다. 각각 '돌아가시기 바로 직전까지' 또는 '제자들의 발을 씻겨주는 가장 낮은 종의 모습의 정도까지'로 해석할 수 있다. 어느 것이 저자의 의도이건 간에 철저히 섬기는 모습으로 사셨음을 명확히 보여주고 있다.

이러한 섬김의 중요성에 더해 간과해서는 안 되는 사실은 예수님이 십자가의 죽음에서 부활하신 후 제자들을 향해 "너희는 가서 모든 족속으로 제자를 삼아 아버지와 아들과 성령의 이름으로 세례를 주고 내가 너희에게 분부한 모든 것을 가르쳐 지키게 하라"마태복음 28장 19절~20절고 명령하셨다는 것이다. '내가 너희에게 분부한 모든 것'이라는 표현 속에는 사람들을 새롭게 변화시키는 사명을 이루되, '섬김'을 통해서 해야 한다는 방법론까지 포함되어 있다. 제자들의 발을 씻기신 후 "내가 너희에게 행한 것 같이 너희도 행하게 하려 하여 본을 보였노라"요한복음 13장 15절고 하신 말씀에서도 동일하다. 그분의 말씀을 지키며 그분이 보인 본을 좇아야 한다는 것이다.

『변화를 일으키는 리더십Transforming Leadership』이라는 책에서 리턴 포드는 "현대 경영자들보다 훨씬 이전에 예수께서는 미래를 이끌어갈 사람들을 준비하느라 분주하셨다. 예수의 목적은 황태자를 선발하는 것이 아니라 다음 세대를 창조하는 것이었다."고 말하고 있다. 다음 세대를 창조하기 위해 예수님은 섬기는 리더십을 선택하시고 가르치셨을 뿐 아니라 자신이 실제로 본을 보이셨다. 섬기는 리더십을 통해 섬기는 리더들을 준비하셨다. 제자들이 그를 본받아 지속적으로 확산시켜가기를 원하셨던 것이다. 사도 바울도 디모데에게 자신이 전달받은 것을 지속적으로 다른 이들에게 전달하라고 주문했다.

> 또 네가 많은 증인 앞에서 내게 들은 바를 충성된 사람들에게 부탁하라 그들이 또 다른 사람들을 가르칠 수 있으리라 디모데후서 2장 2절

예수님의 제자 베드로는 그의 편지에서 이렇게 말하고 있다.

> 너희 중에 있는 하나님의 양 무리를 치되 부득이함으로 하지 말고 오직 하나님의 뜻을 좇아 자원함으로 하며 더러운 이를 위하여 하지 말고 오직 즐거운 뜻으로 하며 맡기운 자들에게 주장하는 자세를 하지 말고 오직 양 무리의 본이 되라 베드로전서 5장 2절~3절

예수님의 가르침에 근거하여 실제적인 리더십 지침을 주고 있는 것이다. 리더에게 솔선수범하며 본이 되고 기쁜 마음으로 섬기는 모습이 얼마나 중요한지를 보여준다. 예수의 제자들이라면 섬기는 리더십 외에 다른 선택이 있을 수 없다.

섬기는 리더십은 훈련으로 만들어진다

섬기는 리더십이란 결국 어떠한 위치에 있던 간에 그것에 얽매이지 않고 영향력을 끼치며, 변화를 이끌어 내고, 다른 이들이 소유하고 있는 능력이 극대화되도록 돕는 것이다. '영향력', '변화', '다른 이들'과 같은 개념이 중심이 되어야 한다. 이러한 이해를 통해 정체성과 가치관이 세워지며, 그에 근거하여 큰 틀 또는 관점이 만들어질 수 있다. 어떤 관점을 가지고 있느냐 하는 것은 매우 중요하다. 그러기에 중세 철학자이며 신학자인 토마스 아퀴나스도 "우리 인간은 무엇을 보고 중히 여기고 느끼고 생각하고 행동하느냐에 따라 그러한 사람

이 된다."고 말하고 있다.

리더십과 연결하여 '스스로의 높아짐'에 초점을 맞출 것인가 아니면 '다른 이를 섬김'에 초점을 맞출 것인가의 관점을 생각해 보아야 한다. 콜린스와 포라스는 『성공하는 기업들의 8가지 습관』에서 "위대한 리더는 목표 달성에 초점을 맞추지 않고, 오히려 위대한 조직을 세우는 데 주력한다."고 했다. 다시 말해 섬기는 리더에게는 자기 목표를 이루려고 사람들을 이용한다는 것은 있을 수 없다. 사람들이 곧 그들의 목표이기 때문이다.

섬기는 리더십은 의식적으로 배양할 때만이 자신의 것이 된다. 자신과 직접 연관된 세 가지 영역과 다른 이들과의 관계를 염두에 둔 세 가지 영역 등 크게 둘로 구분해 볼 수 있다. 그리고 마지막 한 가지는 앞선 내용을 다 아우르며 받쳐주는 개념이라 할 수 있다. 물론 이들 간에 어느 정도 겹치는 부분이 있긴 하나 또한 각각 나름대로의 독립적인 특징을 가지고 있다.

1. 자신 스스로와의 영역

(1) 자기 연단

리더는 무엇보다 자신을 다스리는 싸움을 쉬지 말아야 한다. 고대 로마시대의 수사학자며 철학자인 세네카는 "자기를 지배하는 사람이 가장 강한 사람"이라고 했다. 혹자는 "만약에 당신이 남을 관리하고 싶다면 먼저 당신 자신을 관리해 보라. 그것을 잘하면 당신은 관리를 멈추고 이번에는 리드하기 시작할 것"이라고 했다. 리더로서 자신의 개발을 위한 지속적인 연단은 필수불가결하다. 아무리 커다란 꿈이 있을지라도 그것을 이루기 위한 자기연단이 없으면 그 꿈은 '꿈허상'으로 끝나기 쉽다.

결국 리더십을 발휘하고자 하는 사람은 예외 없이 자신과의 '선한 싸움'을 지속해야 한다. 그럴 때 중요한 결정에 집중할 수 있으며, 변화하는 세상 속에서 제대로 된 결정을 내릴 역량을 키울 수 있다. 말콤 글래드웰Malcolm Gladwell이 『블링크Blink』에서 말하였듯 "급변하는 상황 속에 신속한 인식을 요하는 초긴장 상태에서 사람들이 얼마나 훌륭한 결정을 내리는가는 훈련, 규칙, 예행연습에 달려 있다."는 것을 염두에 두어야 한다.

(2) 열정

리더로서의 열정은 어려움을 이겨내게 할 뿐 아니라 그것을 통해 오히려 성장하도록 만들며, 다른 이들에게도 전염시키는 힘이 있다. 비록 리더가 가지고 있는 재능, 경험, 실천 의지 등은 전염되지 않는다 할지라도, 리더가 가지고 있는 태도는 반드시 전염된다. 그러므로 일을 성취하는 데 있어서 테크닉보다 중요한 것은 열정이라고 할 수 있다. 열정을 유지하며 회복하기 위해 필요한 것은 모든 것이 '완료형'이 아니라 '진행형'이라는 사실을 스스로 각인시키는 것이다.

분명한 비전이 이끄는 열정은 어떠한 어려움 속에서도 식지 않는다. 오히려 공기의 저항이 없으면 독수리가 날아오를 수 없고, 물의 저항이 없으면 배가 물위를 달릴 수 없듯 어려움을 당연시하는 자세가 리더에게는 필요하다. 우리 주위를 보면 한때 미래를 꿈꾸고 열광하였으나 지금은 열정을 잃어버린 사람들이 수두룩하다. 그러한 세상이기에 더욱 리더는 매 순간 스스로 추스르고 열정을 새롭게 함으로 사람들과 함께 비전과 목표를 향해 나아가야 한다.

(3) 긍정적인 사고 및 태도

어떤 이는 '비관적 리더'란 표현 자체가 모순이라고 주장한다. 맞는 말이다. 리더는 역할의 본질상 긍정적 사고와 태도를 심어 줘야 하는 자이기 때문이다. 잭 웰치는 "리더의 긍정적 에너지와 낙관적인 생각이 전 직원의 피부 속까지 침투하도록 해야 한다."고 주장한다. 긍정적 사고방식 또한 열정과 함께 전염성을 갖고 있기 때문이다. 리더는 어떠한 상황이라도 긍정적인 시각으로 보며 다른 이들에게 희망을 주어야 한다.

나폴레옹 보나파르트는 '리더는 희망을 파는 사람들'이라고 했고, 리더십의 거장 워렌 베니스도 '리더는 희망을 공급하는 사람들'이라고 했다. 삶이란 우연히 일어나는 것이 아니라 스스로가 선택한 결과라는 사실을 항상 깨닫고, 어떤 상황이든 해석하기 나름이라는 명쾌한 사실을 늘 상기해야 한다. 주어진 상황을 해석하는 방식은 사람마다 다르다. 상황을 어떻게 해석하느냐에 따라 한 인간이 거둘 성과는 크게 달라지게 된다. 따라서 리더는 언제나 긍정적인 태도와 해석으로 조직에 긍정적인 영향력을 주어야 한다.

2. 다른 이들과의 관계 영역

위의 세 가지가 스스로를 다스리는 것에 치우쳤다고 한다면 다음에 언급될 세 가지는 다른 이들과의 관계와 연결되어 있다.

(1) 신뢰

다른 이들과의 관계 속에서 제일 먼저 등장하는 것은 신뢰다. 신뢰는 받는 쪽의 잠재적 신뢰성과 주는 쪽의 분명한 신뢰성에서 나온다. "무엇이든지 남에게 대접을 받고자 하는 대로 너희도 남을 대접하라"[마태복음 7장 12절]는 예수님의 말씀을 실천해야 한다. 신뢰를 먼저 주어야 하며, 신뢰는 시간이 걸린다는 것을 기억해야 한다. 사람들과의 관계에서는 빠른 것이 느린 것이고, 느린 것이 빠른 것임을 또한 기억해야 한다. 이를 위해 역지사지易地思之의 원리에 근거하여 신뢰로 이끄는 개념인 배려하는 마음과 행동으로 다른 이들을 대해야 한다.

(2) 겸손

섬기는 리더와 겸손은 뗄래야 뗄 수 없는 관계에 있다. 겸손할 때만이 자신의 실수와 부족함을 인정할 수 있으며, 그와 함께 타인의 성공을 인정할 수 있기 때문이다. 성공한 기업들과 그 기업의 리더들을 연구한 짐 콜린스는 『좋은 기업을 넘어서 위대한 기업으로』라는 저서에서 성공과 실패를 대하는 그들의 태도를 '유리창과 거울의 비유'를 통해 설명하며 겸손의 중요성을 강조했다. 일이 잘 풀리지 않을 때는 거울로 가서 문제가 자신에게 있을 수 있음을 인지하며 책임을 져야 하고, 반대로 일이 잘 되어갈 때는 유리창으로 가서 성공을 함께 하는 사람들과 나누어야 한다는 것이다.

겸손의 숙적인 교만은 특별히 성공한 리더를 노린다. 교만을 처리하지 않고 그냥 두는 리더는 결국 모든 것을 잃을 수밖에 없다. 누구도 교만한 사람을 좋아하지 않고 따르지도 않는다. 교만한 리더는 결국 관계와 신뢰는 물론 리더의 자리마저도 잃게 된다.

(3) 듣는 귀와 열린 자세

급속한 변화의 시대는 끝없는 혁신을 요구한다. 따라서 리더는 과거 그 어느 때보다 열린 자세와 듣는 귀를 갖추고 있어야 한다. 21세기는 슘페터가 조어造語

한 '창조적 파괴creative destruction'를 이끌어야 하는 혁신적 리더십을 요구하고 있다. 이 혁신적인 리더십에서 중요한 요소가 바로 '열린 마음'이다. 피터 셍게Peter Senge는 『The Fifth Discipline』에서 "내가 함께 일했던 탁월한 리더를 구별 짓는 것은 명료하고 설득력 있는 생각, 깊은 헌신, 끊임없이 배우려는 열린 마음"이라고 말했다. 열린 마음은 탁월한 리더의 덕목에서 빠질 수 없는 자질이다.

더 나아가 열린 마음은 성공한 리더를 또 다른 성공의 길로 이끌어준다. 맥스 드프리는 "성공은 편견보다도 빨리 사람의 마음을 닫을 수 있다."고 경고한다. 피터 드러커도 "비참한 실패라면 어렵지 않게 떨쳐 내고 정리할 수 있지만 어제의 성공은 오래오래 떠나지 않는다."고 지적했다. 모두가 예외 없이 '성공'이라는 '축복'이 '저주'로 변할 수도 있음을 경고하고 있는 것이다. 이를 방지하기 위해서는 열린 마음과 함께 끝없이 배우고자 하는 자세가 필요하다. 현명한 리더는 열린 마음을 가지고 있기에 공부는 물론 삶의 사건들을 통해서도 배운다. 학습과 평가를 멈추지 않기에 그의 성장도 결코 멈추지 않는 것이다.

3. 소중한 '관계'를 담는 '희생'이라는 그릇

희생은 위의 다른 어떤 요소들보다도 더 큰 영향력을 미친다. 섬기는 리더는 역경과 시험을 이기는 자이다. 닉슨의 워터게이트 사건으로 옥살이를 하던 중 예수님을 만나 미국 교도소선교협회를 창설한 척 콜슨Chuck Colson은 한 강연에서 그가 만난 예수님에 관해 이렇게 말했다.

"내가 알고 있는 역사상의 왕과 여왕들은 모두 자기를 위해 죽으라고 백성들을 내보냈습니다. 자기 백성을 위해 죽겠다고 마음먹은 유일한 왕은 오직 한 분뿐이었습니다."

그분의 희생으로 인해 교회가 탄생할 수 있었다. 또한 그분의 비전이 있었기에 기독교의 복음이 전 세계로 번져 나갈 수 있었다. 리더의 희생은 다른 이들을 감동시킬 뿐 아니라 리더의 비전을 공유하도록 만들어준다.

이러한 점은 어떠한 분야나 영역에 제한된 것이 아니다. 한 예로 1967년 6월, 이집트와 이스라엘간에 일어난 6일 전쟁은 많은 의미를 주고 있다. 전쟁이 발발했을 때 사람들은 전력 면에서 이집트가 월등히 뛰어났기 때문에 이스라엘은 오래가지 못하고 패하리라 생각했다. 그러나 예상을 뒤엎고 이스라엘은 6일만에 전쟁을 승리로 이끈다. 무엇보다 이 전쟁에서 사람들의 주목을 끈 것은 다름 아닌 불에 타 죽은 전사자들이었다. 이집트군 사상자들의 대부분이 사병이었던 반면, 이스라엘의 사상자들은 거의가 장교였다. 결국 리더의 희생이 불리하게 보이는 전쟁을 승리로 이끄는 원동력이 되었던 것이다.

사람들 앞에서 리더의 권위가 서는 것은 직위 자체보다 희생의 의지가 있을 때이다. 이러한 의지는 리더십을 발휘하는 모든 영역에 있어 책임을 분명하게 지는 형태로 나타나야 한다. 특별히 리더는 위임하는 자로서, 일단 위임할 때마다 리더는 자신이 모든 책임을 진다는 분명한 인식을 심어 주어야 한다. 그런 의미에서 위임이란 리더에게 필요하면서도 위험한 것이다. 사람들이 성공하면 공로는 그들의 몫이 되지만, 실패하면 리더가 책임을 져야 한다. 희생을 각오하는 모습이 섬기는 리더십의 참된 모습이다.

섬기는 리더로의 삶을 살자

엄청난 속도로 변화하는 세상은 새로운 패러다임의 리더십을 요구하고 있으며, 섬기는 리더십이 그 요구에 가장 적합한 모델이라는 공감대가 빠르게 확산되고 있다. 앞에서 보았듯이 섬기는 리더십의 개념은 이미 예수님의 가르침과 본을 세움을 통해 그 의미를 깨달을 수 있었다.

또한 세종대왕과 같이 백성을 섬겼던 임금의 삶 속에도 녹아 있었다. 보스가 아닌 참 리더로서의 정의 속에 포함되어 있을 뿐 아니라, 최근에 각광 받고 있는 리더십 개념 속에도 분명한 자리매김을 하고 있다.

한 저자는 "21세기의 기업들이 생존 발전하기 위해서는 새로운 리더십의 패러다임이 필요하다. 최근 경영계에서는 전통적인 리더십 모델들에 대한 대안의 하나로 섬기는 리더십을 제시하고 있다."고 말했다. 그러나 필자는 섬기는 리더십이 단순한 '대안의 하나'로서가 아니라 새로운 시대의 '유일한 대안'이라고 감히 말하고 싶다. 이러한 논리는 단순히 이것이 이 시대에서 효과를 내고 있기 때문이 아니라 앞에서 강조한 것처럼 리더십이라는 정의 자체에 '섬김'이라는 개념이 이미 담겨있기 때문이다.

섬기는 리더십의 개념은 짐 콜린스와 같이 기업을 연구하는 경우에만 국한된 것이 아니라 다양한 곳에서 실험되고 있으며, 좋은 결과를 얻고 있다. 예를 들어 고려대학교 앞에서 조그마한 햄버거 장사를 하는 이영철씨는 『내가 굽는 것은 희망이고 파는 것은 행복입니다』에서 이런 말을 했다.

"제가 영철버거를 하면서 느낀 것 중에 가장 확실한 것은 작은 가게를 운영하든, 큰 기업을 운영하든 진정한 경영자, 즉 CEO는 사업하는 소유자 자신이 아니라 손님이라는 생각입니다. 오너는 손님 CEO의 말을 직접 행동으로 옮기는 말단 사원이 되는 셈입니다. 지금도 전 손님이 CEO라는 믿음에는 변함이 없고 언제나 그들의 말에 귀를 기울이고 있습니다."

이는 섬기는 리더십을 조그마한 햄버거 가게 운영에도 접목해 성공한 사례이다.

또 다른 예로 '섬기는 리더십은 코칭coaching'이라는 구체적인 형태의 가능성이 등장하고 있다. 리더십의 대부라고 알려진 워렌 베니스Warren Bennis는 다음과 같이 말했다.

"미래가 어떤 모습이든… 조직을 인도하는 남자와 여자는… 우리에게 익숙하지 않은 다른 지도자가 될 것이다. 미래의 지도자는 거장masters이 아닌 명 지휘자maestro가, 사령관이 아닌 코치가 될 것이다."

코치라는 새로운 리더십 유형의 확산을 예견하고 있는 것이다.

이와 연관하여 켄 블랜차드는 "코칭은 사람들이 그들의 목표를 달성할 수 있도록 도와주는, 섬기는 리더십에서 가장 중요한 요소"라고 했다. 결국 코칭이 섬기는 리더십의 구체적인 형태라는 것을 말해주고 있다.

위에서 보듯 섬기는 리더십은 자신보다 다른 이들을 염두에 두는 것이다. 그러나 그 유익의 대상이 꼭 다른 이들에게만 국한된 것은 아니다. 실제로 섬기는 리더십은 실행하는 사람들에게도 많은 유익을 줄 수 있다. 한 예로 섬기는 리더십은 많은 리더들에게 함정이 되는 권력의 늪에 빠지지 않도록 도와준다.

미국에서 가장 영향력이 있는 교회 중 하나인 새들백교회의 릭 워렌 목사는 "불행한 사실은 오늘날의 많은 지도자들이 종의 자세로 시작하지만 유명인사로 끝난다는 것이다."라고 지적한 바 있다. 곧 유명세와 연결된 권력이 변질되고 중독되어버렸음을 말하는 것이다.

권력의 마법적 매력(?)에 관해서는 동서고금을 망라하고 항상 지적되어 왔다. 예를 들어 독일의 철학자 베른하르트 그린은 "배고픔, 갈증, 섹스에는 만족이 있지만 권력은 그런 한계를 모른다."고 했다. 더 강해지고, 더 중요해지고 싶은 사람들의 욕망에는 끝이 없다는 뜻이다.

또한 대낮에 등불을 켜고 아테네 거리를 헤매고 다녔다던 괴짜 철학자 디오게네스는 "권력은 그것을 소유한 모든 사람을 타락시킨다."고 말했다. 권력을 가진 사람은 처음에는 그것을 사용하고 싶어하고, 나중에는 그것을 남용하고 싶은 큰 유혹에 빠지게 되며, 그 유혹에 넘어갔을 때 비참한 말로를 맞이하게 된다. 권력을 남용하지 않고, 중독되지 않기 위해서라도 섬기는 리더십의 개념을 삶으로 치열하게 가져가야 한다.

한 조직의 위대함은 리더의 위대함과 정비례한다. 그러기에 조직이 리더보다 위대해지는 일은 드물다고 단언할 수 있다. 리더십 혹은 리더십 결핍은 모두가 우리의 일상생활에 속한 것이며 그것이 미치는 영향력 역시 경험하며 살고 있다. 물론 리더로서 남을 이끄는 것은 힘겨운 과제이다.

위에서 보았듯 결국 모든 것의 중심에 사람이 있으며, 성공과 실패의 근간이 훌륭한 인재 개발과 경영에 달려 있다는 것을 분명히 이해하며 리더십을 수행해야 할 것이다. 어떻게 보면 변화의 시대인 21세기는 리더들에게 전에 없던 도전을 가져다 주기도 했고, 또 다른 각도에서 보면 자기 조직에 긍정적 영향을 행사할 수 있는 유례 없는 기회를 제공하고 있다. 누구든지 섬기는 리더십을 염두에 두고 각자의 맡겨진 영역에서 최선을 다해 영향력을 확대하며 살아가야 한다. 그럴 때 이 세상과 자신이 속한 단체 또는 공동체의 발전에 기여하는 사람들이 될 수 있을 것이다.

2009년 10월 30일 초판 인쇄
2012년 11월 26일 초판 13쇄 발행

글쓴이 : 박성민
펴낸이 : 김윤희
펴낸곳 : 순출판사

주소 : 서울시 종로구 부암동 36-1
전화 : 02)722-6931~2 팩스 : 02)722-6933
등록 : ⓡ 제 1-2464호
등록년월일 : 1999.3.15

가격 : 12,000원

ISBN : 978-89-389-0214-6

잘못 만들어진 책은 바꿔드립니다.
본서의 판권은 순(筍)출판사에 있습니다. 무단 전재 및 복재를 금지합니다.